# Curso de Conversación
# y Redacción

**L. BUSQUETS - L. BONZI**

# Curso de Conversación y Redacción

## NIVEL MEDIO

**SOCIEDAD GENERAL ESPAÑOLA DE LIBRERIA, S. A.**

Primera edición, 1983
Segunda edición, 1985
Tercera edición, 1986
Cuarta edición, 1987

PRODUCE: SGEL-Educación
Marqués de Valdeiglesias, 5 - 28004 MADRID

I.S.B.N.: 84-7143-272-2
Depósito legal: M. 5314-1987
Printed in Spain · Impreso en España

Compone: TIPOFOT, S. A.
Imprime: PEÑALARA.
Encuaderna: ARANCHAMAGO, S. A.

# INTRODUCCIÓN

Está harto probado que la charla o «ejercicio de conversación» es absolutamente indispensable en el estudio de un idioma extranjero. El dominio de la lengua hablada, o sea, de la lengua, se revela insustituible sea para quienes el conocimiento profundo del idioma no es un fin, sino sólo un medio para afrontar correctamente el análisis estilístico o filológico de los textos actuales o del pasado –de aquel écart lingüístico que es la literatura–, sea para aquellos que se dedicarán a la enseñanza del español en cualquier grado, o aún aquellos otros que lo estudian como simple medio de comunicación.

La presente selección de escritos literarios y periodísticos se propone ofrecer un material idóneo para este fin, y llenar con ello un vacío que nos parece observar en los manuales didácticos de que hoy disponemos. Destinada a estudiantes extranjeros de cursos medios y superiores, es, ante todo, una guía para la conversación y también para la redacción, consideradas ambas como un todo, o mejor, la segunda como efecto y conclusión de la primera. Al mismo tiempo, el material didáctico aquí reunido sirve para introducir al estudiante en una fase relativamente avanzada en el aprendizaje del idioma, mediante el estudio y enriquecimiento del léxico y de la sintaxis.

Hemos procurado que los fragmentos elegidos con este objeto sean textos actuales o de actualidad y, en todo caso, referentes a sucesos o situaciones que susciten el interés, la reflexión, la aprobación o la desaprobación del lector, condiciones sin las cuales difícilmente puede ponerse en marcha la conversación, que deberá desenvolverse en clase con la participación de todos los alumnos.

Es frecuente que el estudiante que se dispone a desarrollar un determinado tema de redacción permanezca confuso y hasta se paralice ante la dificultad primera –a veces única– de no saber qué decir. El alumno no escribe, o escribe mal, porque no tiene ideas, o si se prefiere, por falta de madurez mental, por su dificultad en aferrar hechos y situaciones y en elaborarlos correctamente por su cuenta. Con la conversación basada en un texto, que abre ya de por sí nuevas perspectivas, como ejercicio previo a la redacción, tratamos de obviar esta dificultad, evitando que el alumno divague en torno a una o dos *ideas a menudo confusas e incoherentes. No se trata, como es lógico, de proponerle conceptos u opiniones que deba limitarse a repetir de forma mecánica, sino de darle mayores informaciones y ayudarle a elaborarlas, o a definir mejor las que ya posee.*

*A la dificultad del contenido se une, especialmente en el estudiante extranjero, la de la escasez de medios expresivos y de un léxico específico. La lectura detenida del escrito y la subsiguiente charla sobre el mismo deberían proporcionar aquel vocabulario mínimo e indispensable, que permita una adecuada expresión oral y escrita del tema de que se trate.*

*La segunda fase de la composición, es decir, la redacción propiamente dicha, no presenta por lo general menos dificultades. El estudiante se encuentra a veces con un amasijo de conceptos que no sabe cómo organizar para darle un cuerpo coherente y unitario. Suele, en estos casos, empezar a escribir sin orden ni concierto, sin una idea clara de cómo debe hacerlo. Surgen entonces las enfadosas repeticiones, los conceptos expuestos a mitad o que reaparecen en el momento más inoportuno, entre un ejemplo y otro o al final de la redacción misma, cuando cabría esperarse la conclusión de lo previamente expuesto.*

*Nada más oportuno, en nuestra opinión, que introducir gradualmente al alumno en el aprendizaje de la redacción, evitando que éste se encuentre sin más ni más ante la necesidad de «aprender a redactar» por un lado y, por otro, de exponer y sostener a un tiempo determinadas ideas, fenómenos y situaciones, o su propio pensamiento.*

*No expondremos aquí de una forma teórica cómo hay que hacer una redacción. Todo el mundo lo sabe y suele saberlo también el alumno: un encabezamiento con lo que se quiere exponer o demostrar, una exposición por partes de lo mismo, ejemplos subordinados a cada apartado de la exposición y una conclusión final que sintetice la intención o el objeto de lo dicho. Nosotros nos limitamos aquí a introducir paulatinamente al estudiante en este ejercicio, empezando por las formas más simples, como la descripción y la narración, y dejando para más adelante otras más complejas, como la exposición y sobre todo la argumentación, que es el tipo de escrito que deberá afrontar con más frecuencia el estudiante universitario. Los textos, pues, se ofrecen implícitamente como un modelo posible entre tantos; modelo que no quiere ser un rígido patrón a seguir, sino tan sólo una sugerencia, un punto de referencia para el momento en que el alumno deberá expresar sus ideas.*

*Pero para el estudiante extranjero esto no basta. Es preciso que éste se familiarice con el idioma, que sepa expresarse, aún antes que con orden y con argumentos válidos, con corrección y soltura. Los ejercicios que siguen a cada uno de los pasajes miran a ello. Una serie de preguntas sobre el contenido de los mismos, a las que el alumno tendrá que contestar siempre «con sus propias palabras», le obligará a captar en su totalidad el asunto y el espíritu del texto para transcribirlos luego con sus medios expresivos y con la mayor corrección posible. Sus ideas habrá de reservarlas para el desarrollo de la redacción, que elegirá entre los varios títulos propuestos al final de los ejercicios.*

*Para conducir al estudiante a una escritura y a una exposición cada vez más comple-*

jas y de mayor aliento, las lecturas se hacen progresivamente más largas y las preguntas menos numerosas, hasta llegar al conocido ejercicio de la contracción, en la que es el alumno quien debe trazar el propio guión mentalmente o por escrito.

Los demás ejercicios tratan preferentemente cuestiones de léxico, estructuras sintácticas y problemas gramaticales de irregular dificultad, dando oportuno espacio a la puntuación, a menudo olvidada o desconocida por españoles y extranjeros. Para dar mayor autonomía al alumno, muchos ejercicios han sido pensados de tal modo que le permita comprobar sus resultados con el texto.

Gran número de los fragmentos aquí reunidos son de carácter expositivo y argumentativo a un tiempo. Su dificultad sintáctica es arteramente escasa, pero es siempre, a fin de cuentas, la lengua del periódico más o menos especializado, del escritor moderno o del texto científico. Los escritos, en efecto, han sido modificados —en realidad, sólo reducidos— para que su extensión no rebasara los límites razonables de un texto didáctico. El objeto no es tanto el de enriquecer hasta el infinito el léxico siempre relativamente reducido del estudiante extranjero (para lo cual puede recurrir a la lectura de novelas, de poesía o de los mismos clásicos), como el de darle un instrumento inmediato con que pueda expresarse con la corrección y fluidez que más se aproximen a las que posee en su idioma, evitando, como ocurre con frecuencia, que la expresión en una lengua extranjera se limite a ser simple transcripción o calco de la propia materna.

Por último, precisamos que los textos seleccionados no reflejan necesariamente las opiniones de las autoras. Todos ellos presentan hechos y situaciones reales, pareceres que pueden compartirse o no, poco importa, pero que, por su actualidad misma, interesan en mayor o menor medida al estudiante de hoy, y por este motivo, mejor se prestan a la polémica y a la fructífera discusión.

Las Autoras

NOTA.–Nuestro más profundo agradecimiento a los autores de los textos y a las publicaciones y casas editoras de los mismos, por habernos permitido reproducirlos en este volumen.

# MI CASA

**por Camilo José Cela**

MI casa *estaba* fuera del pueblo, a unos doscientos pasos *largos* de las últimas de *la piña.* Era estrecha y de un solo piso, como correspondía a mi *posición,* pero como *llegué a tomarle cariño,* temporadas hubo en que hasta me sentía orgulloso de ella. En realidad lo único de la casa que se podía ver era la cocina, lo primero que se encontraba *al entrar,* siempre limpia y blanqueada con primor; cierto es que el suelo era de tierra, pero tan bien pisada la tenía, con sus guijarrillos haciendo dibujos, que en nada desmerecía de otras muchas en las que *el dueño* había echado porlan por sentirse más moderno. *El hogar* era amplio y despejado y alrededor de la campana teníamos *un vasar* con lozas *de adorno,* con jarras con *recuerdos,* pintados en azul, con platos con dibujos azules o naranja; algunos platos tenían una cara pintada, otros una flor, otros un nombre, otros *un pescado.* En las paredes teníamos varias cosas; un calendario muy bonito que representaba una joven abanicándose sobre una barca y debajo de la cual se leía en letras que parecían de polvillo de plata, «Modesto Rodríguez. Ultramarinos finos. Mérida (Badajoz)», *un retrato* del Espartero con el traje de luces *dado de color* y tres o cuatro fotografías –unas pequeñas y otras regulares de no sé quién, porque siempre las vi en el mismo *sitio* y no *se me ocurrió* nunca preguntar. Teníamos también un «reló» despertador colgado de la pared, que *no es por nada,* pero siempre funcionó como Dios manda, y *un acerico* de *peluche colorado,* del que estaban clavados unos bonitos alfileres con sus cabecitas de vidrio de color. *El mobiliario* de la cocina era tan escaso como *sencillo:* tres sillas –una de ellas muy fina, con su respaldo y sus patas de madera curvada, y su *culera* de rejilla– y una mesa de pino, con su cajón correspondiente, que *resultaba algo* baja para las sillas, pero *hacía su avío.* En la cocina se estaba bien: era cómoda y en el verano, como no la encendíamos, se estaba fresco sentado sobre la piedra del hogar cuando, *a la caída de la tarde,* abríamos las

55 puertas *de par en par;* en el invierno se estaba caliente con las brasas que, a veces, cuidándolas un poco, *guardaban el rescoldo* toda la noche. [...]

El resto de la casa no *merece* la 60 pena ni describirlo, tal era su *vulgaridad.* Teníamos otras dos habitaciones, si habitaciones *hemos de* llamarlas por eso de que estaban habitadas, ya que no por *otra cosa alguna,* y la cuadra, [...]. 65 En una de las habitaciones dormíamos yo y mi mujer, y en la otra mis padres hasta que Dios, o quién sabe si el diablo, quiso llevárselos; [...].

La cuadra era lo peor; era lóbrega 70 y oscura, y en sus paredes estaba *empapado* el mismo olor a *bestia muerta* que *desprendía* el despeñadero [...]. En la cuadra teníamos un burrillo matalón y *escurrido de carnes* que nos ayudaba en *la faena* y, cuando las cosas *venían* 75 *bien dadas,* [...] teníamos también un par de *guarros* (con perdón) o tres. En la parte de atrás de la casa teníamos un corral o saledizo, no muy grande, pero que nos hacía su servicio, y en él 80 un pozo que *andando el tiempo* hube de *cegar* porque dejaba *manar* un agua muy enfermiza.

Por detrás del corral pasaba *un regato, a veces* medio *seco* y nunca dema- 85 siado *lleno, cochino* y maloliente como tropa de gitanos, y en el que podían cogerse unas anguilas hermosas, como yo algunas tardes y por matar el tiempo me entretenía en hacer. 90

De *La familia de Pascual Duarte.* Barcelona, Ediciones Destino, 1977[6], páginas 23-26.

# EJERCICIOS (1)

1. **Conteste brevemente a las siguientes preguntas con sus propias palabras:**

¿Cómo era la cocina de la casa?
¿Qué había en las paredes de la misma?
¿Cómo eran los muebles de la misma?
¿Cómo eran las demás habitaciones de la casa?
¿Cómo eran la cuadra y el corral?
¿Cuál era el paisaje circundante?
¿Qué es lo que de esta casa produce una impresión agradable o desagradable?
¿Cuál es el «tono» general del lugar?

(1) Aquí y en adelante, los números entre paréntesis se refieren a las líneas del texto.
Téngase asimismo presente que en todos los ejercicios de léxico se omite el artículo determinado e indeterminado.

## 2. Ampliemos el tema:

- el lugar donde estamos
- mi casa, mi habitación
- la casa de la alta, media y pequeña burguesía
- casas de lujo
- apartamento-dormitorio
- la barraca o la chabola
- la casa de campo
- el chalet
- oficinas: banco, despacho profesional, juzgado, etc.
- el taller
- el estudio del artista
- centros de enseñanza: del colegio a la universidad
- del restaurante de lujo a la casa de comidas
- del hotel de lujo a la posada

## 3. Sustituya las palabras, frases o partículas en cursiva por otras equivalentes que usted conozca y que puedan reemplazarlas en el texto.

## 4. Explique el significado de las siguientes palabras tal como están usadas en el texto:

- *guijarro* (13); *porlan* (16); *campana* (18); *loza* (19); *traje de luces* (31); *peluche* (40); *respaldo* (45); *rejilla* (47); *despeñadero* (72).

## 5. Complete las frases de los grupos siguientes con una de las voces indicadas en cada uno de ellos:

a) *tomar* (5) / *coger*

¡No ...... (tú) demasiadas aspirinas!

...... (él) demasiado café y no puede ...... el sueño.

Ha ...... una gripe terrible.

No ...... (vosotros) al niño por los bracitos.

El avión ...... tierra en Asturias.

...... (ustedes) posesión de su cargo el primero de enero.

b) *hasta* (6) / *hasta que* (67)

Estuvimos ...... las ocho esperando en la terraza del café.

...... no sepamos los resultados, es inútil hacer planes.

El agua llegaba ...... este nivel.

...... el abuelo quiso estar presente.

No te lo dirán ...... estén seguros.

c) *preguntar* (36) / *pedir*

¿Qué te ...... el profesor?

No le ...... (vosotros) más de lo que pueda daros.
Cada dos por tres, me ...... (él) qué hora´es.
He ...... por ti a la portera y no ha sabido decirme nada.
Siempre ...... (ella) dinero prestado.
Le hemos ...... la dirección de su taller.

d) *colorado* (**40**) / *coloreado*
Prefiere los pimientos ...... a los verdes.
Le hemos regalado un juego rompecabezas de piezas ......
Cuando le dijeron que era muy guapa, se puso ......
Para hacer el pisto, coja tomates bien ......
Hemos puesto en el sofá unos cojines muy divertidos y ......

e) *alfiler* (**41**) / *aguja*
Pasar el hilo por el agujero de ...... no es fácil.
Me ha regalado ...... de esmalte de bisutería.
La modista se ha pinchado con ...... de coser.
Se nos ha roto ...... de la brújula.
Le pongo ...... para marcar la medida de la falda.

f) *pata* (**46**) / *pierna*
Aquella bailarina tiene ...... robustas.
Esta mesa tiene ...... carcomida.
En el atropello, el perro se ha roto ......
Ha metido ...... de una forma lamentable.
Me duele ...... derecha.

g) *cajón* (**48**) / *caja*
En ...... de cartón azul tengo guardadas las fotos de mi niñez.
Quiero una mesa de la cocina con ...... para los cubiertos.
Expidieron la mercancía en ...... de madera.
Te he traído de Cuba ...... de puros.
El dinero está en ...... del escritorio.

h) *cuadra* (**64**) / *corral* (**79**) / *patio*
Vacas y caballos están en ......
Las gallinas son aves de ......
...... de las casas andaluzas están revestidos de azulejos de colores.
Las ventanas de casa dan a ...... interior.

i) *lleno* (**86**) / *pleno*
Este cuarto está ...... de humo.
Le robaron el bolso en ...... día.
Está ...... de ideas disparatadas.

En ...... temporada de caza, es peligroso ir por los bosques.
Algunos animales viven en ...... libertad.
Están ...... de preocupaciones a causa de sus hijos.


**6. Diga la forma contraria de las palabras en cursiva de las siguientes frases, y controle luego usted mismo con el texto:**

Estas calles son muy *anchas* (3).
Tiene un carácter *humilde* (7).
Los platos del almuerzo están *sucios* (10).
El ejercicio de matemáticas es muy *complicado* (44).
Este asiento es *incómodo* (51).
*¡Apague* la luz, por favor! (52).
*Descuida* demasiado la limpieza de la casa (57).
Este sótano es *luminoso* (69), pero muy *húmedo* (85).
*Deja* todas las oportunidades que se le presentan (87).


**7. Observe:**

*a)* • Mi casa *estaba* fuera del pueblo (1)
   • *Era* estrecha y de un solo piso (3)
Complete las siguientes frases con *ser* o *estar:*
   Hoy ...... (yo) de muy malhumor.
   ...... un tipo de persona muy curiosa.
   ¿...... usted el encargado de exportaciones?
   Cuando mis hijos ...... estudiantes, vivían en un colegio mayor.
   Esta carpeta ...... de plástico.
   ¿Hoy ...... lunes o martes?
   ¿...... (nosotros) en invierno o en otoño?
   ...... (yo) convencido de que todos ...... de acuerdo.
   ...... (yo) enfadado porque no me han llamado.
   ...... visto que tú no tienes ganas de hacer nada.
   Cuando ...... (ella) triste, no quiere ver a nadie.
   La puerta ...... abierta de par en par.

*b)* • temporadas hubo en que hasta me *sentía* orgulloso de ella (6).
   • lo primero que se *encontraba* al entrar [...] (9).
Conjugue debidamente el verbo entre paréntesis de las siguientes frases:
   ¡...... (usted, encender, a mí) el cigarrillo!
   Últimamente, ...... (él, dormir) muy agitado.
   ...... (ustedes, contar) un montón de mentiras.

Los niños ...... (jugar) siempre a bolos.

¿...... (entender) ustedes lo que estoy ...... (decir)?

...... (yo, pensar) que iba a salir el sol, pero el cielo permaneció nublado.

Aquella cometa ...... (volar) muy alto.

Cuando ...... (tronar), los cristales de las ventanas ..... (temblar) y yo ...... (morirse) de miedo.

...... (ellos, despertarse) siempre empapados en sudor.

De vez en cuando ...... (ella, acostarse) sin probar bocado.

Este instrumento musical ...... (sonar) muy mal.

Me ...... (doler) una muela.

El balón ...... (rodar) cuesta abajo.

A estas altitudes, ...... (llover) y ...... (nevar) muy a menudo.

...... (yo, recordar) muy bien que los campesinos ...... (segar) el trigo en verano.

i...... (usted, regar) el patio con la regadera!

Yo te ...... (encontrar) muy delgado.

*c)* • *tan* bien pisada [la tierra] la tenía [...] *que* en nada desmerecía de otras muchas (12)

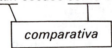

*consecutiva*

• El mobiliario de la cocina era *tan* escaso *como* sencillo **(43)**

*comparativa*

Complete las siguientes frases con *tan/ tanto-a-os-as ...... que/ como/ cuanto-a-os-as:*

Es ...... alto ...... su madre.

Tengo un dolor de cabeza ...... fuerte ...... no puedo abrir los ojos.

Posee ...... hectáreas de terreno ...... heredó de sus antepasados.

Es ...... inteligente ...... lo comprende todo a la primera.

Tiene ...... años ...... tú.

Es ...... calmoso ...... tarda siglos en hacer cualquier cosa.

Me he gastado ...... dinero ...... no me queda ni un céntimo.

Ha devuelto ...... limones ...... le habían prestado.

Este cuarto de estar no es ...... luminoso ...... la cocina.

Hemos comprado ...... cortinas ...... son las ventanas de la casa.

Me ha entrado ...... hambre ...... me comería el pollo entero.

He fumado ...... puros ...... había en la caja.

**8. Complete las siguientes frases con la preposición adecuada, y controle luego usted mismo con el texto:**

Han construido el hospital fuera ...... la ciudad (1).
Llegados ...... este punto, no sabemos cómo proceder (5).
Alrededor ...... el castillo, hay un foso profundo (18).
Debajo ...... el pullover lleva una blusa (27).
Embutidos y jamones cuelgan ...... el techo (37).
Este perfume tiene un olor ...... jazmines (71).
Pongo al niño en el asiento ...... atrás (78).
¡No pases solo ...... estas calles tan oscuras (84)!
Se entreveía al preso detrás ...... los barrotes de la celda (84).
Se entretiene ...... hacer crucigramas (90).

**9. Observe:**

*a)* • Mi casa estaba fuera del pueblo, a <u>*unos*</u> doscientos pasos largos (1)

= más o menos

Según ello, transforme las siguientes frases:
Tendrá más o menos veinte años.
Pesará aproximadamente cincuenta kilos.
En el estadio habrá aproximadamente mil personas.
Este libro tiene más o menos quinientas páginas.
Compré más o menos cuatro kilos de cerezas.

*b)* • pero <u>*como*</u> llegué a tomarle cariño, temporadas hubo en que hasta me sentía orgulloso de ella (5).

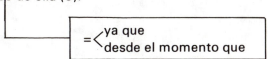

Según ello, transforme las siguientes frases:
Ya que se lo dijo con mucho garbo, no se ofendió nada.
Desde el momento que estás tú en casa, aprovecho para salir un rato.
Desde el momento que reservó con mucha antelación, encontró habitación en el hotel.
Ya que estás tan cansado, échate un rato en la cama.

*c)* • En realidad *lo único* de la casa que se podía ver era la cocina, *lo primero* que se encontraba al entrar (7)

$$= \text{la única cosa}$$
$$\text{la primera cosa} =$$

Según ello, transforme las siguientes frases:

La cosa peor que puedes hacer es perder la serenidad.

La cosa principal en la vida es la salud.

La única cosa que me he comprado en Asia es un tapiz hecho a mano.

La cosa más importante es ser feliz.

La cosa más triste es la soledad.

*d)* • un calendario muy bonito que representaba una joven *abanicándose* sobre una barca (25)

$$= \text{que se abanicaba}$$

Según ello, transforme las siguientes frases:

Se quedó horas y horas mirando al artista que pintaba un cuadro.

Se oía el viento que soplaba entre las hojas.

Encontré al leñador que volvía del bosque.

Desde el claustro llegaban las voces del coro que cantaba los salmos.

**10. Escriba una redacción sobre uno de los siguientes temas:**

Describa con detalle su casa o la de alguien que conozca, tratando de dar idea del «tono» del lugar.

Describa una pensión u hotel en que haya estado.

Descripción de una granja.

Descripción de una fábrica.

Descripción de un cementerio.

# LA COSTA BRAVA

**por José Pla**

*D*OBLADO el cabo de San Sebastián, la costa forma un acantilado granítico imponente, de un *blancor* grisáceo que cae *a plomo* sobre el mar. Hasta el rincón de cala Pedrosa, la costa *mantiene* esta grandiosidad geológica. Desde el mar se ve la blanca ermita, colgada como un nido de águilas en las altas peñas. Esta majestad mineral tiene a sus pies otra majestad: la de la innumerable e infinita variedad del mar, *a veces* agitada, dura, brutal; a veces *callada,* misteriosamente inmóvil, como un monstruo somnoliento. [...]

Desde la vertical de la ermita hacia Levante, la costa se oscurece *gradualmente* hasta el cabo «dels Frares», que es de un color entre morado y *negroide* —granito que parece sombreado [...]—. Superado este cabo, la costa se curva a poniente, y por un soberbio acantilado accidentado, de colores *cálidos,* sobre todo por la mañana, *a la hora en que sale* el sol, cuando las rocas *cogen* tonos incendiados sobre el azul cándido —casi verde botella— del mar, se llega a Cala Pedrosa. Como su nombre indica, es una playa de guijarros: es mala, de difícil mantenimiento en todas las épocas; [...]. Geológicamente, la cala es obra de un torrente muy brusco que ha abierto un cauce entre dos altas paredes materialmente cubiertas de pinos magníficos. El lugar es solitario, lejano, perdido. [...]

La bahía de Tamariu *empieza* en la punta a levante de dicha cala. Tiene forma de hoz y en el fondo de la curva, *de cara a* Mediodía, hay la playa rosada y las casas primitivas. Esta curva es tan dulce, tan sintética, lineal y esquemática, tan desprovista de rigidez y de formas inútiles, que su paisaje ha sido comparado a una pintura china. Las montañas que a poniente cierran la bahía no caen verticales sobre el mar, sino que descienden suavemente, y *la falda* dibuja una ondulación que muere *dulcemente* en las rocas basálticas —rosados de las rocas, espuma blanca— que afloran al agua. Todo este amplio abrigo está lleno de pinos de un verdor perenne y oscuro, con alguna mancha de algarrobos

55 más tierna. Los días *de sol* y de viento de sudoeste –que es el viento que con aquel poco de humedad que arrastra parece extraer con la máxima fuerza *el perfume* de la resina– el aire fresco 60 de Tamariu se satura de este olor masculino, áspero, incisivo, ligeramente amargo. La playa es de arena gruesa, muy *limpia* –granito amarfilado teñido de un vago resplandor de 65 coral–, y el agua es azul y verde. Las embarcaciones se alínean en el rincón de la playa: tienen, algunas, colores claros con un hilo de pintura roja en *el borde;* otras están pintadas de colores 70 oscuros y dramáticos. Sobre la playa, los volúmenes encalados de las casitas, con puertas y ventanas pintadas de colores vivos, presentan delante rústicas zonas de sombra de pinos y cuatro arbolitos para suavizar la cal 75 violenta y rutilante. [...]

En la punta extrema el rincón de levante, [...] la costa cambia de color, y los granitos, en *sus innumerables* matices, *presentan* todas las tonalidades 80 del rojo: del bermellón al siena y a los rosas evaporados; del coral a los morados y malvas y al oro viejo. Desde San Sebastián hasta este punto, la tónica del color de la costa han sido los grises 85 de plata –hasta la plata plúmbea y sucia–; ahora –y este color durará hasta después de Fornells–, las rocas parecen tener como un fuego interior y son como animadas por un resplandor in- 90 terno.

De «Tres guies», Barcelona, Ediciones Destino, 1976, págs. 154-162. (Traducción por L. Busquets).

1. **Conteste brevemente a las siguientes preguntas con sus propias palabras:**

   ¿Cómo es el trozo de costa que va desde el cabo de San Sebastián hasta el cabo «dels Frares»?
   ¿Cómo es cala Pedrosa?
   ¿Qué tiene de particular la bahía de Tamariu?
   ¿Cómo es la vegetación en este punto concreto y en general?
   ¿Cómo aparecen el pueblo y el puerto?
   ¿Cuál es la función del color en este paisaje?

2. **Ampliemos el tema:**

   ● mar o mares que conozco
   ● un paisaje marino realmente observado

- por qué me gusta, o no me gusta, el mar
- acantilados y rocas
- playas, calas, islas
- alta mar
- el mar en invierno y en verano
- ciudades y pueblos de mar
- playas y turismo
- el turismo marítimo de masas
- el mar, imagen arquetípica

* * *

- mi paisaje preferido: causas
- paisajes nórdicos y meridionales
- paisajes exóticos
- efectos que me producen: llanura, colina, montaña, alta montaña, bosque, desierto, cueva, despeñaderos y precipicios, mar, lago, río, nieve, lluvia, tormenta, sol, bochorno, niebla
- flora y fauna
- el respeto por la naturaleza
- el retorno a la naturaleza, entre el sueño y la realidad
- deportes en la naturaleza
- consumismo y «vivir en la naturaleza»: de los medios de transporte a la cerveza, de las cerillas a la crema antisolar
- turismo de masas en busca de «lugares salvajes»
- safaris, zoos, circos ecuestres.

3. **Sustituya las palabras, frases o partículas en cursiva por otras equivalentes que usted conozca y que puedan reemplazarlas en el texto.**

4. **Explique el significado de las siguientes palabras tal como están usadas en el texto:**

   - *acantilado* (2); *ermita* (8); *guijarro* (28); *cauce* (32); *hoz* (38); *algarrobo* (54); *matiz* (79); *bermellón* (81); *siena* (81).

5. **Complete las frases de los grupos siguientes con una de las voces indicadas en cada uno de ellos:**

a) *doblar* (1) / *tornar*
   En primavera ...... a aparecer las golondrinas.

Cuando llegue usted a la bocacalle ...... a la derecha.
Al oler el alcohol, ...... (él) en sí.
Después de leer el periódico, lo ...... (él).

b) *costa* (2) / *cuesta*
...... atlántica es muy accidentada.
Los excursionistas bajaban ...... cantando y silbando.
Construyeron un hotel de lujo en ...... Azul.
El coche arrancó ...... arriba con dificultad.
Tienen un chalé en la montaña y otro en......

c) *a mis, tus, etc. pies* (10) / *al pie de* / *de pie* / *a pie*
Granada se encuentra ...... la Sierra Morena.
Pónganse ustedes ...... cuando entre el señor director.
Antes que coger el metro, prefiero ir ......
Se arrodilló ...... y le pidió perdón.
Las setas crecen ...... los árboles.
Pretende que todo el mundo esté ...... (de él).
Vosotros bajad en cremallera, que yo bajo ......

d) *a veces* (12) / *tal vez* / *una vez*
...... mañana vayamos al museo.
Te lo he dicho ...... y no pienso repetírtelo.
...... tiene el poder de irritarme.
...... para cenar prefiere tomar sólo un caldo.
Érase ...... un rey que tenía tres hijas.
No somos del mismo parecer, pero ...... tenga razón.

e) *lejano* (35) / *lejos*
Estoy ...... de pensar una cosa así.
El origen de la humanidad se remonta a eras ......
He dejado aparcado el coche en una calle ......
Veo ...... semejanza entre estos dos casos.
Con la inteligencia que tienes, llegarás muy ......
Es un lugar ...... y solitario.

f) *aflorar* (51) / *florecer*
El almendro es uno de los primeros árboles en ......
El cadáver ...... por fin a la superficie.
En este escrito ...... claramente sus ideas políticas.
En la Edad Media, ...... la poesía provenzal.
El agua del manantial ...... a la superficie del suelo.
En los arrabales de la ciudad ...... a menudo la delincuencia.

*g)* *tierna* (55) / *blanda* / *suave*

Estos guantes de gamuza son muy ......
El perrito tiene una mirada ......
Esta almohada de plumas es demasiado ......
Tiene un carácter tan ...... , que todo el mundo abusa de él.
Me gusta el turrón ...... porque si no me cuesta masticarlo.
Estas alcachofas se cuecen en seguida porque son muy ......
Lavando las prendas de lana con este detergente neutro te quedarán más ......

*h)* *arrastrar-se* (57) / *deslizar-se* / *resbalar*

La serpiente ...... por el suelo.
El agua ...... por encima de la pared rocosa.
El nene ...... el trenecito por el suelo.
Los bueyes ......el arado.
La pobre señora ...... con una piel de ciruela.
El trineo ...... vertiginosamente por la pista.
El traje de la novia era tan largo que ...... por el suelo.
Tuvieron que ...... (a él) hasta el parvulario entre gritos y llantos.
La pastilla de jabón le ...... entre las manos.

6. **Diga la forma contraria de las palabras en cursiva, y controle luego usted mismo con el texto:**

En la foto resaltaba *la negrura* de las nubes (3).
Entró en casa muy *tranquila* (12).
Le resulta imposible vivir largo tiempo en los países *fríos* (22).
La dependienta es *suave* con la clientela (32).
Se sentó en una butaca *próxima* a la mía (35).
La sesión *termina* a las 10.30 h. (36).
Los precios *ascienden* día tras día (47).
El suelo de la cocina es de baldosas *suaves* (61).
Este chocolate es demasiado *dulce* para mi gusto (62).
Preferimos las playas de arena *fina* (63).
Tiene ideas muy *claras* (70).
¿Está *muerto* el conejo? (73).
Tengo el pelo *limpio* (86).
Pintaron *el exterior* de la casa (89).

**7.** **Complete las siguientes frases con el sustantivo relacionado con la palabra entre paréntesis, y controle luego usted mismo con el texto:**

Se quedó embelesado contemplando ...... (grandioso, 6) de aquellas cascadas.
Todos le temen por ...... (rígido, 42) de su carácter.
...... (ondulado, 48) del terreno otorga suavidad al paisaje.
...... (húmedo, 57) del clima es causa del perenne ...... (verde, 53) de la región gallega.

**8.** **Complete las siguientes frases con el adjetivo que signifique lo que se indica entre paréntesis, y controle luego usted mismo con el texto:**

Estos peñascos ...... (de granito, 3) tienen un color ...... (que tira a gris, 4).
Al ver al lagarto, permaneció ...... (sin moverse, 13).
Al amanecer el cielo aparece ...... (de color de rosa, 40).
Estas perlas son ...... (del color del marfil, 63).
Las aguas de algunos lagos son ...... (del color del plomo, 86).

**9.** **Complete las siguientes frases con el verbo que signifique lo que se indica entre paréntesis, y controle luego usted mismo con el texto:**

Cuando vio que le llevaban la contraria, ...... (volvérsele oscuro, 16) el rostro.
Al disparar la flecha, el arco ...... (dar forma curva, 21).
En Arabia se ...... (sacar del fondo, 58) petróleo.
Con la continua producción de coches, ...... (llenar hasta el máximo posible, 60) el mercado mundial.
Antes de pasar revista, los soldados ...... (ponerse en línea recta, 66).

**10. Observe:**

*a)* • Esta majestad mineral *tiene* a sus pies otra majestad (9)
  • en el fondo de la curva [...] *hay* la playa rosada (38)
  • su paisaje *ha sido* comparado a una pintura china (43)

Complete las siguientes frases con *tener, haber* o *ser:*
Esta mañana ...... un desfile militar.
...... (yo) dormido muy poco y ahora ...... (yo) sueño.
...... (él) bajado las escaleras de dos en dos.
...... (nosotros) muchas macetas en el balcón.
Cuando llegué, ...... muchas personas en la sala de espera.
Hoy se ...... casado mi hermano.
Aquel edificio ...... construido en 1930.

La sangre ...... analizada por el médico analista.

...... mucho ruido en las ciudades.

...... (ella) mucho dinero ahorrado.

El gato ...... subido al árbol porque en el jardín ...... muchos perros.

La secretaria ...... una máquina de escribir portátil.

No nos ...... cansado nada.

La radio ...... comunicado que mañana ...... otros temblores de tierra.

b)   • Esta majestad mineral tiene a sus pies *otra* majestad (9)
     • *Todo* este amplio abrigo está lleno de pinos de un verdor perenne y oscuro, con *alguna* mancha de algarrobos más tierna (52).

Complete las siguientes frases con *otro-a-os-as, todo-a-os-as, ningun(o)-a-os-as* o *algun(o)-a-os-as:*

...... personas son analfabetas.

Pon en estas cajas de cartón ...... lo que quepa.

No tiene  ...... gana de hacer nada.

...... día te acordarás de sus palabras.

¿Hay que estudiar ...... este capítulo?

Este chiste no tiene gracia ......

...... las mañanas se levanta a las seis.

...... ser humano es infalible.

Nos veremos ...... vez.

Toma ...... comprimidos porque éstos no te hacen nada.

No vemos ...... remedio para esta situación.

Tiene que comprarse ...... par de gafas.

...... cosas no deberían decirse.

¿No habéis visto ...... película de aquel director?

c)   • La bahía de Tamariu *empieza* en la punta de Levante (36)

Conjugue el verbo entre paréntesis de las siguientes frases en el tiempo y modo adecuados:

...... (yo, confesar) que no tengo ni idea de alemán.

Algunos gobernantes no ...... (gobernar).

¡...... (ustedes, cerrar) la puerta despacio!

Los paracaidistas ...... (descender) lentamente.

Dejó dicho que le ...... (ellos, enterrar) en la tumba de familia.

Los esquiadores desean que ...... (nevar).

Te ...... (yo, recomendar) que no ...... (tú, atravesar) la calle corriendo.

¡...... (usted, calentar) la leche sin que ...... (ella, hervir)!

¿Cuándo ...... (vosotros, comenzar) a ir al colegio?

Ellos ...... (regar) el campo de fútbol.

Se puso otro jersey porque ...... (él, temblar) de frío.

...... (vosotros, perder) la paciencia cada dos por tres.

A pesar de la prohibición ...... (ellos, enceder) un fuego en el bosque.

*d)* • el aire fresco de Tamariu se satura de *este* olor masculino (59).

Complete las siguientes frases con *este-o-a-os-as, ese-o-a-os-as* o *aquel, aquello-a-os-as:*

...... que dices no me parece razonable.

...... señora que está a mi lado lleva un sombrero.

Vamos a ...... cine adonde fuimos ayer.

...... que te contaron, huele a mentira.

Ponte ...... guantes y no ......

En ...... época lejana, ya se conocía el arco.

¿Es ...... su paraguas? –No, mi paraguas no es ...... sino ......

...... es el señor de que te hablé.

¡Tráigame ...... vasos de güisqui, Luisa!

...... libro y ...... son de la biblioteca.

Ya se sabe: en ...... época del año llueve mucho.

Se conocieron durante ...... viaje en las Antillas.

¿Qué es ...... ? –...... es el dedal de mi mamá.

¿Quién es ...... ? –...... es el amigo de José Manuel.

...... son manías de vieja.

*e)* • otras [embarcaciones] *están* pintadas de colores oscuros (69)

• las rocas [...] *son* como animadas por un resplandor interno (88)

Complete las siguientes frases con *ser* o *estar:*

La casa ...... rodeada por un jardín.

El niño ...... bautizado por un cura muy joven.

Este chal ...... hecho a mano.

El tranvía ...... lleno de gente.

Los árboles ...... podados todos los años.

El Rey ...... vestido por sus criados.

Algunos alimentos ...... digeridos con dificultad.

–¿Puedo entrar? –¡No, no ...... (yo) vestida!

...... (nosotros) muy cansados de oírle hablar sin parar.

...... de suponer que se quedarán varios días.

**11. Ponga las debidas preposiciones en las siguientes frases, y controle luego usted mismo VERBO y PREPOSICIÓN con el texto:**

Los náufragos llegaron ...... la orilla sanos y salvos (27).

Esa lana inglesa no se puede comparar ...... esa francesa (44).

Afloraron ...... la superficie los peces muertos (51).

Hemos teñido ...... negro estos zapatos (64).

Han decidido cambiar ...... médico de cabecera (78).

## 12. Observe:

- *Desde* la vertical *de* la ermita hacia Levante, la costa se oscurece gradualmente (15)

Complete las siguientes frases con *de* o *desde:*

...... aquí no se ve nada.

Venimos ...... la playa.

...... la ventana se divisan las montañas lejanas.

Estuvimos esperándole ...... las seis.

¡Sal ...... aquí inmediatamente!

Los empleados trabajan ...... ocho a cinco de la tarde.

...... que perdió la vista, se ha dedicado a la música.

Hagamos los ejercicios ...... la página quince en adelante.

No llueve ...... el mes de mayo.

## 13. Observe:

a) - *Doblado el cabo* de San Sebastián, la costa forma un acantilado (1).
   - *Superado este cabo,* la costa se curva a poniente (20)

$$= \begin{array}{l} \text{cuando se ha} \\ \text{una vez que se ha} \end{array} > \text{doblado / superado}$$

Según ello, transforme las siguientes frases:

Cuando hubieron hecho las maletas, las cargaron en el coche.

Puesto que se ha aclarado esta cuestión, podemos pasar a la siguiente.

Una vez que hubo terminado el discurso, todo el mundo aplaudió.

Cuando hubieron levado las anclas, el buque partió.

Una vez que hubieron construido los cimientos, levantaron la casa.

b) - Las montañas [...] no caen verticales sobre el mar, *sino que descienden* suavemente (47)

= las montañas no caen: descienden

Según ello, transforme las siguientes frases:

No vienen en barco: prefieren coger el avión.

No está estudiando para ingeniero: estudia para arquitecto.

No toma alcohol por la mañana: lo toma por la tarde.

No se ha ofendido conmigo: se ha ofendido contigo.

c) - las rocas *parecen tener* como un fuego interior (88)

= parece que tienen

Según ello, transforme las siguientes frases:

Da la impresión de que tiene mucho miedo.

Parece que está muy débil.

Ese problema da la impresión de que es fácil, pero en realidad no lo es.

Parece que es inteligente, pero sólo es astuto.


**14. Escriba una redacción sobre uno de los siguientes temas:**

Descripción detallada de un paisaje realmente observado.

El mar.

Playas y turismo.

Cruceros.

Mi paisaje preferido.

El excursionismo.

# LUIS BUÑUEL

**por José Pla**

*DESPUÉS de* la primera guerra mundial, inmediatamente después, apareció en París –y concretamente en Montparnasse– Luis Buñuel. Me lo presentaron [...] y nos conocimos. Buñuel era aragonés. Era un joven bastante alto, corpulento, suficientemente bien vestido, con una cara *algo* monstruosa, en el sentido de que parecía que todavía *se encontraba* en *un período* de formación o de evolución biológica –una cara llena de abolladuras, de protuberancias y más marcada por los volúmenes que por las líneas–. Aquella cara no tenía absolutamente nada de lineal: parecía la cara de un gordo convaleciente de un resfriado muy fuerte: mejillas y pómulos hinchados, frente abollada, nariz algo deforme, cuello y nuca protuberantes, manos de cierto peso. Era *una cara* muy poco fotogénica, que parecía como si estuviera espesándose, *igual que* la que *a veces* se observa en ciertos *niños* cuyas facciones van formándose lentamente y van saliendo *poco a poco* del magma de la biología inhabitual e incierta.

En aquella cara, *sin embargo,* había unos ojos *sumamente* penetrantes y vivos, de forma de almendra, de una oscuridad intensa y que se manifestaban en una alternancia de suaves debilidades y de incompatibilidades reticentes. Nunca supe dónde vivía ni qué sistema había encontrado para *ir tirando.*

*En aquella época,* de los años veinte a los treinta de este siglo, Montparnasse era el centro más activo del exilio político español *originado por* el gobierno paternalista, dictatorial, bonachón e insulso, *encarnado* en el general Primo de Rivera. Todas *las* inmensas *desgracias* posteriores de esta Península *proceden* de este período. *A primera vista,* parecía que Buñuel era un exiliado político más [...]. Pero lo cierto es que no lo encontré *jamás* en ninguna de las *innumerables* tertulias políticas que se produjeron en París, y sobre todo en Montmartre, en aquellos años. Atribuí esta falta de presencia al *temperamento* específico de Buñuel: hombre callado, silencioso *desprovisto* de

toda gesticulación, gris y completamente incapaz de entrar en el detallismo anecdótico de la política española –detallismo que tanto *fascinaba* a Una-
60 muno y, *por consiguiente,* incompatible con la verbosidad, el cotilleo, la charlatanería, la ignorancia y la bufonería fabulosas de aquellas tertulias frenéticas [...].

65 *De repente,* apareció la noticia de que Buñuel hacía, con Salvador Dalí, *un filme* superrealista. Entonces era la época del superrealismo, que los franceses se atribuyen [...], *aunque* quizá sea
70 algo hiperbólico, *pues* en el superrealismo intervinieron de forma decisiva Joan Miró y Salvador Dalí, que en las artes plásticas son los dos artistas que han alcanzado una cotización uni-
75 versal. El tercer elemento peninsular que intervino en el superrealismo francés fue Luis Buñuel, porque, *en efecto,* el filme que hizo con Dalí, y que *se llamó* «Un perro andaluz», se
80 proyectó en salas minoritarias, levantó un gran revuelo, promovió una gran conmoción y aún hoy se habla de él. [...]

Entonces tuve *ocasión* de tratar algo más a Buñuel y me encontré –en la me-
85 dida en que es posible ver a este hombre con cierta claridad– con el típico anarquista peninsular [...]. No quiero decir el típico anarquista peninsular de tipo político, interesado en proyectar una determinada apologética *con-* 90 *creta,* sino el anarquista vertical, granítico. En realidad, la política no le interesaba *nada* –como ya he intentado mostrar–; lo que le interesaba era el problema del mal en los hombres y 95 las mujeres, que consideraba consubstancial a la constitución burguesa de las instituciones y de la gente, y que sólo veía posible *corregir* con una convulsión psicológica y social [...]. Sen- 100 tía un perfecto desprecio por el orden burgués en cuanto basado en la hipocresía, la avaricia, el egoísmo, la ausencia de caridad, la ocultación sexual; por la religión, que *los curas* han 105 destruido por haberla vaciado de su verdad profunda; por la justicia, que es socialmente manipulada con groseras e inhumanas trampas; por la policía y los ejércitos, siempre ciegamente so- 110 metidos a la autoridad del momento y *en definitiva* a quien les paga. Este era el corpus ideológico –quizás más sentimental que ideológico– de Luis Buñuel. 115

De *Retrats de passaport.* Barcelona, Ediciones Destino, 1970, págs. 314-317.
(Traducción por L. Busquets.)

## EJERCICIOS

**1. Conteste brevemente a las siguientes preguntas con sus propias palabras:**

¿Cómo era el aspecto físico de Buñuel?
¿Cómo eran la cara y los ojos en particular?
¿Qué era frecuente en París en aquellos años?
¿Qué denotaba la actitud de Buñuel frente a las tertulias políticas y al movimiento superrealista?
¿Cuáles eran las ideas de Luis Buñuel?

**2. Ampliemos el tema:**

Descripción física, psicológica, moral de:
- sí mismo
- compañeros de la clase
- profesores
- miembros propia familia
- personalidades políticas de su país o extranjeras
- «tipos» según clases sociales y profesiones
- hombres y mujeres
- jóvenes
- niños
- el ciudadano y el campesino

**3. Sustituya las palabras, frases o partículas en cursiva por otras equivalentes que usted conozca y que puedan reemplazarlas en el texto.**

**4. Explique el significado de las siguientes palabras tal como están usadas en el texto:**

- *abolladura* (12); *mejilla* (18); *pómulo* (18); *nuca* (20); *almendra* (31); *reticente* (34); *tertulia* (50); *cotilleo* (61).

**5. Complete las frases de los grupos siguientes con una de las voces indicadas en cada uno de ellos:**

*a) después* (1) / *pues* (70).
¿Te gusta este traje o no? –...... no sé qué decirte.

No vuelvas ...... de las ocho.

–¿Friego ahora los platos? –No, friégalos ......

Salió a comprar el periódico, ...... quería saber las últimas noticias.

Veo que ya no queda nadie: cierro, ...... , las puertas del cine.

...... de tantos esfuerzos, consiguió lo que quería.

He estudiado muy poco: no creo, ......, que me presente en el examen.

Antes lávate los dientes y ...... vete a la cama.

b) *aparecer* (3) / *parecer* (16)

Con tantos ayes y suspiros ...... (él) que se estaba muriendo.

Dijo que no iba a venir, pero de pronto ...... (ella).

Grandes nubarrones ...... en el cielo.

Nos hablaba de un modo que ...... que nos tomaba el pelo.

...... mentira que sea tan alto a su edad.

c) *presentar* (4) / *introducir*

No ...... (tú) los dedos en el enchufe.

¿Te he ...... ya a mi amiga Mercedes?

...... (yo) la ficha en el teléfono y se me encalló.

...... (ella) su tesis doctoral en junio.

Gracias a su apoyo fue ...... fácilmente en las más altas capas de la sociedad.

d) *suave* (33) / *blando*

Déme usted un queso ...... : el del otro día era muy duro.

El anorak es de plumas de oca muy......

Este colchón es demasiado ......

Eres demasiado ...... con tus alumnos: por eso te respetan poco.

Es un vino ...... , indicado para el pescado.

Me gustan los colores ......

e) *aún* (82) / *aun*

...... teniendo mucha ropa, se viste siempre con lo mismo.

...... le quedan veinte duros para ir al cine.

He dormido mucho y ...... tengo sueño.

Quédate un rato más, ...... no son las ocho.

...... un imbécil comprendería esto.

f) *tratar* (83) / *tratar de*

¿De qué ...... este cuento?

¡...... (tú) recordar lo que se te dice!

Viajando, ...... (él) a mucha gente.

...... (yo) convencerlo.

No hay cosa más abominable que ...... mal a los animales.

g) *sólo* (99) / *solo*

¿Por qué no vienes a verme, que estoy ...... en casa?

Con ...... ese dinero no irás a ninguna parte.

...... un sinvergüenza obra de esta forma.

Cuando anda por las calles, a menudo habla ......

Tú no sabes lo ...... que está.

Ese cachorro ...... tiene seis meses.


**6. Complete las siguientes frases con el sustantivo o verbo relacionados con las palabras entre paréntesis, y controle luego usted mismo con el texto:**

Ponle un poco más de leche al chocolate porque si no ...... (espeso, 23) demasiado.

...... (oscuro, 32) asusta a los niños.

Pasen chicos y chicas en ...... (alternar, 33).

Sus palabras ...... (origen, 41) la aprobación de todos.

Le han descartado por ...... (faltar, 53) de títulos.

...... (ignorar, 62) a menudo va acompañada de la presunción.

Nuestros amigos ...... (proyección, 89) las diapositivas de sus vacaciones.

Con lo que estás haciendo, te mereces ...... (despreciar, 101) de todos.

...... (avaro, 103) es uno de los siete pecados capitales.

Los niños huérfanos sufren mucho por ...... (ausente, 103) de los padres.

...... (ocultar, 104) del arma del delito fue obra del mismísimo asesino.

Hay que ...... (vacío, 106) el cenicero porque está lleno de colillas.


**7. Observe:**

a) • *Me lo* presentaron [...] y *nos* conocimos (4).

• Pero lo cierto es que no *lo* encontré jamás (48)

Sustituya el complemento o los complementos en cursiva por los respectivos pronombres-complemento:

Doy *el recado a Manolo.*

Hemos visto *a tus padres.*

Digo *eso a ustedes.*

Llamad *a vuestros compañeros.*

Abro *la ventana.*

¿Habéis probado *esa tarta?*

Todavía no he comprado *los sellos.*

Borre usted *la pizarra.*

No quiero prestar *el coche a mi hermano.*

Todas las mañanas se lava *los dientes.*

Despierta *al niño,* que tiene que comer.
Ayer devolví *la divisa al banquero.*
Estudien *la lección tres.*
Toma *una porción de queso.*
Trae *el libro.*

*b)* ● Me lo *presentaron* [...] y nos *conocimos* (4).
  ● Nunca *supe* dónde vivía (35)

Conjugue el verbo entre paréntesis de las siguientes frases en pretérito indefinido:

...... (él, conducir) muy imprudentemente.
...... (ellos, decir) muchas bobadas.
Cuando ...... (venir) el cartero, me ...... (él, traer) un telegrama.
Sus palabras ...... (producir) una pésima impresión.
En un momento establecido ...... (intervenir) las tropas de asalto.
...... (nosotros, ir) andando y ...... (nosotros, andar) más de dos horas.
El canario ...... (huir) de la jaula porque no ...... (tú, cerrar) la puertecita.
No ...... (él, querer) venir porque ...... (él, decir) que tenía que hacer.
...... (ellos, dormir) como troncos.
...... (yo, estar) en la playa dos horas pero no me ...... (introducir) en el agua.
¿Quién ...... (hacer) el papel de la abuela en la pieza?
No ...... (tú, poder) salir con él y lo ...... (él, sentir) mucho.
...... (ellos, pedir) otra ración de patatas fritas.
...... (yo, coger) una piedra y la ...... (yo, arrojar) al río.
Los muchachos ...... (salir) de la escuela en tropel y ...... (ponerse) a correr.

*c)* ● se observa en ciertos niños, *cuyas* facciones van formándose lentamente (24)
  ● por la religión, *que* los curas han destruido (105)
  ● por la policía y los ejércitos, siempre ciegamente sometidos [...] a *quienes* les paga (109)

Complete las siguientes frases con *que, quien-es* o *cuyo-a-os-as:*

Este es el reloj ...... acabo de arreglar.
¿Para ...... es este chocolate con churros?
Los grandes modistos visten a personas ...... disponibilidad económica es considerable.
...... adivine el acertijo recibirá un pequeño premio.
La ventana, ...... cristal está roto, es la de mi cuarto.
No sé ...... es aquel señor.
El tren ...... sale a las ocho es un cercanías.
...... viven en las afueras tienen que madrugar.
La falda ...... te he traído es escocesa.
Internarán a la señora, ...... manías de persecución son de sobra conocidas.
¿A ...... estás escribiendo todo este poema?

**8. Observe:**

● *En* aquella época [...] Montparnasse era el centro más activo del exilio político español (38).

Complete las siguientes frases con la preposición adecuada, cuando sea necesaria:

Nació ...... el 15 ...... abril ...... 1933.

...... otoño las hojas son amarillentas.

Estamos ...... 8 ...... octubre.

...... 1789 estalló la Revolución Francesa.

Lo hizo ...... una hora.

Nos veremos ...... las tres ...... la tarde.

Estudió el inglés ...... cinco años.

...... primeras horas de la mañana pasa el cartero.

El médico en los hospitales pasa ...... la mañana y ...... la tarde.

...... la noche del lunes habrá eclipse de luna.

...... última hora habrá precipitaciones escasas.

Los barcos de pesca regresan ...... la madrugada.

Estaré contigo ...... tres días.

Nos veremos ...... navidades.

**9. Observe:**

a) ● Era una cara muy poco fotogénica, que parecía *como si estuviera* espesándo-se (22)

| = igual que una que está espesándose |

Según ello, transforme las siguientes frases:

Se puso a gritar igual que uno que tiene razón.

Comió de un modo igual que uno que lleva siglos sin comer.

Estáis gastando todo este dinero igual que uno que es millonario.

Habló de un modo igual que uno que alude a algo.

En pleno invierno se viste igual que uno que vive en el polo.

Le gusta mucho darnos órdenes igual que uno que es el jefe.

b) ● era la época del superrealismo, que los franceses se atribuyen, *aunque* quizá *sea* algo hiperbólico (69)

| = a pesar de que es |

Según ello, transforme las siguientes frases:

A pesar de que es tan joven, es persona de naturaleza enfermiza.

A pesar de no tener dinero, estas vacaciones las quiero pasar bomba.

A pesar de estar cansado, tendré que trabajar toda la noche.

A pesar de que la ciudad es tan pequeña, nunca se topa uno con nadie.

A pesar de que toca el timbre, no abro a nadie.

## 10. Observe:

- [...] como si *estuviera espesándose,* igual que [la cara] que a veces se observa en ciertos niños, cuyas facciones *van formándose* lentamente (22-25).

Complete las siguientes frases con *estar, ir* o *seguir + gerundio:*

Venecia ...... (hundirse) poco a poco.

¡Yo te ...... (hablar) a ti!

Empezó a estudiar la flauta y todavía ...... (estudiar, la flauta).

El carácter ...... (forjarse) poco a poco.

...... (llover) desde hace más de dos horas.

–¿Qué ...... (tú, hacer)? –...... (yo, contestar) esta carta.

Cuando se acostó empezó a toser y toda la noche ...... (toser).

El pintor ...... (dar) los últimos retoques a su tela.

Con la humedad, las paredes ...... (desconcharse) poco a poco.

¡Por fin ...... (nosotros, acabar) en este momento este trabajo interminable!

Durante la nevada, el campo ...... (cubrirse) poco a poco.


## 11. Escriba una redacción sobre uno de los siguientes temas:

Autorretrato.

Describa moral y físicamente a una persona que usted conozca.

Describa al «típico» representante de su país y compárelo con otros extranjeros que conozca o haya conocido.

Mi padre o mi madre.

Un amigo mío.

Una personalidad política, artística, etc. que conozco.

# DON MIGUEL MIHURA Y DON EUSEBIO GARCÍA LUENGO

por Francisco Umbral

D E Miguel Mihura había leído yo comedias y artículos. [...] *Tenía* el pelo corto y graciosamente peinado hacia adelante. *De entrada* parecía un
5 poco bajo, pero a medida que *se le trataba* ya no lo parecía tanto. Tenía los ojos *pequeños* e inteligentes, *vivos, el rostro* agradable y como cansado, la seriedad casi sombría de todos los hu-
10 moristas y una voz lenta, profunda y *perezosa.* [...] Miguel Mihura tiene un escepticismo seco y *sincero, nada sofisticado,* sin frases, que *quizá* le había llevado *naturalmente* a desconfiar de los
15 alardes y *audacias* de otro tiempo, no por aburguesamiento, sino por simple aburrimiento. [...] Escribía una comedia *sólo* cuando le era imprescindible, y sin *terminar* el segundo acto antes de
20 haber visto ensayado el primero. Vivía solo y soltero. Tenía siempre los mismos amigos y a lo mejor sólo cambiaba de amigas. Esta simplicidad ascética de Miguel Mihura estaba —está—
25 hecha *a medias* de timidez y pereza, y *sobre todo,* yo creo, de escepticismo, y también un poco, quizá, de *miedo* a la vida. Una simplicidad muy *complicada, como* todo lo simple.

\* \* \*

A Eusebio García Luengo lo había leí- 30 do yo mucho, antes de conocerle, en periódicos y revistas oficiales. [...] Eusebio García Luengo tenía el pelo muy negro, *veteado de blanco.* Un pelo peinado hacia atrás, pero rebelde en los 35 aladares, que *se le levantaba* por todas partes. *Como* también tenía las cejas muy crespas y largas, y la barba pinchosa (*solía* afeitarse con unas tijeras), toda esta capilaridad en *rebeldía* 40 le daba un tierno aspecto de dulce puercoespín inofensivo, que es lo que era. Creo que en alguna época llevaba bigote, y el bigote también le quedaba encrespado y *un poco* desastroso. [...] 45 Tenía los ojos muy negros, agudos *bajo* aquellas cejas *tremendas,* de un nietzscheanismo irónico y frustrado. Tenía los pómulos muy *salientes* —erizados de pelo de barba, ya digo—, y la 50 boca hundida, con dientes *sospecho*

que poco sanos. Llevaba siempre unos trajes que parecían lamentables, pero que si uno *se fijaba* un poco eran in-
55 cluso nuevos y correctos. Lo que *pasaba* es que Eusebio García Luengo envejecía los trajes de dentro afuera, les *comunicaba* su *cansancio* interior, su desgalichamiento de alma, su escepti-
60 cismo. Muy *delgado,* algo *hundido,* len- *to* y pacífico, siempre sin prisa, teorizante de esquina y filósofo al azar, Eusebio García Luengo era un conversador fascinante, original, *inesperado* y de largo *aliento*. Todo le *nacía* de un 65 fondo sistemáticamente paradójico e irónico y el único que no *advertía* su burla era *el sometido* en aquel *momento* a ella.

De *La noche que llegué al Café Gijón*. Barcelona. Ediciones Destino, 1978², páginas 92-93 y 199-200.

## EJERCICIOS

1. **Conteste brevemente a las siguientes preguntas con sus propias palabras:**

¿Qué aspecto físico tenía don Miguel Mihura?
¿Cómo se expresaba con los demás?
¿Cómo vivía?
¿Cómo describiría usted el carácter del mismo?
¿Qué aspecto físico tenía don E. García Luengo?
¿Cómo se vestía?
¿Cómo se expresaba?
¿Cómo describiría usted el carácter del mismo?

2. **Ampliemos el tema:**

Descripción física, psicológica, moral de:
- sí mismo
- compañeros de la clase
- profesores
- miembros propia familia
- personalidades políticas de su país o extranjeras
- «tipos» según clases sociales y profesiones
- hombres y mujeres
- jóvenes
- niños
- el ciudadano y el campesino

3. **Sustituya las palabras, frases o partículas en cursiva por otras equivalentes que usted conozca y que puedan reemplazarlas en el texto.**

4. **Explique el significado de las siguientes palabras tal como están usadas en el texto:**

   - *alarde* (15); *soltero* (21); *aladares* (36); *desgalichamiento* (59); *hundido* (60); *aliento* (65).

5. **Complete las frases de los grupos siguientes con una de las voces indicadas en cada uno de ellos:**

a) *adelante* (4) / *atrás* (35) / *delante (de)* / *detrás (de)* / *tras*

   Normalmente, la pizarra está ...... el profesor.

   ...... haber sabido que le había tocado el gordo, invitó a sus amigos a tomar una copa.

   Siéntese Vd. ...... que yo me siento ......

   No sé conducir marcha ......

   –¿Nos quedamos aquí? –No, vamos más ......, así podremos ver mejor.

   Sigue ...... y no mires ......

   ...... llegar tarde, ni siquiera se ha disculpado.

   Veremos más ...... los resultados de este tipo de educación.

   La policía empujaba hacia ...... a la muchedumbre que se agolpaba en la entrada del estadio.

   En la procesión, el crucifijo va ...... todo y la custodia ......

b) *bajo* (5) / *pequeño*

   Por lo ...... que es, habla muy bien.

   Pepe mide sólo un metro y cincuenta: es muy ......

   El entresuelo de las viejas casas se distinguía de los demás pisos porque era más ......

   Pon al niño en la cama ......

c) *agradable* (8) / *placentero*

   Es una persona de trato muy ......

   La infancia es algo muy ...... de recordar.

   Aquel jardín tan ...... le inspiró al poeta versos muy sensuales.

   Esta música de fondo resulta muy ...... al oído.

   No resulta ...... tener que decir esas cosas.

   Construyeron la finca en un lugar muy ......

d) *ensayar* (20) / *probar-se*

   Los actores estuvieron ...... toda la tarde.

...... (yo) el café y está amargo.

...... (nosotros) a convencerle sin ningún resultado.

El violinista ...... una nueva partitura.

Los resultados de las elecciones ...... lo que algunos sondeos habían previsto.

...... (ella) esta batidora, pero no le gusta nada.

¿...... (tú) el traje antes de comprarlo?

¡...... (tú) a escribir sin mirar las teclas!

e) *cambiar* (22) / *mudar-se*

¿...... (Vd.) el número de teléfono?

...... (nosotros) de piso el año pasado.

...... (ellos) unas palabras de cortesía.

Las serpientes ...... de piel todos los años.

...... (nosotros) todo el mueblario de la casa.

Tengo que ...... al niño antes de salir porque está muy sucio.

¡...... (tú) el disco y pon un tango!

f) *simplicidad* (23) / *simpleza*

A pesar de su inteligencia, es una persona de gran......

Para mi cumpleaños me regalaron ...... cualquiera.

Ensalza de continuo ...... de los hombres primitivos.

...... de sus palabras provocaron comentarios divertidos.

Para mayor ...... , se limitó a los temas fundamentales.

g) *periódico* (31) / *diario*

Todas las mañanas el portero me deja ...... en el buzón.

«Cambio 16» es ...... semanal.

Prefiero ...... de la mañana al de la tarde.

h) *pelo* (33) / *pelos* / *peinado*

Lleva ...... teñido de rubio.

El jabalí tiene ...... muy corto.

Mi abrigo de piel está perdiendo ......

Lleva ...... demodé.

Es una mujer de ...... en pecho.

Estoy hasta ...... de este trabajo.

Al ver aquella escena tan sangrienta, se me pusieron ...... de punta.

Aquel chico siempre les está tomando ...... a sus amigos.

Tiene ...... en los brazos.

Lleva ...... muy bonito a base de trenzas.

i) *pinchoso* (38) / *puntiagudo* / *espinoso*

La lana de este jersey es muy ......

La nariz de Pinocho es ......
Los zapatos de golf tienen la suela ......
En plena Contrarreforma el asunto de la predestinación era muy ......
Hace unos años estaban de moda los zapatos ......
El rosal tiene ramas ......
Las ortigas son ......
El campanario de la iglesia es ......
El higo chumbo es ......
Algunos peces de lago son muy ......

j) *tierno* (41) / *blando* / *suave*
No me gusta dormir en una cama ......
Esta carne está muy ......
Este queso de montaña no es nada picante: es muy ......
Prefiero el pan duro al ......
José es demasiado ...... con sus hijos y no le respetan.
La piel de este bolso es muy ......
La maestra es muy ...... con sus alumnos y la quieren mucho.

k) *quedar* (44) / *quedarse*
Hoy he decidido ...... (yo) en casa.
¿A qué hora ...... (nosotros) para salir?
...... unas cuantas albóndigas del almuerzo.
Es el único joven que ...... en el pueblo.
¿En qué capítulo ...... (nosotros)?
...... (él) muy sorprendido de la noticia.

l) *erizarse* (49) / *rizar*
Recientemente se ha hecho ...... el pelo con la permanente.
...... (a mí) el pelo al oír los detalles del accidente.
El viento ...... el agua del lago.
Al ver que quería hablar de su mala conducta ...... (él).
En el espectáculo aéreo algunos aviones ...... el rizo.

## 6. Observe:

a) • *a medida que* se le trataba ya no lo parecía tanto (5).

→ = gradualmente que uno le trataba...

Según ello, transforme las siguientes frases:
Conforme sigue el tratamiento, se siente mucho más fuerte.
Según va llevando el coche, va perdiendo el miedo a conducir.
Gradualmente que cuece el arroz, añado un poco de caldo.

*b)* • Escribía una comedia *sólo cuando le era imprescindible* (17)

> = sólo escribía una comedia cuando no podía menos de hacerlo.

Según ello, transforme las siguientes frases:

Tomaba medicamentos sólo cuando le era necesario.
Hay que encender la calefacción sólo cuando es preciso.
Salía de casa sólo cuando no tenía otro remedio.
Cuando les conté aquel chiste, mis amigos tuvieron que reírse a la fuerza.

*c)* • [...] sin terminar el segundo acto *antes de haber visto ensayado el primero* (19).

> = que no viera ensayado

Según ello, transforme las siguientes frases:

No te hago el regalo antes de haber visto el resultado de los exámenes.
No saldré de casa antes de haber llamado a mis amigos.
No se casarán antes de haber encontrado piso.

*d)* • *a lo mejor* sólo *cambiaba* de amigas (22).

> = quizá

Según ello, transforme las siguientes frases:

Quizá lo consultemos con un especialista.
Seguramente dejaré de estudiar y me pondré a trabajar.
Tal vez pueda ayudarle en esta ocasión.

**7. Puntúe debidamente el siguiente fragmento, y controle luego usted mismo con el texto:**

A Eusebio García Luengo lo había leído yo mucho antes de conocerle en periódicos y revistas oficiales Eusebio García Luengo tenía el pelo muy negro veteado de blanco un pelo peinado hacia atrás pero rebelde en los aladares que se le levantaba por todas partes como también tenía las cejas muy crespas y largas y la barba pinchosa solía afeitarse con unas tijeras toda esta capilaridad en rebeldía le daba un tierno aspecto de dulce puercoespín inofensivo que es lo que era creo que en alguna época llevaba bigote y el bigote también le quedaba encrespado y un poco desastroso tenía los ojos muy negros agudos bajo aquellas cejas tremendas de un nietzscheanismo irónico y frustrado tenía los pómulos muy salientes erizados de pelos de barba ya digo y la boca hundida con dientes sospecho que poco sanos (30-52).

**8. Ponga en las siguientes frases los sustantivos derivados de la palabra entre paréntesis, y controle luego usted mismo con el texto:**

Don Miguel Mihura se distinguía por su ...... (serio, 9) y su ...... (simple, 23).
El agotamiento nervioso a menudo es debido al ...... (aburrirse, 17).
Lo que le perjudica mucho es ...... (tímido, 25) y ...... (perezoso, 25).
En todos los niños hay un fondo de ...... (rebelde, 40).
Duerme como un tronco a causa de ...... (cansado, 58).
Don Eusebio era ...... (que gusta de hablar, 63) fascinante.

**9. Escriba una redacción sobre uno de los siguientes temas:**

Autorretrato.
Describa moral y físicamente a una persona que usted conozca.
Describa al «típico» representante de su país y compárelo con otros extranjeros que conozca o haya conocido.
Mis padres.
El profesor.
Los políticos de mi país.
El cura.

# MI INFANCIA

por Camilo José Cela

DE mi *niñez* no son precisamente
buenos recuerdos los que *guardo.*
Mi padre se llamaba Esteban Duarte
Diniz, y era portugués, cuarentón
5 *cuando yo niño,* y alto y gordo como
un monte. Tenía *la color* tostada y un
estupendo bigote negro que se echaba para abajo. [...] Yo le tenía un gran
respeto y no poco miedo, y siempre
10 que podía *escurría el bulto* y procuraba
no *tropezármelo;* era áspero y brusco y
no *toleraba* que se le contradijese en
nada, [...] Cuando se enfurecía, cosa
que le ocurría con mayor frecuencia de
15 *lo que se necesitaba,* nos pegaba a mi
madre y a mí las grandes palizas por
cualquier cosa, palizas que mi madre
*procuraba* devolverle *por ver de* corre-
girlo, pero ante las cuales a mí no me
20 quedaba sino resignación *dados* mis
pocos años. [...]

Mi madre, *al revés que* mi padre, no
era *gruesa,* aunque *andaba muy bien
de estatura;* era larga y chupada y no
25 tenía aspecto de buena salud, sino
que, por el contrario, tenía la tez *cetrina*
y las mejillas hondas y *toda la presen-*

*cia* o de estar *tísica* o *de no andarle muy
lejos;* era también desabrida y violenta,
tenía un humor que se daba a todos los 30
diablos y un lenguaje en la boca que
Dios le haya perdonado, porque blasfe-
maba las peores cosas a cada momento y por los más débiles motivos. Vestía siempre *de luto* y era poco amiga 35
del agua, tan poco que *si he de decir la
verdad,* en todos los años de su vida
que yo conocí, no la vi lavarse más que
en una ocasión en que mi padre la llamó borracha y ella quiso como demos- 40
trarle que no le daba miedo el agua. [...]

*Se llevaban mal* mis padres; a su
poca educación se unía su escasez de
virtudes y su falta de conformidad con
lo que Dios les mandaba —defectos to- 45
dos ellos que para mi desgracia hube
de heredar— y esto hacía que se cui-
daran *bien* poco de pensar los principios y de refrenar los instintos, lo que
daba lugar a que cualquier motivo, por 50
pequeño que fuese, bastara para desencadenar la tormenta que se prolongaba después días y días sin que se le
viese el fin. Yo, por lo general, no *toma-*

55 *ba el partido de* ninguno porque si he de decir verdad *tanto me daba* el que *cobrase* el uno como el otro; [...].

Mi madre no sabía leer ni escribir; mi padre sí, y tan orgulloso estaba de 60 ello que se lo *echaba en cara* cada lunes y cada martes y, con frecuencia y aunque *no viniera a cuento,* solía llamarla ignorante, ofensa gravísima para mi madre, que se ponía como *un basilisco.* 65 Algunas tardes venía mi padre para casa con un papel en la mano y, *quisiéramos que no,* nos sentaba a los dos en la cocina y nos leía las noticias; venían después los comentarios y en ese momento yo 70 me echaba a temblar porque estos comentarios eran siempre el principio de alguna *bronca.* Mi madre, por ofenderlo, le decía que el papel no decía nada de lo que leía y que todo lo que 75 decía *se lo sacaba* mi padre *de la cabeza,* y a éste, el oírla esa opinión *le sacaba de quicio;* gritaba como si estuviera loco, la llamaba ignorante y bruja y acababa siempre diciendo *a grandes voces* 80 que si él supiera decir esas cosas de los papeles *a buena hora* se le hubiera ocurrido casarse con ella. [...]

La verdad es que la vida en mi familia poco tenía de *placentera,* pero 85 como no *nos es dado* escoger, sino que ya —y aun antes de nacer— estamos destinados unos a un lado y otros a otro, procuraba conformarme con lo que me había tocado, que era la única *manera* de no desesperar. 90

De pequeño, que es cuando más manejable resulta la voluntad de los hombres, me mandaron una corta temporada a la escuela; decía mi padre que la lucha por la vida era muy dura y 95 que había que irse preparando para *hacerla frente* con las únicas armas con las que podíamos dominarla, con las armas de la inteligencia. [...]

Mi instrucción escolar poco tiempo 100 duró. Mi padre, que, como digo, tenía un carácter violento y autoritario para algunas cosas, era débil y pusilánime para otras [...]. Mi madre no quería que fuese a la escuela y siempre que tenía 105 ocasión, y aun a veces sin tenerla, *solía* decirme que para no salir en la vida de pobre no *valía* la pena aprender nada. Dio en terreno abonado, porque a mí tampoco me *seducía* la asistencia a las 110 clases, y entre los dos, y con la ayuda del tiempo, acabamos convenciendo a mi padre que optó porque abandonase los estudios. Sabía ya leer y ecribir, y sumar y restar, y *en realidad* para *ma-* 115 *nejarme* ya tenía bastante. Cuando *dejé* la escuela *tenía* doce años.

De *La familia de Pascual Duarte.* Barcelona, Ediciones Destino, 1977[6], págs. 29-33.

## EJERCICIOS

1. **Conteste brevemente a las siguientes preguntas con sus propias palabras:**

   ¿Cómo era el padre de Pascual Duarte física y psicológicamente?
   ¿Cómo era la madre físicamente?
   ¿Cómo era su temperamento?
   ¿Qué relación existía entre ambos?
   ¿Cuál es el ambiente general familiar que se respira en el relato?
   ¿Cuál era la posición y la reacción del pequeño en este ambiente familiar?
   ¿Cuáles eran las «teorías sobre la vida» que tenían los padres?
   ¿Cómo fue el período escolar del muchacho?
   ¿Cómo es la psicología del muchacho, según se desprende de lo narrado?
   ¿Cuáles son las opiniones del muchacho sobre la vida, la moral y la educación?

2. **Ampliemos el tema:**

   - mi ambiente familiar
   - mi primera infancia
   - mi adolescencia
   - mis años escolares
   - mis padres
   - mis hermanos
   - cómo veía el mundo
   - mi primer trabajo
   - vicisitudes y dificultades de mi vida
   - algo decisivo de mi vida
   - lo que hubiera deseado que fuese mi vida
   - el primer amor
   - la mili
   - mi matrimonio
   - los hijos

3. **Sustituya las palabras, frases o partículas en cursiva por otras equivalentes que usted conozca y que puedan reemplazarlas en el texto.**

**4. Explique el significado de las siguientes palabras tal como están usadas en el texto:**

- *cuarentón* (4); *paliza* (16); *chupado* (24); *blasfemar* (32); *borracho* (40); *bronca* (72).

**5. Complete las frases de los grupos siguientes con una de las voces indicadas en cada uno de ellos:**

a) *ante* (19) / *antes* / *delante*
...... esta situación, no sé qué hacer.
...... de pegarle, tendrías que pensarlo dos veces.
Los alumnos están ...... del profesor.
No digas esas cosas ...... de los niños.
Si lo hubiera sabido ...... , habría ido a visitarle.
...... que padecer de este modo, prefiero morir.
Se presentó ...... el juez con mucha insolencia.
Como me mareo, preferiría sentarme ......

b) *salud* (25) / *salvación* / *salvamento* / *salvedad*
En los barcos hay lanchas de ......
Últimamente, mi ...... anda muy mal.
La mayor preocupación del hombre medieval era ...... del alma.
En el siniestro, las operaciones de ...... proceden sin novedad.
¡Bebamos a ...... de los novios!
Acepto el cargo con esta ...... : que nadie intervenga en mis decisiones.
La delincuencia denota la falta de ...... de la sociedad.
Dijo que vendría, con ...... de que no le llamaran urgentemente de la oficina.

c) *al revés que* (22) / *en vez de* / *en cambio*
¿Por qué no se lo dices a la cara ...... murmurar siempre por detrás?
En tu calle, ...... en la mía, no hay mucho ruido.
La mayor es una nena muy alegre, la menor, ...... , es muy melancólica.
...... soportar todo este frío, ¿por qué no encendéis la calefacción?
Ésta es la llave del garaje y esta pequeña, ...... , es la del buzón.
Tú, ...... yo, prefieres ir de vacaciones a la playa.
...... ir andando, prefiero coger el autobús.

d) *quedar* (20) / *quedarse*
No me ...... ni una sola hoja de papel.
...... (él) en medio de la carretera esperando que llegara la grúa.
Después de esa experiencia, no le ...... ganas de repetirla.
El invitado ...... en la capital más días de lo previsto.

–¿Cuántas manzanas ...... ? –No ...... ni una.
...... (ella) en casa porque esperaba una llamada.

e) *desencadenar-se* (51) / *desarrollar* / *explotar*
   Según las previsiones meteorológicas, la tormenta ...... por la noche.
   El niño hinchó demasiado el globo y éste ......
   Algunos rompecabezas ...... la inteligencia.
   En 1914 ...... la primera guerra mundial.
   No quiero comprar la olla de presión porque temo que ...... (ella).
   La bicicleta ...... los músculos de las piernas.
   En algunas minas se ...... a los mineros sin piedad.
   ...... (ellos) mucho la agricultura y poco la industria.
   El ruido del disparo ...... el pánico entre la multitud.

f) *ocurrirse* (81) / *ocurrir*
   ...... un atropello en la autopista a causa de la escasa visibilidad.
   No ...... (a mí) cómo podría espesar esa sopa.
   Todo lo que te ...... lo estás buscando tú.
   ¿No ...... (a ti) una idea mejor?
   Lo que ...... es que hay mucho desempleo.

g) *aprender* (108) / *enseñar*
   Me ...... (ella) a leer y escribir.
   No consigo ...... de memoria este poema.
   En este cursillo no ...... (ellos) nada: es muy malo.
   El profesor ...... muy bien.
   ...... (él) a no temer a los perros cuando le regalaron uno.
   Te ...... (yo) las fotos de mi viaje.

6. **Diga la forma contraria de las palabras en cursiva de las siguientes frases, y controle luego usted mismo con el texto:**

   Es muy *bajo* por la edad que tiene (5).
   Juan es muy *delgado* (5-23).
   Cuando quiere, trata a la gente de una forma muy *suave* (11).
   Algunos peces viven en aguas *superficiales* (27).
   Ese médico me parece muy *culto* (63).
   Tiene un carácter muy *pacífico* (102).
   Mi padre es muy *blando* para con todos nosotros (102).
   Hoy me siento muy *fuerte* (103).

**7. Complete las siguientes frases con el verbo que signifique lo que se indica entre paréntesis, y controle luego usted mismo con el texto:**

Le gusta ...... (decir que no a lo que digo yo, 12) todo el tiempo.

...... (él, ponerse furioso, 13) por nada.

...... (tú, tratar de, intentar, 18) aplicarte un poco más.

Todos los días tengo un montón de deberes que ...... (hacer corrección, 18).

Detesta a los hombres que ...... (decir blasfemias, 32).

Tendrías que ...... (tú, poner freno, 49) un poco tu impulsividad.

Cuando hablas, no ...... (tú, hablar a gritos, 77).

...... (ellos, contraer matrimonio, 82) por la Iglesia.

...... (elegir, 85) usted mismo el sitio donde prefiere sentarse.

**8. Observe:**

*a)* ● no toleraba que se le *contradijese* en nada (12).

● no la *vi* lavarse más que en una ocasión (38).

Conjugue debidamente el verbo entre paréntesis de las siguientes frases:

Si no ...... (yo, tener) tanto sueño, ...... (yo, ver) ese programa de la tele.

¿...... (tú, oír) lo que ...... (él, decir) anoche?

No...... (yo, conocer) a nadie que ...... (saber) hacer ganchillo.

Se ...... (él, reír) como un loco cuando le ...... (ellos, hacer) cosquillas.

...... (ellas, freír) los calamares con aceite de girasol.

Le ...... (nosotros, contradecir) todo el rato, justo para que ...... (él, ponerse) nervioso.

¿Qué te ...... (traer) papá de París?

Le ...... (ellos, decir) que no ...... (ellos, poder) comprometerse en aquel asunto.

Le ...... (ellos, dar) una dosis de morfina y ...... (él, dormir) dos días seguidos.

Se ...... (ella, sentir) mal anoche y le ...... (ellos, conducir) a la casa de socorro.

Los alumnos no ...... (caber) todos en el aula y ...... (haber) que llevarlos al Paraninfo.

¿Qué te ...... (tú, poner) si ...... (tú, tener) que ir a una cena de gala?

El camarero ...... (servir) con guantes blancos.

Me ...... (ellos, pedir) que ...... (yo, medir) la superficie del apartamento para que ...... (ellos, poder) evaluarlo.

*b)* ● si he de decir verdad *tanto* me daba (55).

● *tan* orgulloso estaba de ello, que se lo echaba en cara cada lunes (59).

Complete las siguientes frases con *tanto* o *tan*:

Está ...... contento que da saltos de júbilo.

Llegué con dos horas de retraso porque había ...... tráfico.

No te canses ...... : puedes terminar el trabajo mañana.

Está ...... débil que no puede ni hablar.

Es ...... alto que no pasa por aquella puerta.

...... tú como yo hemos sido culpables de lo ocurrido.

Tú no hables ...... , porque has metido la pata mil veces.

Este cuarto es ...... oscuro que no se ve nada.

...... se lo dijeron, que acabó por convencerse.

**9. Ponga las debidas preposiciones en el siguiente fragmento, y controle luego usted mismo con el texto:**

...... pequeño, que es cuando más manejable resulta la voluntad ...... los hombres, me mandaron una corta temporada ...... la escuela; decía mi padre que la lucha ...... la vida era muy dura y que había que irse preparando ...... hacerla frente ...... las únicas armas ...... las que podíamos dominarla, ...... las armas ...... la inteligencia [...].

Mi instrucción escolar poco tiempo duró. Mi padre, que, como digo, tenía un carácter violento y autoritario ...... algunas cosas, era débil y pusilánime ...... otras [...]. Mi madre no quería que fuese ...... la escuela y siempre que tenía ocasión, y aun . ...... veces ...... tenerla, solía decirme que ...... no salir ...... la vida ...... pobre no valía la pena aprender nada. Dio ...... terreno abonado, porque ...... mí tampoco me seducía la asistencia ...... las clases, y ...... los dos, y ...... la ayuda ...... el tiempo, acabamos convenciendo ...... mi padre que optó porque abandonase los estudios (91-114).

**10. Observe:**

*a)* • a mí _no_ me quedaba *sino* resignación (19)

   • _no_ le vi lavarse *más que* en una ocasión (38)

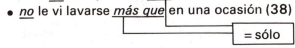

= sólo

Según ello, transforme siempre las siguientes frases con las dos formas:

Sólo puedo comer hervidos.

Sólo podemos ayudarles en las faenas domésticas.

He podido leer solamente las diez primeras páginas.

Hoy atenderemos únicamente a los enfermos más graves.

De momento, le saco sólo esta muela más cariada.

*b)* • lo que daba lugar a que cualquier motivo, *por pequeño que fuese,* bastara para desencadenar la tormenta (49)

= aunque fuera pequeño

Según ello, transforme las siguientes frases:

Aunque era muy divertido, no quiso ir a ver el espectáculo.

Le preocupaba mucho cualquier trabajo, aunque fuera insignificante.

Aunque tenía mucho que hacer, recibía siempre a todos.

Aunque te laves tanto los dientes, no se te pondrán más blancos.

*c)* • la tormenta que se prolongaba después días y días *sin que se le viese* el fin (52)

> = y no se le veía

Según ello, transforme las siguientes frases:

Le veían adelgazar día tras día y no podían hacer nada por él.

Maltrataba a los empleados y no se daba cuenta de ello.

Tenía un tal agotamiento nervioso que se echaba a llorar por nada y no podía remediarlo.

Corrigió bien el escrito y no se notaban las borraduras.

*d)* • gritaba *como si estuviera* loco (77)

> = igual que uno que está loco

Según ello, transforme las siguientes frases:

Doblaban las campanas de la iglesia igual que cuando hay un entierro.

Cuando me ve, huye de mí igual que si yo fuera el coco.

Se puso a correr, igual que uno que le persiguen.

Echó a gritar igual que uno que ve un fantasma.

Se comporta igual que uno que es dueño del mundo.

Quiere que le haga compañía todo el día, igual que si yo no tuviera nada que hacer.

## 11. Observe:

• si *he de decir* la verdad (36)
• y en ese momento yo me *echaba a temblar* (69)
• y *acababa* siempre *diciendo* a grandes voces (78)
• y que *había que irse preparando* (96)

Transforme las palabras en cursiva de las siguientes frases con una de las perífrasis indicadas:

Me parece que *se acerca poco a poco* una tormenta.

*Es necesario* encender la luz.

No *tenéis que* preocuparos.

A la señal de starting, todos los atletas *corrieron inmediatamente*.

*Aprende poco a poco* a andar.

Empezó con una copa y *al final se bebió* toda la botella.
*Era necesario* tomar en mano la situación.
Empecé muy tranquilo el examen y *al final me puse* muy nervioso.
*Tenemos que* salir de compras.
Cuando oyó aquella ridiculez, *rió inmediatamente.*

**12.** **Escriba una redacción sobre uno de los siguientes temas:**

Cómo veía yo el mundo de los adultos.
Recuerdos de mi infancia.
Lo que ha sido y lo que no ha sido mi vida.
Mis experiencias en una ciudad o país extranjero.
Mi actividad profesional.

# LA MUJER EN EL MUNDO DEL TRABAJO

**por Consuelo de la Gándara**

A estas alturas del siglo XX son ya muy pocos –hombres y mujeres– *los que* no aceptan la presencia de la mujer en el trabajo, el derecho a
5 un tratamiento laboral idéntico para ambos sexos, la casi inexistencia de profesiones «no aptas» para la mujer, la igualdad del salario, etc.

Sin embargo, esto que, en teoría, se
10 piensa, se proclama en los discursos y *hasta* ha sido, *en gran medida,* regulado por las leyes, no se ve reflejado en la realidad española.

No creo que sea exagerado decir
15 que hoy, en la práctica, la aportación de la mujer al trabajo es en España una de las más minusvaloradas del mundo occidental.

Cierta actitud paternalista, injustifi-
20 cada *a la hora de* trazar el ordenamiento jurídico laboral; la falta de cualificación profesional, que *sitúa* a la mujer *generalmente* en puestos de trabajo menos *compensadores;* su *propia*
25 mentalidad –que una educación rutinaria y tradicional y unos ancestrales prejuicios sociales *han fomentado* para

reservar únicamente a la sacrosanta *tarea* de esposa y madre–, son las causas principales que generan esta 30 situación.

*Sin embargo,* la incorporación de la mujer española al mundo del trabajo extradoméstico –el otro, el del hogar, ha sido desde siempre su reino par- 35 ticular–, es un proceso *incontrovertible.* De los que no se pueden *parar.* Consigamos, *pues,* que lo haga por su propia voluntad, siguiendo su vocación, equilibradamente, en igualdad de con- 40 diciones con el hombre, aceptada con respeto y justicia.

*Según* cifras de los últimos cinco años, la participación de la mujer española en la población activa *está le-* 45 *jos de alcanzar* los porcentajes de países más desarrollados. *Por otra parte,* si *atendemos* a la cualificación del trabajo femenino con respecto al masculino, *saltarán a la vista* flagrantes dife- 50 rencias.

La comparación con los datos emanados de la CEE, es aún mucho más significativa. En los países del Merca-

55 do Común Europeo, un 20,6 por 100 de los directivos son mujeres, mucho más que en España.

*En materia de* igualdad de derechos laborales, es curioso *lo que va de lo pin-* 60 *tado a lo vivo.* Todos sabemos con qué facilidad se contrata mano de obra femenina *a buen precio, aunque* a la hora de firmar los convenios laborales se hagan equilibrios de redacción para 65 no *conculcar* el axioma por todos *acatado* de «a trabajo igual, igual salario». Y esto es, precisamente, lo que las mujeres deben exigir: igualdad en el trato laboral, en los derechos y en las 70 obligaciones.

Aunque *parezca* paradójico, otro *riesgo* que amenaza el trabajo de la mujer consiste en el proteccionismo legal exagerado. La trabajadora debe ofrecer la misma rentabilidad que el 75 hombre. El absentismo, *reproche* frecuente del empresario a la mujer, desaparecerá a medida que ésta haya recibido mejor orientación y formación, tenga más conciencia y respon- 80 sabilidad de su compromiso laboral y vea mayores posibilidades de *ascender* en su carrera profesional.

En cuanto a las llamadas profesiones inadecuadas para la mujer, recor- 85 demos unas palabras de Concepción Arenal pronunciadas en 1892: «No creemos que puedan *fijarse* límites a la aptitud de la mujer, ni excluirla *a priori* de ninguna profesión, *como no* 90 *sea* la de las armas, que repugna a su naturaleza, y ojalá que repugnara a la del hombre.»

*Encuesta nacional sobre los grandes temas de la familia.* «Blanco y Negro», 5 - 11 de abril de 1978. (Por motivos de extensión, el artículo no se reproduce íntegramente.)

**EJERCICIOS**

**1. Conteste brevemente a las siguientes preguntas con sus propias palabras:**

¿Qué opina la mayoría de la gente de la posición que debería ocupar la mujer en el trabajo?
¿Qué ocurre, sin embargo, en la práctica?
¿A qué es debido que la mujer ocupe de hecho los puestos menos cualificados?
¿Cuál ha sido hasta ahora el rol de la mujer?
¿Cómo debe incorporarse la mujer al mundo del trabajo?
¿Por qué no existen, según la autora, profesiones inadecuadas para la mujer?

## 2. Ampliemos el tema:

- presencia de la mujer en el mundo del trabajo
- incapacidades y aptitudes de la mujer
- prejuicios frente al trabajo de la mujer
- realización y frustraciones de la mujer en el trabajo
- la mujer soltera y la casada en el campo del trabajo
- del trabajo obrero a los cargos directivos
- trabajo oculto de la mujer
- la mujer de ayer y de hoy
- características sociales y culturales de la mujer
- la mujer en el seno de la familia
- la formación de la mujer y del hombre
- ¿un retorno a la mujer del pasado?: de la moda a formas ideales de vida
- el movimiento feminista: ayer y hoy

## 3. Sustituya las palabras, frases o partículas en cursiva por otras equivalentes que usted conozca y que puedan reemplazarlas en el texto.

## 4. Explique el significado de las siguientes palabras tal como están usadas en el texto:

- *no apto* (7); *rutinario* (25); *estar lejos de* (45); *directivo* (56); *de lo pintado a lo vivo* (59); *axioma* (65).

## 5. Complete las frases de los grupos siguientes con una de las voces indicadas en cada uno de ellos:

a) *a estas alturas* (1) / *a la hora de* (20)

...... ya deben de estar en París.

...... dar la cara todo el mundo se echa atrás.

Es increíble que ...... todavía haya gente que cree en los fantasmas.

...... pagar hizo oídos de mercader.

b) *actitud* (19) / *acto* / *aptitud*

Manuel tiene mucha ...... para la música.

Hoy en día ...... de terrorismo son cada vez más frecuentes.

Su ...... para con su familia no es nada correcta.

Adoptó en toda la reunión ...... muy arrogante.

Los estudiantes sacaron casi todos el certificado de ......

En ocasión del centenario de la muerte del escritor, se celebró ...... de homenaje.

Hace un trabajo que no tiene nada que ver con sus......

Sus ...... guardan poca relación con lo que predica.

Iré sólo por hacer ...... de presencia.

c) *cualificación* (21) / *calificación*

En el examen de derecho, le han dado ...... de sobresaliente.

En esta empresa se necesitan empleados de alta ......

Su modo de obrar le ha merecido ...... de hombre honrado.

d) *propio* (24) / *precisamente*

El tren salía de la estación ...... cuando yo sacaba los billetes.

...... autor presentó su obra.

Es ...... de esto que yo quería hablarte.

Estas palabras son ...... de un sinvergüenza.

Es una cosa que cae por su ...... peso.

Fue ...... en aquel pueblo donde hubo una gran matanza de rehenes.

Le acogió en su ...... casa como si fuera su hijo.

Haré una sopa con las verduras ...... del tiempo.

Te he llamado ...... para comunicarte esa noticia.

...... porque le digo que se quede conmigo, quiere salir a toda costa.

e) *prejuicios* (27) / *perjuicios*

La tormenta ha ocasionado a los viñedos graves......

...... contra los homosexuales siguen en pie.

Es un hombre lleno de......

Los impuestos siempre van en ...... de los pobres.

f) *pues* (38) / *después*

...... de la cena iremos a la cama.

No quiero hablar con él, ...... me cae antipático.

Ahora no puedo atenderle, lo atenderé......

Ya veo que no tienes ganas de salir: ...... iré solo.

No todos tenemos las mismas opiniones: que cada cual, ...... , se quede con la suya.

No se lo digas ahora, díselo ......

g) *respeto* (42) / *respecto*

No tengo nada que decir a......

Este niño me ha faltado a......

...... a como estabas ayer, hoy te encuentro mucho mejor.

Se observa una falta de ...... por las opiniones ajenas.

Con ...... al aumento de la población, se han tomado pocas medidas.

El joven miraba el mar embravecido con mucho ......
Le ruego presente mis ...... a su esposa.

h) *atender* (48) / *acudir* / *esperar*
Estoy ...... el autobús desde hace media hora.
El abogado está ...... a un cliente.
Hemos ido al aeropuerto a ...... a Juan.
Al empezar el incendio ...... los bomberos.
La enfermera ...... a los enfermos.
...... (yo) que mañana llueva.
Este niño no ...... lo bastante en clase: lo veo siempre distraído.
Estaba gravísimo pero ...... (ellos) a tiempo de salvarle.
−¿Le ...... (ellos), señora? −Sí, me está ...... esta dependienta.
Me ...... unos días de gran trabajo.
Mis padres ...... verte entre nosotros.

i) *trato* (69) / *tratamiento*
Es una persona de ...... muy afable.
Le están haciendo ...... especial contra la celulitis.
Tiene muy poca habilidad en ...... para con la gente.
No sé con qué ...... tengo que dirigirme al embajador.
Han condenado a la madre por los malos ...... que infligía a sus hijos.
Acabamos de cerrar ...... con la empresa constructura.
Después de lo que me ha dicho, no quiero ningún ...... con ella.

j) *rentabilidad* (75) / *renta*
Es un negocio de gran......
Mi primo vive de ......
Es obligatoria la declaración de ...... todos los años.
...... del alquiler no nos permite una vida desahogada.
...... de este terreno es muy alta.


6. **Ponga el sustantivo o adjetivo relacionado con las palabras entre paréntesis de las siguientes frases, y controle luego usted mismo con el texto:**

Las labores ...... (además de las de la casa, 34) no han sido consideradas nunca de competencia de la mujer.
Los Estados Unidos están luchando por ...... (cualidad de igual, 40) de derechos de blancos y negros.
Las estadísticas han arrojado ...... (tanto por ciento, 46) alarmante.
La mayoría de las lenguas distinguen un género ...... (propio del hombre, 49) y ...... (propio de la mujer, 49).

Si cruzas la calle sin mirar, corres ...... (posibilidad de una desgracia, 72) de que te atropelle un coche.

Es difícil que ....... (mujeres que trabajan, 74) ocupen cargos ...... (de dirección, 56).

...... (el estar ausente, 76) es una de las plagas del actual mundo ...... (del trabajo, 59).

Es un niño muy orgulloso: no admite ...... (acto de reprochar, 76) alguno.

### 7. Observe:

a) • tratamiento laboral idéntico *para* ambos sexos (5)
   • regulado *por* las leyes (11)

Complete las siguientes frases con *por* o *para:*

La misa será celebrada ...... el alma del difunto.

Te lo digo ...... que te enteres.

...... lo que has trabajado, bastante sueldo te han dado.

El perro fue atropellado ...... una moto.

...... saber cantar no basta con tener buena voz.

Me voy ...... mi casa dentro de un rato.

...... empezar, haremos un dictado.

b) • en *gran* medida (11)

Complete las siguientes frases con *gran / grande, primer / primero, buen / bueno, mal / malo:*

Hoy es el ...... día de clase: conoceremos al nuevo profesor.

Es un ...... conductor: nunca ha tenido accidentes.

Aquella finca es muy ...... : tiene muchos pisos.

Este pastel no es muy ...... : es poco esponjoso.

Hay un ...... coñac que se llama Carlos ......

Hoy estoy muy ...... : me duele la cabeza.

Picasso es un ...... pintor.

c) • mucho *más que* en España (56)

Complete las siguientes frases con *más que* o *más de:*

Está mucho ...... solo ...... lo que parece.

Luisito es ...... aplicado ...... su hermano.

Tengo ...... un reloj de pulsera.

Me he cansado mucho ...... lo que había previsto.

A José le interesa ...... el trabajo ...... la familia.

**8. Ponga las debidas preposiciones en el siguiente fragmento, y controle luego usted mismo con el texto:**

...... cifras ...... los últimos cinco años, la participación ...... la mujer española ...... la población activa está lejos ...... alcanzar los porcentajes ...... países más desarrollados. ...... otra parte, si atendemos ...... la cualificación ...... el trabajo femenino ...... respecto ...... el masculino, saltarán ...... la vista flagrantes diferencias.

La comparación ...... los datos emanados ...... la CEE, es aún mucho más significativa. ...... los países ...... el Mercado Común Europeo, un 20,6 ...... ciento ...... los directivos son mujeres, mucho más que ...... España.

...... materia ...... igualdad ...... derechos laborales, es curioso lo que va ...... lo pintado ...... lo vivo. Todos sabemos ...... qué facilidad se contrata mano ...... obra femenina ...... buen precio, aunque ...... la hora ...... firmar los convenios laborales se hagan equilibrios ...... redacción ...... no conculcar el axioma ...... todos acatado ...... «...... trabajo igual, igual salario» (43-66).

**9. Conjugue debidamente el verbo entre paréntesis del siguiente fragmento, y controle luego usted mismo con el texto:**

En cuanto a las llamadas profesiones inadecuadas para la mujer, ...... (nosotros, recordar) unas palabras de Concepción Arenal pronunciadas en 1892: «No creemos que ...... (poder) fijarse límites a la aptitud de la mujer, ni excluirla a priori de ninguna profesión, como no ...... (ser) la de las armas, que ...... (ella, repugnar) a su naturaleza y ojalá que ...... (ella, repugnar) a la del hombre!» (84-93).

**10. Observe:**

- *Aunque parezca* paradójico, (71).
- *a medida que* ésta *haya recibido* mayor orientación (78).
- *ojalá* que *repugnara* (92).

Conjugue el verbo entre paréntesis de las siguientes frases en *indicativo* o *subjuntivo*, según convenga:

Aunque mañana ...... (haber) huelga de transportes, tendré que ir al trabajo.

¡Ojalá ...... (nosotros, aprobar) el examen!

A medida que yo ...... (yo, enjuagar) los cubiertos, tú me los vas secando.

Aunque ...... (yo, llevar) los tapones puestos en los oídos, oigo todos los ruidos de la calle.

A medida que ...... (tú, familiarizarse) con el ambiente, te sentirás menos solo.

¡Ojalá no ...... (ellos, tener) que quitarme esa muela!

Aunque este bolso ...... (costar) mucho más caro, lo compro igualmente.

**11** **Puntúe debidamente el siguiente fragmento, y controle luego usted mismo con el texto:**

Cierta actitud paternalista injustificada a la hora de trazar el ordenamiento jurídico laboral la falta de cualificación profesional que sitúa a la mujer generalmente en puestos de trabajo menos compensadores su propia mentalidad que una educación rutinaria y tradicional y unos ancestrales prejuicios sociales han fomentado para reservar únicamente a la sacrosanta tarea de esposa y madre son las causas principales que generan esta situación sin embargo la incorporación de la mujer española al mundo del trabajo extradoméstico el otro el del hogar ha sido siempre su reino particular es un proceso incontrovertible de los que no se pueden parar consigamos pues que lo haga por su propia voluntad siguiendo su vocación equilibradamente en igualdad de condiciones con el hombre aceptada con respeto y justicia (19-42).

**12.** **Escriba una redacción sobre uno de los siguientes temas:**

Igualdad de derechos laborales entre el hombre y la mujer.
Emancipación e independencia económica.
La mujer de hoy: entre el hogar y el mundo del trabajo.
Igualdad y desigualdad de la mujer y del hombre.
El feminismo.
La mujer, entre ayer y hoy.
«Nuestra cultura es genuinamente masculina» (Unamuno).

# LA TIRANÍA DE LA COMUNICACIÓN DE MASAS

**por Román Gubern**

NO conozco todavía ningún estudio que *haya pretendido* contabilizar numéricamente la dimensión cuantitativa de las agresiones psicológicas que el ciudadano padece *cotidianamente* por parte de los instrumentos de la comunicación de masas institucionalizados en nuestra sociedad. Los norteamericanos, *más aficionados a* las estadísticas que los europeos, han calculado que sus súbditos son bombardeados *cada día* con *unos* quinientos mensajes publicitarios (promedio: uno cada tres minutos) y que contemplan cada día *algo más de* seis horas de televisión (más de la cuarta parte del día). Deberíamos añadir a este *cómputo* el tiempo de escucha radiofónica, *fundamental* en *la llamada* «cultura del automóvil» y en macrociudades tejidas de autopistas como Los Ángeles, el de lectura de diarios y revistas, el de escucha de discos gramofónicos y de cassettes musicales y el de asistencia a espectáculos públicos para *trazar el perfil* del ciudadano de la era industrial colonizado por los «mass media», para quien la comunicación privada e interpersonal *comienza a* convertirse en una arcaica reliquia del pasado preindustrial.

*No me parece* exagerado referirme hoy a una «tiranía» de la comunicación de masas, *en primer lugar* porque la propiedad y gestión de los centros de producción de mensajes sociales es oligárquica, y *en segundo lugar* porque nadie nos pide permiso para violar nuestra intimidad comunicacional, como ocurre con esos monstruos que en forma de gigantescas botellas flotantes sobrevuelan y rompen el cielo *limpio* y azul de las playas mediterráneas. Esas botellas volantes, por demasiado nuevas, hieren *todavía* nuestra sensibilidad, pero la gente ha perdido ya la capacidad de escandalizarse ante las vallas publicitarias o los *spots* televisivos que nos agreden *sin tregua* y nos roban nuestro tiempo de atención, que podríamos *destinar* a mejores *fines*.

Decir que estos instrumentos están al servicio del consumismo y del con-

55 formismo es decir tanto como no decir nada. Al semiólogo le interesa *individualizar* los mecanismos de producción de significado, sus *«modus operandi»* y sus resortes de *fascinación*
60 colectiva, que *jamás* nacen del vacío, sino de una matriz social bien *sólida.* Quiero decir con esto que los arquetipos, modos de relación y propuestas conductuales *ofrecidos* por la publici-
65 dad y por los «mass media» lo son como *intento* de imponer ciertos modelos de *comportamiento,* modas o adicciones consumistas en miembros de la comunidad social; pero no pueden ser propuestas caprichosamente 70 ni arbitrariamente tiránicas, *so pena* de fracasar *estrepitosamente* en su persuasividad, sino que *han de basarse* en ciertas frustraciones o tendencias sociales (latentes o explícitas) 75 preexistentes a *la génesis* del mensaje publicitario; frustraciones o tendencias que hacen *precisamente* posible la aceptación social y la operatividad del mensaje. 80

«Destino», 26 de agosto-1 de septiembre de 1976. (Por motivos de extensión, el artículo no se reproduce íntegramente.)

## EJERCICIOS

**1. Conteste brevemente a las siguientes preguntas con sus propias palabras:**

¿De qué tipo de agresiones psicológicas habla el autor?

¿Cómo reacciona normalmente el hombre de hoy ante las mismas?

¿Por qué se habla de «tiranía» de la comunicación de masas?

¿Por qué los instrumentos de la comunicación de masas están al servicio del consumismo y del conformismo?

¿Qué características deben tener estos instrumentos para hacer mella en el hombre?

**2. Ampliemos el tema:**

- los medios de comunicación de masas: de la prensa a la televisión
- la información: noticia, opinión, manipulación
- cómo dar la noticia
- el sonido, la voz, la imagen, el gesto
- la escritura: titulares, títulos, colocación, estilo
- la radiodifusión
- el diario, el semanario, el magazine y la revista ilustrada
- el documental y el noticiario cinematográfico

- el telediario
- crédito del periodismo
- periodistas y políticos
- el cine
- cine y televisión
- la censura
- la censura directa e indirecta: formas
- pluralidad de información
- emisoras privadas
- emisiones vía satélite
- la publicidad
- mecanismos de convicción
- tiranía del provecho
- cultura y evasión
- ante los medios de información: pasividad, credulidad, ignorancia, cultura
- aspectos racionales e irracionales en el disfrute de los «mass-media»
- niños y «mass-media»
- la educación en la sociedad de los «mass-media»

**3. Sustituya las palabras, frases o partículas en cursiva por otras equivalentes que usted conozca y que puedan reemplazarlas en el texto.**

**4. Explique el significado de las siguientes palabras tal como están usadas en el texto:**

- *promedio* (13); *oligárquico* (37); *resorte* (59); *arquetipo* (62); *adicción* (68).

**5. Complete las frases de los grupos siguientes con una de las voces indicadas en cada uno de ellos:**

a) *estudio* (1) / *investigación*
   En la Universidad hay un centro de ...... química.
   El Consejo ha publicado ...... muy interesante sobre Moratín.
   La policía está haciendo ...... sobre el caso Valdeiglesias.
   Se paga ...... con su trabajo.
   Darwin dedicó toda su vida a ......

b) *botella* (41) / *frasco* / *ampolla*
   Estas inyecciones vienen en cajas de doce ......
   En el tocador tiene un montón de ...... de perfume.
   Tráeme ...... de güisqui.

El jarabe viene en ...... de vidrio muy oscuro.

Para destilar el agua se emplean ...... de vidrio.

c) *flotar* (41) / *ondear*

El corcho ...... en el agua.

El viento ...... la bandera.

Al pasar el barco las aguas ......

Cuando hago el muerto, ...... en el agua.

d) *valla publicitaria* (48) / *cartel* / *manifiesto*

En las autopistas, ...... anuncian los hoteles más próximos.

Durante las elecciones la ciudad se llena de pintadas y ......

En la oficina de turismo me han dado ...... de la región.

Las paredes de la ciudad están llenas de ...... que anuncian las elecciones del Consejo municipal.

La película todavía está en ......

En la parte superior de los edificios de la Plaza de España hay varias ...... luminosas.

Se prohíbe fijar ...... en esta pared.

Mi primo hace colección de ...... del teatro de la Ópera.

En los tranvías han puesto ...... que anuncian el próximo aumento de las tarifas.


**6. Ponga el sustantivo relacionado con el verbo entre paréntesis de las siguientes frases, y controle luego usted mismo con el texto:**

Los actuales índices de ...... (escuchar, 18) despiertan vivas preocupaciones.

...... (asistir, 25) a locales públicos como el cine es cada vez menor.

Algunas personas ejercen una fuerte ...... (fascinar, 59) sobre el público.

No vemos ...... (estar relacionado, 63) alguna entre una cosa y la otra.

...... (comportarse, 67) de muchas personas resulta del todo incomprensible.

Me hicieron ...... (proponer, 70) inaceptables.


**7. Observe:**

a) ● No conozco todavía *ningún* estudio (1)

Complete las siguientes frases con *ningún* / *ninguno-a-os-as, algún* / *alguno-a-os-as, alguien* / *nadie:*

En aquel pueblo no había ...... banco ni ...... farmacia.

–¿Hay ...... en la oficina? –No, no hay ......

...... de estos señores son extranjeros.

¿Ves a ...... conocido entre los invitados?

Eso no tiene ...... gracia.

¿Habéis visto ...... filme últimamente?

No tiene interés ...... para los estudios.

...... de vosotras sabe una palabra de ruso.


b) • el ciudadano padece cotidianamente *por* parte de los instrumentos (6)

• asistencia a espectáculos públicos *para* trazar el perfil (26)

Complete las siguientes frases con *por* o *para:*

Este tratamiento no sirve ...... nada.

...... ti he perdido el tren.

Es muy amable ...... con sus compañeros de trabajo.

...... más que se lo digas, no lo va a entender.

He comprado la filmadora ...... una miseria.

Te lo digo ...... tu bien.


c) • son bombardeados *cada* día con unos quinientos mensajes publicitarios (13)

Complete las siguientes frases con *cada, todo, algo* y *nada:*

–¿Ha quedado ...... del banquete de ayer? –No, no ha quedado ......

...... lo que dice son mentiras.

Voy a la playa ...... fin de semana.

...... intento de supresión será sofocado.

Que ...... viajero lleve su propio pasaporte.

Puesto que no decían ...... interesante, me largué.

Se está quejando ...... dos por tres.

...... publicidad influye en el consumidor.


d) • el tiempo de escucha radiofónica, [...] *el de* lectura de diarios (22)

Complete las siguientes frases con *el, lo-s, la-s de* o *que:*

El examen de latín me ha ido muy bien, pero ...... inglés muy mal.

–¿Qué taza quiere, señora? –...... café.

...... dijeron no tenía sentido.

En el parque de atracciones ...... mejor se lo pasan son los niños.

Los libros que compré son ...... tú me aconsejaste.

Esta es mi corbata: ...... mi hermano es a rayas.

Las habitaciones que dan a la calle son muy ruidosas, pero ...... el patio son más oscuras.

Los chicos que ves son ...... te presenté ayer.

Esos sellos son ...... el mundial.

A ...... sepa contestar, le daré diez duros.

–¿Qué ha contestado cuando se lo has dicho? –...... siempre.

*e)* • Al semiólogo *le* interesa individualizar los mecanismos (56)

Complete las siguientes frases con *le-s, lo-s, la-s:*

...... (a los niños) dieron una paliza formidable.

Si hablas con Encarna, saluda......

–¿Has visto a Luis? –Sí, ...... vi anoche.

El médico saludó a los enfermos y ...... visitó con mucho detenimiento.

Echan una película interesante y ...... quiero ver cuanto antes.

Hablé con tus hermanas y ...... prometí que iría a veros un día de estos.

...... saludo a usted muy atentamente.

Abre el armario y deja...... abierto.

*f)* • jamás nacen del vacío, *sino* de una matriz social (60)

• no pueden ser propuestas caprichosamente [...], *sino que* han de basarse [...] (73)

Complete las siguientes frases con *sino* o *sino que:*

No te digo que tengas que matarte, ...... debes aplicarte un poco más.

La novia no llevaba un traje blanco ...... azul.

El peluquero no está en la calle de Atocha ...... en la de Alcalá.

El periodista no sólo nos informa, ...... nos da también su opinión.

**8. Ponga las debidas preposiciones en las siguientes frases, y controle luego usted mismo VERBO y PREPOSICIÓN con el texto:**

Los abuelos se aficionaron muchísimo ...... la música moderna (9).

Nunca he asistido ...... una conferencia tan interesante (25).

La asamblea de accionistas se convirtió de pronto ...... un debate muy animado (30).

Toda su riqueza se basaba ...... la renta de algunos pisos que tenía alquilados desde hacía años (73).

**9. Ponga las debidas preposiciones en el siguiente fragmento, y controle luego usted mismo con el texto:**

...... segundo lugar porque nadie nos pide permiso ...... violar nuestra intimidad comunicacional, como ocurre ...... esos monstruos que ...... forma ...... gigantescas botellas flotantes sobrevuelan y rompen el cielo limpio y azul ...... las playas mediterráneas. Esas botellas gigantes, ...... demasiado nuevas, hieren todavía nuestra sensibilidad, pero la gente ha perdido ya la capacidad ...... escandalizarse ...... las vallas publicitarias o los «spots» televisivos que nos agreden ...... tregua y nos roban nuestro tiempo ...... atención, que podríamos destinar ...... mejores fines (37-52).

**10. Escriba una redacción sobre uno de los siguientes temas:**

Los medios de comunicación de masas.
Democracia y pluralidad de información.
Información y opinión.
La propaganda.
Tiranía del provecho y cultura.
A favor y en contra de la censura.
El poder y la información.
«Medium is message» (Mc Luhan).

# EL VIAJERO

por Fernando Díaz-Plaja

EL protagonista de hoy no es el viajero profesional, sino el temporal; no es el ejecutivo, el conferenciante, el diplomático, el comisionista, sino el que en los veranos se marcha («se evade», se dice ahora) de su ambiente normal para *desplazarse* a otro mundo, para verlo.. y para contarlo.

Yo creo que el que sale lo hace más para informar que para informarse. Mi impresión es que la vista, el oído, el olfato y el gusto se utilizan sólo para *albergar* las sensaciones en el mínimo tiempo posible: el que necesita el viajero para encontrarse con los demás *mortales* que no han tenido la suerte de ir por los mismos *caminos* y contárselo todo. No *se sedimentan,* están sólo de paso en su mente antes de desplazarse hacia otras dispuestas a aceptarlas. Lo prueban las *prolijas* relaciones que los amigos tienen que escuchar: *«Luego* salimos hacia Estrasburgo; *por cierto,* que hacía un día maravilloso, y *de pronto* empezó a llover (detalle fascinante *donde los haya),* y entonces *nos paramos* en un restaurante al borde de la carretera, donde comimos de maravilla...». Cuando no los ven en las imágenes fijas de las fotografías: «Ésta es Emilia, al contraluz, en los Alpes.» O en las animadas de las películas caseras de las que no se libra ningún conocido en los meses que siguen al viaje: «Y ahora os vamos a poner la película que sacamos, película que es subrayada con comentarios pícaros («Mira a ver qué te parece ese paisaje» –deslumbrante rubia *«topless»* en la playa– o seudohumoristas («Mira qué forma más *rara* de comer tiene Emilia», con la indignante reacción de ésta al proyectar la cinta al revés y mostrar el tenedor yendo de la boca al plato con el pedazo de carne).

Toda esa gruesa batería disparando *incansablemente* sobre los amigos que no salieron del país ha sido precedida por una preparación artillera que se llama postales ilustradas. Hace tiempo escribí que si no existieran esas «vistas», la gente viajaría mucho menos, *deducción* a la que llegué después de haber sido testigo muchas veces

55 de unos turistas que al bajar de los autocares *frente a* una catedral, una mezquita o *una perspectiva* de montaña o mar, *en lugar de* contemplar absortos el fabuloso original se precipi-
60 taban a comprar las reproducciones que vendía el *avispado* dueño del bar de la esquina, a llenarlas y a mandarlas («Desde esta maravilla...») a todos los conocidos cuya *dirección* se recuerda.
65 Es una advertencia leal, el que avisa no es traidor, de que aquello no es más que el aperitivo del menú con tres platos, postre, café, copa y puro que les van a proporcionar *en cuanto* lleguen.
70 Yo sé de quienes al ser así prevenidos han cambiado los planes de irse *a la sierra* y *se han apuntado* a última hora a un crucero por las islas griegas, *a fin de* combatir el fuego con el fuego, la pos-
75 tal con la postal, la descripción con la descripción...
Aunque también queda otra posibili-

dad. En lugar de intentar ponerse *a la altura, cabe* intentar rebajarla; en lugar de decir «yo también», advertirle que 80 «él tampoco». Por ejemplo: *el recién llegado* hace una descripción apasionada de la Florencia que vio, de Miguel Ángel y de Fray Angélico... El otro le deja hablar y luego: 85

—Pero, ¿no has visitado una iglesia gótica que está saliendo de la Piazza della Signoria, a la *izquierda*...?

—Pues, no sé... No recuerdo... Porque han sido tantas cosas bellas... Fíja- 90 te que...

—De ésa te acordarías... Es una capilla pequeña a la que se llega por unos escalones...

—Pues *ahora mismo* no recuerdo. 95

El amigo abre los brazos entristecido.

—*Pues* te has perdido lo mejor de Florencia.

«El País», 8 de agosto de 1982.

## EJERCICIOS

**1. Conteste brevemente a las siguientes preguntas con sus propias palabras:**

¿De qué tipo de viajero habla el autor?
¿Qué es lo que más le interesa a este tipo de viajero de su viaje?
¿Qué es lo que tienen que soportar los amigos de este tipo de viajero?
¿Cuál es la función e importancia de la postal ilustrada?
¿Qué tipo de banalidades menciona el autor de esta clase de viajero?

**2. Ampliemos el tema:**

● el viajero profesional

- el viajero comisionista
- el turista
- el trotamundos
- el viaje como vacación
- el viaje cultural
- preparación cultural, guía turística, visita organizada, cicerone
- museos en alza
- países exóticos
- naturaleza salvaje domesticada
- el viaje: fuente de conocimiento y de experiencia
- intercambio humano y cultural del viaje
- idiomas y viajes
- evolución de los medios de transporte y viajes
- jóvenes-autostop-bicicleta-andando
- psicología y viajes

\* \* \*

- necesidad y exigencia de las vacaciones
- el cansancio y «stress» de las vacaciones
- tiempo libre, vacación, evasión
- frustraciones de un año rescatadas en siete días
- la ilusión de revivir paraísos perdidos
- vacaciones como etiqueta
- vivir en la naturaleza y consumismo: del cámper al insecticida
- consumismo y vacaciones: del club a la dieta adelgazante
- consumismo y deporte

3. **Sustituya las palabras, frases o partículas en cursiva por otras equivalentes que usted conozca y que puedan reemplazarlas en el texto.**

4. **Explique el significado de las siguientes palabras tal como están usadas en el texto:**

- *ejecutivo* (3); *comisionista* (4); *al contraluz* (31); *pícaro* (37); *mezquita* (57); *postre* (68).

5. **Complete las frases de los grupos siguientes con una de las voces indicadas en cada uno de ellos:**

a) *ir-se* (17) / *venir*
...... (yo) a decirle a usted que dimito mañana mismo.

...... (él) sin saludar a nadie.

¿Cuándo ...... (tú) a ...... a Alemania para verme?

¿...... (usted) mañana conmigo al cine? −Sí, ...... (yo).

Cuando ...... (vosotros) a mi casa, no me traigáis nada.

No ...... (ustedes): aún tengo que decirles algo.

b) *de paso* (19) / *al paso*

...... que vamos, no llegaremos nunca.

Ve a la panadería y ...... cómprame el periódico.

Mientras conducía por el campo, me salió ...... una liebre.

−¿Se quedan ustedes aquí en Valencia mucho tiempo? −No, sólo estamos ......

La industrialización va ...... de los conocimientos técnicos.

Llevo yo el paquete a Correos porque me viene ......

c) *por cierto* (24) / *seguro* / *seguramente*

Prueba a venir mañana: ...... tendré un momento libre para atenderte.

Vente hoy, que ...... que mis padres no están en casa.

...... , ahora que hablamos de Paco, ¿sabes que se ha casado?

...... que el problema de la superpoblación se agravará en los próximos años.

...... , Marisa, ¿ha encontrado las llaves del garaje?

No es ...... , pero ...... mañana habrá bancos de niebla.

d) *de pronto* (25) / *pronto* / *por de pronto*

Esta mañana tuve que levantarme muy ......

...... el futbolista se puso a marcar un gol tras otro.

No tardes mucho, ven......

...... tómate una taza de caldo y luego veremos si puedes comer algo más.

Cantaba divinamente cuando ...... se puso a desafinar.

...... dejen ustedes bolsos y carteras en el ropero de la biblioteca.

e) *detalle* (25) / *particular*

Le da clases ...... de violín.

Le contó con todo ...... lo que le había pasado.

No tenemos nada que decir sobre este ......

Aquel chico tiene muchos ...... para conmigo.

La postal representa ...... del claustro.

f) *sacar* (36) / *quitar-se*

Hay que ...... las entradas con mucho tiempo de antelación.

¡...... (ustedes) de la puerta, que impiden la entrada!

¡...... (tú) los dedos de la nariz!

...... (usted) ese cenicero de aquí porque huele muy mal.

No ...... (vosotros) el helado de la nevera mucho tiempo antes de comerlo.

Me han ...... la muela del juicio.
Para ...... el polvo, usa ese trapo.

g) *preceder* (48) / *proceder*
...... al entierro el cura y el monaguillo.
Este científico ...... de Estados Unidos.
Esos peces que traigo en el morral ...... del río.
En los documentos, el apellido ...... al nombre de pila.
El aceite ...... de las aceitunas.
Después de la votación, ...... (ellos) al escrutinio.

h) *plan* (71) / *plano*
Acaban de aprobar el nuevo ...... de estudios.
Algunos primeros ...... de esta película son fabulosos.
¿Qué ...... tienes para el domingo?
Julio y María se ven en ...... de amigos.
Este ...... de la ciudad no trae todas las calles.
Las mujeres luchan por estar en un mismo ...... de igualdad con los hombres.
Es ...... totalmente descabellado.

i) *apuntarse* (72) / *apuntar*
He comprado esa agenda para ...... las citas.
¿...... (tú) para el viaje de fin de carrera?
¿...... (vosotros) aquella receta de cocina?
La policía ...... algunos sospechosos en el fichero.
Todos los empleados ...... para hacerle un regalo al director.

j) *quedar* (77) / *quedarse*
Si tú te vas, yo ...... un rato más.
No ...... otro remedio: alguien tiene que ...... esta noche con él.
...... (ella) de piedra cuando vio que le habían robado el coche.
...... un poco de sopa de ayer.
Daremos lo que ...... al perro.
...... (él) en casa porque no le apetecía salir.

k) *pues* (89) / *después*
Dejo la fruta para ...... porque ahora no me apetece.
Voy al comedor universitario ...... en casa no tengo ni un huevo.
Echa una siesta y ...... sal un rato.
¿Qué haces? ...... ¿Te vienes o no?
...... de tanta lluvia, ha salido un poco de sol.
Dado, ...... , que ustedes no quieren estudiar, es inútil que se molesten en venir a clase.

*l)* *acordarse* (92) / *recordar* (95)

¿No ...... (ustedes) el nombre de aquel escritor?

¡...... (tú) de que es el cumpleaños de Luisa!

...... (yo) que cuando éramos niños jugábamos a escondite.

¡...... (vosotros) de pagar el alquiler!

Ahora no ...... (yo) si tengo que poner harina de trigo o de maíz.

5. **Complete las siguientes frases con el sustantivo relacionado con las palabras entre paréntesis, y controle luego usted mismo con el texto:**

...... (conferencia, 3) llegó con media hora de retraso.

¿Tienes algún ...... (conocer, 34) en la embajada del Brasil?

La vacuna contra la viruela le ha producido ...... (reaccionar, 42) muy fuerte.

Antes de usar ese producto farmacéutico, léanse atentamente ...... (advertir, 65).

No nos queda ninguna otra ...... (posible, 77) aparte de ésta.

Haga ...... (describir, 82) detallada de su casa.

6. **Complete las siguientes frases con el adjetivo o el verbo que signifiquen lo que se indica entre paréntesis, y controle luego usted mismo con el texto:**

Es una cárcel muy segura de la cual no se puede ...... (fugarse, 5).

Aquel actor es verdaderamente ...... (que produce fascinación, 26).

Le llevaron al enfermo un dulce ...... (hecho en casa, 33).

Apaga esa luz porque es demasiado ...... (que deslumbra, 39).

Le ...... (ellos, tirar un tiro, 46) en la nuca.

Viendo un grupo de revoltosos, ...... (él, hacer con precipitación, 59) a bajar el cierre de la tienda.

El niño se puso muy ...... (puesto triste, 96) cuando vio que el globo se le escapó de la mano.

7. **Acentúe debidamente el siguiente fragmento, y controle luego usted mismo con el texto:**

Aunque tambien queda otra posibilidad. En lugar de intentar ponerse a la altura, cabe intentar rebajarla; en lugar de decir «yo tambien», advertirle que «el tampoco». Por ejemplo: El recien llegado hace una descripcion apasionada de la Florencia que vio, de Miguel Angel y de Fray Angelico... El otro le deja hablar y luego:

—Pero, ¿no has visitado una iglesia gotica que esta saliendo de la Piazza della Signoria, a la izquierda...

—Pues, no se... No recuerdo... Porque han sido tantas cosas bellas... Fijate que...

—De esa te acordarias... (77-92).

**8. Observe:**

a)  • se marcha […] de su ambiente normal *para* desplazarse a otro mundo, *para* verlo (5)
    • no han tenido la suerte de ir *por* los mismos caminos (16)

Complete las siguientes frases con *por* o *para*:

El fiscal pide …… los asaltantes del banco diez años de cárcel.

…… empezar, deshaga las camas.

…… mucho que cierres las ventanas, siempre oirás los ruidos.

Ten …… seguro que no te dejarán entrar en la Universidad si no estás matricu-
lado.

El toro fue matado …… el matador.

Nos vamos ahora mismo …… Madrid.

Vi el mar …… primera vez a los doce años.

Compramos unas chucherías …… la casa.

Necesitamos los billetes …… antes de las ocho.

Hace una temporada que le ha dado …… ser radioaficionado.

Comenzó …… negar que hubiese dicho jamás que fuera un golpista.

…… nosotros, este viaje ha sido un verdadero desastre.

b)  • «*Mira* a ver qué te parece ese paisaje» (38)
    • *Fíjate* que …… (90)

Conjugue el verbo entre paréntesis de las siguientes frases en imperativo, y haga luego la forma negativa de las mismas:

¡Consuelo, …… (cerrar) las persianas!

¡…… (salir) ustedes de aquí!

¡…… (ustedes, llamar, a mí) el sábado!

¡…… (vosotros, cruzar) la calle por aquí!

¡…… (usted, introducir) la moneda en la ranura!

¡…… (tú, sustituir) este enchufe!

¡…… (vosotros, escribir) en ambas caras!

¡…… (usted, encender) el fuego y …… (calentar) el café!

¡…… (tú, abrir) la puerta!

¡…… (vosotros, huir) por esta calle!

¡…… (ustedes, decir, a ellos) lo que han hecho!

¡…… (tú, ver) esta foto!

¡…… (vosotros, contar) lo que habéis soñado!

¡…… (usted, tender) la ropa en el balcón!

c)  • y de pronto *empezó a* llover (25)
    • «Y ahora os *vamos a* poner la película que sacamos,» (35)

Transforme las siguientes frases con *empezar a, ir a, acabar de* o *volver a* + infinitivo:

La primera vez que nadó tenía dos años.

Hace muy poco que han quitado el andamio a la casa.
Pasado mañana iremos a la oficina de objetos perdidos.
He repasado de nuevo los apuntes para el examen.
Cuando menos lo pensaba, se puso a nevar.
Yo pienso pasar unos días en la montaña.
−¿Has comido? −Sí, he comido hace justo un momento.
Hemos llamado otra vez al fontanero para el grifo.
Me prometió que me prestaría su diccionario.
Al reñirle su madre, se puso a llorar.
Ahora mismo ha venido el operario.
Cuando le subió la fiebre, se puso a desvariar.
Ayer comimos pescado y hoy lo hemos comido de nuevo.

## 9. Ponga las debidas preposiciones en el siguiente fragmento, y controle luego usted mismo con el texto:

No se sedimentan, están solo ...... paso ...... su mente antes ...... desplazarse ...... otras dispuestas ...... aceptarlas. Lo prueban las prolijas relaciones que los amigos tienen que escuchar: «Luego salimos ...... Estrasburgo; ...... cierto, que hacía un día maravilloso, y ...... pronto empezó ...... llover (detalle fascinante donde los haya), y entonces nos paramos ...... un restaurante ...... el borde ...... la carretera, donde comimos ...... maravilla...». Cuando no los ven ...... las imágenes fijas ...... las fotografías: «Ésta es Emilia, ...... el contraluz, ..... los Alpes». O ...... las animadas ...... las películas caseras ...... las que no se libra ningún conocido ...... los meses que siguen ...... el viaje (18-34).

## 10. Observe:

a) ● _Cuando no los ven_ en las imágenes fijas de las fotografías (29)

= sin contar cuando los ven

Según ello, transforme las siguientes frases:
La cocinera guisa fatal, sin contar cuando se le quema la comida.
Te hacen trabajar como un negro, sin contar cuando tienes que trabajar sábados y domingos.
Las exigencias de los estudiantes son muchas, sin contar cuando pretenden ser aprobados sin saber ni jota.
El pobre ya duerme muy poco, sin contar cuando se pasa la noche tosiendo.

b) ● unos turistas que _al bajar_ de los autocares [...] se precipitaban a comprar las reproducciones (55)

= cuando bajaban

Según ello, transforme las siguientes frases:

Cuando pasaba delante de la iglesia, se persignaba.
Cuando volvía a casa, se ponía la bata.
Cuando cantaba las últimas notas, el público aplaudió calurosamente.
Cuando oía los primeros ruidos de la mañana, se despertaba.
Cuando salgo de casa, cierro la espita del gas.
Cuando se tendía en la cama, se dormía.

c) • *el recién llegado* hace una descripción apasionada (81)

= el que acaba de llegar

Según ello, transforme las siguientes frases:

El que acaba de jubilarse dará una fiesta de despedida.
Los que acaban de casarse parten para su luna de miel.
Han tenido que poner al que acaba de nacer en la incubadora.
No te sientes en aquel banco porque está acabado de pintar.

## 11. Observe:

• *si no existieran* estas vistas, la gente *viajaría* un poco menos (51)
Complete libremente las siguientes frases:

Si tuvieras más salud, ......
Si pudieran escaparse, ......
Si supieras nadar, ......
Si ganaran las elecciones, ......
Si leyeran un poco más el periódico, ......
Si se invirtiera más dinero, ......
Si tuvieran más paciencia, ......
Si fuerais más amables, ......
Si no tuvieras sueño, ......
Si no tuvieras tanta prisa, ......
Si dijerais lo que planeáis, ......
Si supiéramos a qué hora abren las tiendas, ......
Si conociera algunos idiomas, ......

## 12. Escriba una redacción sobre uno de los siguientes temas:

El turista.
El viaje.
El sueño de las vacaciones.

# EL FUTURO DE LOS SIN FUTURO

por Jaime Comellas

«EN todas las familias la primera *habitación* que *hace falta* es la del abuelo» –asegura una asistenta social de un Hogar Municipal de Ancia-
5 nos. «*Aparte de* estos casos» –añade– «están aquí los que de jóvenes *abandonaron* a sus familias, de las que se acuerdan al llegar a la vejez sin *recursos*, ésta, a su vez, responderá con un
10 «para el entierro lo que haga falta...». También hay antiguas *prostitutas,* así como mujeres de servicio que *al llegar* al ocaso de su capacidad laboral no siempre encuentran patrones *a la altu-*
15 *ra*. Pero esto no es *muy abundante*. El capítulo de jóvenes está formado por *aquéllos que* sin recursos han entrado en el proceso de cronificación de sus enfermedades y *necesitan* un *techo* y
20 una subsistencia.

Y esto es lo que les ofrecerá esta institución. Esto y una *labor* médica –lastrada por la precariedad de la dotación–; esto y una asistencia auxiliar, *en*
25 *manos de* una orden religiosa, que padece del mal de la falta de profesionalidad. *Las ventajas* que para el patrón ofrece este tipo de recurso –bajo precio, *nula* conflictividad reivindicativa, etc.– las pagan los asistidos *a través de* 30 aquella *escasa* profesionalidad o de una forma *especial* de entender esta misma profesionalidad.

«Los que mejor se lo pasan –*vuelve a hablar* ahora la asistenta social– son 35 los que pierden las facultades mentales, o bien aquéllos para quienes su llegada aquí *ha supuesto* una mejora en su *status* social. Los que poseen un cierto nivel cultural son los que más 40 sufren. Sólo una décima parte de los asistidos se integran perfectamente. Cuando llegan aquí procedentes de un hospital sufren una gran depresión. El hospital es la esperanza de curarse. El 45 asilo *representa* ya la sala de espera de la muerte».

«En el pasado siglo, se consideró a los ancianos desheredados de la fortuna como un residuo consiguiente a 50 la nueva sociedad urbana e industrial, seres *dignos de compasión* y ayuda, sin *profundizar* demasiado en las causas de su desgracia. Entonces los mu-

55 nicipios crearon asilos y hospitales en los que aquéllos fueran a depositar sus quebrantados huesos y su malhumor. *Surgieron* personas, *movidas* por sus convicciones religiosas, que *trata-*
60 *ron de* aliviarles en sus males. En nuestro siglo, las Cajas de Ahorro emprendieron una política de «previsión» para *subsanar* estos males, pero se limitaron a *facilitarles* libretas de ahorro
65 y «homenajes a la vejez». Sin embargo, los males *se agrandaron de día en día. Posteriormente* se han buscado nuevas fórmulas más *al día* (residencias, clubs, etc.). Éstas, *aunque* esca-
70 sean y no cubren todas las necesidades, son, *por lo general* y *a nuestro modo de ver,* fórmulas segregacionistas, *ya que* intentan resolver unos males segregando a los ancianos de sus
75 familias, de su hogar y de su barrio».

La dinámica social hace más difícil la convivencia entre los jóvenes y los ancianos. Y esto se agudiza aún más cuando el nivel cultural y económico
80 *se eleva*. Además, *los avances* médicos *prolongan* constantemente la media de edad. Esto quiere decir que el porcentaje del 9,97 por 100 de mayores de 65 años de edad se elevará y
85 que, *a su vez,* el porcentaje de los que ahora conviven con sus hijos —solución sociológica que *sigue* siendo la mejor para el anciano— disminuirá considerablemente del actual 50 por 100. Por
90 otra parte, los anuncios de empleos *nos machacan* constantemente que *la senectud* se alcanza ya a los 45 años de edad. *Finalmente,* las residencias *acostumbran a* situarse en *el extrarra-*
95 *dio,* fuera del marco habitual donde se ha vivido, alejando *de esta forma* al anciano de aquello de que le es más difícil *prescindir:* su entorno social. Su rincón de la plaza o de la calle, y *por des-*
100 *contado,* su cuadro en aquella pared, su tiesto de flores, etc. La *aludida* asistenta social, en un alarde —que *posiblemente* sea de realismo— nos decía que hemos de *habituarnos a* no *coger afecto*
105 a estas *pequeñas cosas,* y *así* evitaremos el trauma posterior.

*De alguna manera,* todo es consecuente y concomitante. Nuestra sociedad nos *ofrece* —al precio inmediato
110 de la aceleración, del pluriempleo y del desasosiego— una plusvalía de bienestar para los años ya de por sí buenos, *al tiempo que* empieza a cavar la fosa de una minusvalía —pérdida de
115 afectos de todo tipo— para los años ya de por sí malos.

«Destino», 12-18 de agosto de 1976. (Por motivos de extensión, el artículo no se reproduce íntegramente.)

## EJERCICIOS

1. **Conteste brevemente a las siguientes preguntas con sus propias palabras:**

   ¿Cuáles son los viejos que con más frecuencia entran en las instituciones benéficas?

   ¿Por qué considera el autor inadecuadas estas Instituciones?

   ¿Cómo se afrontaba el problema de los ancianos en el siglo pasado, y cómo se afronta hoy?

   ¿Quiénes son los que más sufren de su situación de «ancianos»?

   ¿Qué propone el autor para solucionar el problema de los ancianos?

   ¿Por qué va empeorando la situación de los ancianos?

2. **Ampliemos el tema:**

   - vejez anagráfica: años, achaques, enfermedades graves
   - la medicina preventiva y curativa
   - vejez mental: ideas cristalizadas
   - el nostálgico: causas y efectos
   - el anciano y la sociedad
   - el medio ambiente: familia, asilo. Otras alternativas
   - la actividad del anciano
   - utilización del anciano en la sociedad moderna
   - ¿hacia una sociedad de viejos?
   - jóvenes y viejos
   - jubilación y desempleo
   - autonomía moral y económica del anciano
   - preparación a la vejez
   - un futuro posible para la tercera edad

3. **Sustituya las palabras, frases o partículas en cursiva por otras equivalentes que usted conozca y que puedan reemplazarlas en el texto.**

4. **Explique el significado de las siguientes palabras tal como están usadas en el texto:**

   - *entierro* (10); *mujer de servicio* (12); *ocaso* (13); *patronas* (14); *lastrada* (23); *integrarse* (42); *aliviar* (60); *homenaje* (65); *residencia* (93); *extrarradio* (94); *alarde* (102).

**5. Complete las frases de los grupos siguientes con una de las voces indicadas en cada uno de ellos:**

*a) aparte de* (5) / *aparte*

...... los nietos, estaban presentes todos los demás parientes.

Le mando ...... un ejemplar de mi libro por correo certificado.

...... ser maleducado, encima es un ignorante.

Deja ...... estos dulces para los niños.

...... tener la rodilla hinchada, hoy me duele un poco menos.

*b) llegar* (8) / *llevar*

Me ...... el paraguas por si las moscas.

¿A qué hora piensas ...... a la cita?

En cuanto ...... a casa, llámame por teléfono.

Le ...... dos años a mi hermano.

Nada más ...... , los huéspedes se sirvieron el aperitivo.

...... (tú) los carretes a revelar al fotógrafo.

Han dicho por los altavoces que el tren va a ...... con una hora de retraso.

Mi prima no ...... gafas sino lentillas.

*c) la orden* (25) / *el orden*

–¡A ...... , señor capitán! –dijo el sargento.

No puedo trabajar sin ......

En esta reunión hay que atenerse a ...... del día.

Santa Teresa fundó ...... de las Carmelitas Descalzas.

Hay que poner en ...... el despacho.

...... son órdenes.

Llamaron a ...... a los militares indisciplinados.

*d) curar-se* (45) / *cuidar-se*

...... (yo) de que todo esté listo para cuando lleguen las mudanzas.

Él ...... sólo con hierbas medicinales.

...... (tú) del niño mientras voy a la compra.

Le han ...... la herida con una pomada americana.

...... (usted) bien, porque le veo desmejorado.

Si quieres que las cosas te duren, tienes que ...... (a ellas).

Cuando nos vamos de vacaciones, ...... las plantas la portera.

Tenemos mucha confianza en este médico porque nos ...... muy bien.

Tenemos una veladora para ...... de noche al abuelo.

Estas gotas ...... la tos.

*e) asilo* (46) / *parvulario* / *guardería*

...... de huérfanos eran instituciones benéficas.

Antes de que vayan al colegio, quiero llevar a mis hijos a ......
Algunas fábricas disponen de ...... para el propio personal.
El pobre no tuvo más remedio que refugiarse en ...... para ancianos.
El problema de la mujer en el trabajo se agrava por la falta de ......

f) *residuo* (50 ) / *desecho* / *sobras*
Con ...... del asado hicimos croquetas.
Hoy día ...... urbanos se queman.
Daré ...... del sueldo de este mes a mis hijos.
Las gaviotas siguen los trasatlánticos para comer ...... que tiran al agua.
Con ...... del aceite se puede hacer jabón.

g) *quebrantar-se* (57) / *quebrar-se*
¡No ...... (tú) las nueces con las muelas!
Llevo días ...... la cabeza para encontrar una solución plausible.
Tras levantar aquel peso, el pobre ......
A este juez no hay soborno que le ......
Con la sequía de estas últimas semanas, el suelo ...... aún más.
Las últimas desgracias ...... ulteriormente su frágil estado de salud.

h) *intentar* (73) / *buscar-se*
Se ha pasado toda la mañana ...... las llaves.
A éste le gusta mucho ...... complicaciones.
...... (yo) llamarte antes de las diez de la noche.
No le hagas caso porque éste está ...... camorra.
Estoy ...... cerrar la maleta pero no lo consigo.
No me vengas a ...... en la Universidad porque hoy no voy.

i) *barrio* (75) / *arrabal* / *distrito*
París está dividida en varios ......
Aquella actriz vive en ...... muy elegante.
Han prolongado las líneas del metro hasta ...... más lejanos de la ciudad.
En ...... antiguo se encuentra la Catedral.
...... no coinciden necesariamente con ...... administrativos.

j) *avance* (80) / *adelantamiento* / *adelanto*
Hoy día ...... médicos permiten curar muchas enfermedades.
En la autopista hay un carril para ......
El Corte Inglés ofrece en estas páginas ...... de los modelos de la temporada de Otoño.
El jefe me ha dado 40.000 ptas. como ...... del sueldo.
...... por la derecha está terminantemente prohibido.

*k) rincón* (98) / *esquina*

La sirvienta deja todo el polvo en ......
En ...... de enfrente de casa hay un quiosco.
Hemos puesto una lámpara de pie en ...... de la sala.
El banco se encuentra en calle Sicilia ...... plaza de Sepúlveda.
A la pobre abuela la dejan siempre en ......
Siga usted todo derecho y doble en la primera ......

*l) tiesto* (101) / *jarrón* / *vaso*

Como regalo de bodas les hemos comprado un espléndido ...... de cerámica.
Cuando llueve, pongo ...... en el balcón.
Déme usted ...... de cerveza, por favor.
He plantado unos esquejes de geranio en ...... de cemento.

*m) al tiempo que* (113) / *de tiempo* / *con tiempo* / *a tiempo* / *en tiempo de*

...... vacaciones no quiero leer la prensa.
Apresúrate porque si no, no llegaremos......
...... tú preparas la ensalada, yo pongo la mesa.
A mí me gusta hacer las cosas ...... y sin prisas.
...... su padre le viene diciendo que tiene que encontrar una colocación.
...... carestía mucha gente pasa hambre.
¡...... me lo dices que tenemos todas esas letras por pagar!
El gobierno combate la inflación ...... toma medidas fiscales.


## 6. Observe:

*a)* ● están aquí los que de jóvenes abandonaron a *sus* familias (6).

Complete las siguientes frases con el adecuado pronombre o adjetivo posesivo:

Señor, ¿dónde tiene guardados ...... documentos?
Cada uno tiene ...... deberes: yo tengo los ...... , tú los ...... y él los......
He encontrado a ...... padre y le he dicho que me llamaras.
...... niños, señora, son muy simpáticos.
...... amigos nos han escrito una carta urgente.
Si has perdido ...... paraguas, yo puedo prestarte el ......
Aquí tenéis ...... pasaportes y ...... equipaje.

*b)* ● se *acuerdan* al llegar a la vejez (7)

Conjugue el verbo entre paréntesis de las siguientes frases en el tiempo y modo adecuados:

Todas las noches ...... (yo, soñar) contigo.
El teléfono está ...... (sonar).
Te ...... (yo, recordar) que tienes que llamar al doctor.

¡...... (tú, probar) estos zapatos, a ver cómo te van!

Ayer ...... (ellos, colgar) la gabardina en la percha de la entrada.

¿Cuánto te ...... (costar) el traje que compraste?

Yo dudo mucho que ...... (él, acordarse) de lo que ha estudiado y que ...... (él, aprobar) el examen.

—¿A qué hora se ...... (soler) almorzar en tu casa? —Yo ...... (almorzar) a la 1.30 horas, pero mis padres ...... (almorzar) una hora más tarde.

...... (vosotros, tostar) el pan para el desayuno.

Nosotros no ...... (recordar) el nombre del electricista.

No queremos que ...... (tú, jugar) con aquellos golfos.

Yo no ...... (concordar) con lo que dices: ¡...... (tú, demostrar, a mí, eso) con argumentos válidos!

c) ● También *hay* antiguas prostitutas (11)

Complete las siguientes frases con *haber* o *estar:*

En la plaza de Cataluña ...... un surtidor luminoso.

La fuente de Neptuno ...... en el Paseo de la Castellana.

...... mucha gente desaprensiva por el mundo.

En aquel estante de la cocina ...... demasiados botes.

Sobre este asunto ...... mucho que hablar.

—¿...... el señor Pérez? —No, en este momento no .....

¡...... que ver la caradura que tiene ese tipo!

Veo que las camas todavía ...... por hacer.

Los papeles que buscas ...... en la carpeta amarilla.

**7. Ponga los relativos debidos en el siguiente fragmento, y controle luego usted mismo con el texto:**

«...... ...... mejor se lo pasan —vuelve a decir la asistenta social— son ...... ...... pierden las facultades mentales, o bien aquellos para ...... su llegada aquí ha supuesto una mejora en su «status» social. ...... ...... poseen un cierto nivel cultural son ...... ...... más sufren (34-41).

**8. Ponga las debidas preposiciones en las siguientes frases, y controle luego usted mismo con el texto:**

A pesar de los estudios, no había profundizado mucho ...... el análisis de los textos (53).

Traté ...... convencerle de no salir sin chubasquero, pero no me hizo caso (60).

El médico le ordenó unas píldoras para aliviarle ...... sus males (60).

Cuando voy al cine, acostumbro ...... sentarme en las butacas de las últimas fila (94).

9. **Ponga las debidas preposiciones en el siguiente fragmento, y controle luego usted mismo con el texto:**

Esto quiere decir que el porcentaje ...... el 9,97 ...... ciento ...... mayores ...... 65 años ...... edad se elevará y que, ...... su vez, el porcentaje ...... los que ahora viven ...... sus hijos –solución sociológica que sigue siendo la mejor ...... el anciano– disminuirá considerablemente ...... el actual cincuenta ...... ciento. ...... otra parte, los anuncios ...... empleos nos machacan constantemente que la senectud se alcanza ya ...... los 45 años ...... edad. Finalmente, las residencias acostumbran ...... situarse ...... el extrarradio, fuera ...... el marco habitual donde se ha vivido, alejando ...... esta forma ...... el anciano ...... aquello ...... que le es más difícil prescindir: (82-98).

10. **Observe:**

*a)* ● se acuerdan *al llegar* a la vejez sin recursos (8)

= cuando llegan / llegando

Según ello, transforme las siguientes frases:

Cuando pasa por delante de los escaparates, se para a mirarse.
Cuando llegó el autobús, todo el mundo se agolpó en las puertas.
Leyendo la página de sucesos, le entraron escalofríos.
Cuando suena el teléfono o el timbre de la puerta, el perro se echa a ladrar.

*b)* ● Posteriormente *se han buscado* nuevas fórmulas (67)

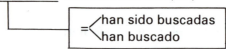
= han sido buscadas / han buscado

Según ello, transforme las siguientes frases:

El campo era abonado dos veces al año.
En aquel simposio han dicho cosas muy interesantes.
Dejaron el grifo abierto y la bañera fue llenada de agua.
Un homenaje fue celebrado al célebre director de orquesta.
Detuvieron a los dos muchachos que dispararon entre la multitud.

11. **Observe:**

● Cuando *llegan* aquí procedentes de un hospital (43)
● aunque *escasean* y no *cubren* todas las necesidades (69)

Conjugue el verbo entre paréntesis de las siguientes frases en indicativo o subjuntivo, según convenga:

Cuando ...... (tú, tener) tiempo, acércate por aquí.

Aunque ...... (ella, saber) toda la gramática inglesa, no logra desenvolverse en este idioma.

Cuando ...... (él, tomar) café, fuma un cigarrillo.

Cuando yo ...... (vivir) en Madrid, ...... (yo, ir) a la Complutense.

Aunque ...... (ella, llevar) gafas, no le reconoció.

Cuando ...... (usted, terminar) de limpiar los cristales, pondremos los visillos.

Mándale noticias, aunque sólo ...... (ser) cuatro rayas.

**12. Escriba una redacción sobre uno de los siguientes temas:**

¿Qué precio pagan los ancianos, hoy?

«La vejez es un derecho, no una culpa» (Louise Weiss).

Marginamiento económico y marginamiento social.

El problema de la vejez.

# DEFENSA DE LA CRÍTICA IMPURA

por Mario Vargas Llosa

EN «Paper Tigers», el ensayo sobre Borges que reseñé hace tres semanas, John Sturrock define el argumento narrativo como una «conspiración contra la naturaleza, un rechazo de la contingencia y del caos». Hasta aquí es posible seguirlo. Pero él *va* todavía *más allá* en su concepción de la literatura como realidad puramente formal:

«Su sistema (el de Borges) *invalida*, de una vez por todas, la explicación de un hecho literario por un hecho biográfico. Los hechos literarios pueden ser «también» hechos biográficos, pero esto no explica de manera satisfactoria lo que hacen en una obra literaria. Ello *requiere* una explicación literaria, pues *cuando* aquéllos *pasan* de la vida a la literatura su significado cambia: han sido *elegidos*, han sido instalados dentro de una estructura. Y la estructura de una obra literaria no es nunca, ni siquiera en el caso de una biografía, el equivalente de la estructura de una vida. Los significados literarios sólo se pueden establecer estimando el valor de los hechos dentro de la economía de la obra como una totalidad.»

*A simple vista*, se trata de una propuesta *juiciosa:* no debe juzgarse un hecho literario por cosas que pasan «fuera» de la literatura. Pero, ¿existe lo literario como algo químicamente puro, descontaminado de toda otra realidad? La crítica estilística de los años cuarenta y cincuenta y la estructuralista de los sesenta y setenta *afirman* que sí, que la literatura nace y muere dentro de *las fronteras* del lenguaje (entendido por unos como estilo y por otros como discurso o escritura). *En lo que a mí respecta*, no me han *convencido*.

*Desde luego* que sería *excesivo* creer que un estudio físico-químico de la «madelaine» puede *arrojar luces* decisivas sobre las asociaciones mentales que este pastelillo sugiere a Marcel Proust o afirma que la única *manera* de entender *cabalmente* «El Quijote» es *a través de* las aventuras imperiales de España y las relaciones de producción en la Edad de Oro. Pero *lo cierto* es que no conozco ningún análisis «formalista» que parezca menos *infectado* de elementos extraliterarios que estos hipotéticos ejemplos. La posibilidad de una crítica literaria que *se enraíce* únicamente en lo literario es, *a mi entender,* utópica, porque es el crítico –el hombre de la realidad, el que está fuera de la literatura– *quien* selecciona y combina (y desde luego inventa) los códigos y nomenclaturas «formales» con los que juzga la forma literaria. Y en ese *quehacer* de selección, invención y combinación intervienen, *sin la menor duda, abundantes* factores extraliterarios que *tienen que ver,* por ejemplo, con la psicología y la historia. Que la crítica tenga en cuenta esos factores no me parece despreciable si no los sobrestima y sabe *aprovecharlos.* Ellos pueden contribuir a dar una visión totalizadora del fenómeno literario.

Es verdad que la ficción existe *en la medida en que* se independiza del mundo real, que ella es una realidad alternativa. *Se podría agregar* que nace, como las revoluciones y las religiones, en razón de un sentimiento de insuficiencia de lo existente. Pero ésa es sólo la mitad de la historia de la ficción, la que *concierne a* quien la escribe. La segunda parte es el retorno de la ficción al mundo del que *se ha emancipado,* a través del lector, sobre el que de un modo u otro (siempre de difícil verificación) *opera,* inquietándolo, adicionándolo.

*Más todavía.* Si el crítico quiere reconstruir la primera parte del proceso, *aquella que* va de la mente del creador a la constitución de la realidad literaria, es arriesgado que *deseche de antemano* toda consideración no lingüística. Conocer a partir de qué tesis *se erige* esa antítesis que es la literatura no es inútil si no se confunden ambas cosas. La relación entre el modelo real y su negación literaria revela los mecanismos de la creación y qué es lo que la literatura *impugna* o *abandona* en la realidad. Averiguarlo no es una curiosidad *frívola.* Ese conocimiento da respuesta a cuestiones literarias tan vitales como: por qué Shakespeare está vivo y se le *sigue* leyendo y representando; y por qué otros autores murieron *precozmente,* y por qué en ciertas épocas hay libros hasta *entonces* mudos que se ponen a hablar. La literatura es, *de un lado,* forma, y, *de otro,* contenido, vida activa y, como tal, entra en conjugación con múltiples esferas de la experiencia individual y social. *Por eso,* muchas fuentes del saber pueden colaborar con el análisis textual en la explicación del «deicidio» (negación de lo creado, emulación del creador) que es la ficción.

«Cambio 16», 10 de septiembre de 1978. (Por motivos de extensión, el artículo no se reproduce íntegramente.)

## EJERCICIOS

**1. Conteste brevemente a las siguientes preguntas con sus propias palabras:**

¿Qué sostiene John Sturrock en su ensayo sobre Borges?

¿Qué opina la crítica moderna en general acerca del método crítico?

¿Qué acepta y qué rechaza Vargas Llosa de esta postura crítica?

¿Por qué cree Vargas Llosa que es utópico un análisis crítico completamente intraliterario?

¿Por qué considera Vargas Llosa oportuno que la crítica textual se sirva de otras disciplinas extraliterarias?

¿Qué se entiende por «hecho literario»?

**2. Ampliemos el tema:**

- función de la crítica
- la crítica biográfica, histórica, sociológica, psicológica, estructural
- cómo abordar el hecho literario
- formas de crítica: evaluación y/ o análisis
- el eclecticismo crítico
- fondo y forma o forma y fondo
- ¿un mismo método para distintos escritos?
- el «tono» poético

**3. Sustituya las palabras, frases o partículas en cursiva por otras que usted conozca y que puedan reemplazarlas en el texto.**

**4. Explique el significado de las siguientes palabras tal como están usadas en el texto:**

- *reseñar* (2); *rechazo* (5); *instalar* (21); *ficción* (78); *desechar* (97); *impugnar* (105).

**5. Complete las frases de los grupos siguientes con una de las voces indicadas en cada uno de ellos:**

a) *de una vez por todas* (12) / *de una vez* / *a la vez*
   Se tragó diez aceitunas ......

A ver si acabas de llorar ......

Te lo digo ...... : no quiero meterme en ese asunto.

No leas demasiados libros ......

Si la quieres, díselo ......

¡No hablen todos...... !

b) *dentro de* (21) / *(de) dentro* / *adentro*

Le dije a la portera que me regara las plantas ......

Vamos ...... porque aquí hay mucha humedad.

...... unos días lanzarán un cohete en el espacio.

El león está ...... la jaula.

...... mis posibilidades, le ayudaré en todo lo que pueda.

El arcón está tapizado por ......

Esto que estás diciendo no cabe ...... el tema.

¡Niños, venid ...... , que va a llover!

No vayas demasiado mar ...... si no sabes nadar.

c) *a simple vista* (30) / *a la vista* / *con vistas a* / *en vista de*

...... que no me escuchas, no te aconsejaré nunca más.

Han almacenado mucho gasóleo ...... el próximo invierno.

...... me pareció que era muy joven.

La vida privada de algunos actores está ...... de todo el mundo.

...... el fracaso, no volvió a presentarse en público.

Lo pongo aquí ...... para que no nos olvidemos.

Que es un incompetente es algo que se nota ......

d) *arrojar* (47) / *echar* / *tirar-se*

¿...... (tú) la carta al buzón?

Los indios ...... flechas venenosas.

...... (usted) la carne en la sartén cuando el aceite esté muy caliente.

Tras haber leído el periódico, el señor lo ...... a la primera papelera que encontró.

Los sondeos ...... resultados preocupantes.

...... (tú) esos melocotones a la basura porque están podridos.

Los camiones ...... mucho humo por el tubo de escape.

En la segunda guerra mundial, ...... (ellos) una bomba atómica en Japón.

¿Qué película ...... (ellos) esta noche por televisión?

¿A cuántos metros el atleta ...... el disco?

Al ver el gato, los pájaros ...... a volar.

El pobre ...... un tiro por desesperación.

El portero es el único jugador que puede ...... la pelota con las manos.

Todas las noches, antes de acostarme, ...... el cerrojo.

–¿Quién ...... ahora en el parchís? –...... yo.

*e)* *enraizar* (59) / *erradicar*

Algunos vicios son imposibles de ......

Algunas plantas no ...... en este terreno.

El ciclón ...... muchos árboles.

A pesar de ser extranjero, ...... (él) muy bien en este país.

*f)* *aprovechar* (75) / *aprovecharse*

Hay quien ...... de la buena fe de la gente.

...... (yo) la ocasión para enviarle un cordial saludo.

Quiero ...... ese viejo vestido para hacer una falda a la niña.

Es muy buenaza, pero hay quien ...... de su bondad.

Cuando estoy en el campo, ...... (yo) para respirar el aire fresco.

Los trapos ...... para hacer papel.

En las clases de aquel profesor, los alumnos ...... mucho.

*g)* *de antemano* (97) / *de antelación* / *anticipado* / *adelantado*

Reservamos los puestos del avión con cinco meses ......

Le agradezco ...... su amable atención.

Su hijo, señora, va muy ...... en los estudios.

Se sabía ...... que el gobierno haría elecciones ......

Quiero que me paguen por ......

Los novios enviaron la participación de boda con dos meses ......

*h)* *averiguar* (106) / *enterarse* / *acertar*

Muchos creyeron ...... la quiniela.

Hay que ...... a toda costa quién me ha abollado el coche.

Todavía no ...... (él) de que el Papa ha muerto.

No ...... (yo) a comprender lo que me estás diciendo.

Se pasa horas delante de la televisión sin ...... de lo que transmiten.

No recordaba tu número de teléfono, pero al final ...... con él.

Por suerte, ...... pasar por la carretera una ambulancia.

*i)* *representar* (110) / *desarrollar-se* / *desempeñar*

Estos ejercicios ...... mucho la memoria.

Aquel cuadro ...... la Rendición de Breda.

Estos árboles crecen y ...... en ocho años.

El jefe ...... sus funciones con mucho atino.

Parece muy importante pero, en realidad, no ...... nada.

Todo ...... según lo previsto.

Las llaves de San Pedro ...... la puerta del Paraíso.

Algunos niños enfermos no ...... la edad que tienen.

Esta obra benéfica ...... un gran esfuerzo.

*j) ponerse* (114) / *volverse*

Con unas gotas de limón la leche ...... requesón.
Cuando le vio, ...... loco de alegría.
¡Oye, estás ...... muy pesado hoy con este rollo!
El cielo ...... muy oscuro.
Tras la caída de caballo, el pobre ...... loco.
...... (yo) muy nervioso porque veo que voy a llegar tarde.
Con el pasar de los años, ...... (ella) muy nerviosa.

## 6. Observe:

*a)* ● *algo* químicamente puro (34)
   ● descontaminado de *toda otra* realidad (35)

Complete las siguientes frases con *algo, todo-a-os-as, otro-a-os-as, cierto-a-os-as:*

...... personas tienen la habilidad de fastidiar.
...... los que están aquí estudian castellano.
Iré al peluquero en ...... ocasión.
Tengo ...... interesante que contarte.
Tú tienes esa opinión, pero yo tengo ......
No ...... saben conducir.
Un ...... señor ha preguntado por ti.
...... persona responsable no debería hacer eso.
Esa película tiene ...... gracia.

*b)* ● no me parece despreciable *si no* los sobrestima (74)

Complete las siguientes frases con *si no* o *sino:*

...... quieres salir, quédate en casa.
No fue el hermano ...... el padre quien resultó herido.
¿Quién ...... él podía hacer una cosa semejante?
Te invito para esta noche o, ...... , para mañana.
No quiero comer manzanas ...... peras.

## 7. Ponga los pronombres relativos, precedidos o no de preposición y artículo, en los siguientes fragmentos, y controle luego usted mismo con el texto:

La posibilidad de una crítica literaria ...... se enraíce únicamente en lo literario es, a mi entender, utópica, porque es el crítico –el hombre de la realidad, ...... está fuera de la literatura– ...... selecciona y combina (y desde luego inventa) los códigos y nomenclaturas «formales» ...... juzga la forma literaria (58-67).
Pero ésa es sólo la mitad de la historia de la ficción, ...... concierne ...... la escribe.
La segunda parte es el retorno de la ficción al mundo ...... se ha emancipado, a través del lector, ...... de un modo u otro opera, (84-91'

## 8. Observe:

- el ensayo sobre Borges que *reseñé hace tres semanas* (1)

  = tres semanas *atrás*

- *desde hace tres semanas* no llueve

  = $\begin{cases} \text{\textit{hace} tres semanas \textit{que} no llueve} \\ \text{\textit{lleva} tres semanas \textit{sin llover}} \end{cases}$

- *desde 1945* no se ha vuelto a ver una guerra mundial

  = *a partir de* 1945

Según ello, transforme las siguientes frases con una de las formas arriba indicadas:

Llevo seis años sin ir al extranjero.

A partir de enero no ha llovido.

Hace tres años que nació mi hijo.

Las clases empezaron a partir de ayer.

Llevamos cuarenta años de casados.

–¿Cuantos meses lleváis sin ir a la Ópera? –Llevamos un mes.

Cuando encontré trabajo en los Estados Unidos, hacía cinco años que había desembarcado en aquel país.

A partir de 1920 yo vivo en Sevilla.

## 9. Puntúe debidamente el siguiente fragmento, y controle luego usted mismo con el texto:

Ello requiere una explicación literaria pues cuando aquéllos pasan de la vida a la literatura su significado cambia han sido elegidos han sido instalados dentro de una estructura y la estructura de una obra literaria no es nunca ni siquiera en el caso de una biografía el equivalente de la estructura de una vida los significados literarios sólo se pueden establecer estimando el valor de los hechos dentro de la economía de la obra como una totalidad a simple vista se trata de una propuesta juiciosa no debe juzgarse un hecho literario por cosas que pasan fuera de la literatura pero existe lo literario como algo químicamente puro descontaminado de toda otra realidad la crítica estilística de los años cuarenta y cincuenta y la estructuralista de los sesenta y setenta afirman que sí que la literatura nace y muere dentro de las fronteras del lenguaje entendidos por unos como estilo y por otros como discurso o escritura en lo que a mi respecta no me han convencido (17-44).

**10. Escriba una redacción sobre uno de los siguientes temas:**

Defienda la posición crítica de John Sturrock.

Defienda la posición crítica de Vargas Llosa.

Defienda la posición crítica biográfica, sociológica, histórica o psicológica, o todas a un tiempo.

«La obra literaria es ante todo un suceso de la vida de la lengua» (Potebnia).

«El crítico recorre a plena luz el itinerario que el autor ha recorrido en la noche» (Raymond Jean).

«El ser de la literatura auténtica no se encuentra en el mensaje, sino en el sistema (Signos y formas)» (Roland Barthes).

# LA PERDIZ DEMOCRÁTICA PICA DE NUEVO

EL hombre se levanta a las cuatro de *la mañana* de un domingo. Escopeta al hombro. Licencia federativa en el bolsillo, se encuentra con otros hombres a la puerta de su casa y se meten en un oche donde recorrerán muchos kilómetros buscando un sitio libre donde cazar. A las doce del mediodía no ha visto una perdiz y a las tres, *perdida* la paciencia, *después de* haberle disparado a un pajarraco *«por tirar un tiro»,* comenta con sus compañeros de caza: *«Cualquier día* nos metemos en un coto y que sea lo que Dios quiera.»* Es una de las escopetas, cazadores, que hay en el país y forma parte de los que no pertenecen a ningún coto y *tienen que* cazar en los terrenos libres, cuando los hay.

La lucha contra los cotos *ha vuelto a ponerse* de actualidad, en pleno cierre de la veda. Y los ánimos de *uno y otro lado* comienzan a exacerbarse. *Hasta* el presidente de la Federación de Caza *está de acuerdo* en admitir que «las cosas se pueden poner muy serias» y expresa su temor *«habiendo como hay armas de por medio».*

El secretario de la asociación «La Perdiz Democrática» también *opina* que no hay que «quitarle valor a este problema». Hablando en uno de los *innumerables* bares de *la parte vieja* de la capital, donde *el dueño* guiña el ojo *al vernos* entrar –él también es cazador– dijo: «El coto es legalizar la desigualdad entre las personas. El coto es *un residuo* feudal.»

El joven cazador dice que en la Edad Media sólo podían cazar los señores y los siervos morían de hambre. «Ahora, si no cazamos no nos morimos de hambre, pero nos morimos un poco espiritualmente porque nuestro *gusto* es la caza, el campo, la caza como deporte.» Pero estos cazadores no están dispuestos ni siquiera a morir de hambre espiritualmente y se han organizado en sociedades anticotos que están empezando a *ser imitadas* en el resto del país.

Para muchos expertos, el coto es un mal menor *necesario, dada* la cantidad de personas que están dispuestas a salir al campo escopeta al hombro. *Se-*

55 *gún ellos,* si no existieran los cotos, la caza *acabaría por extinguirse, poniendo en peligro* el equilibrio ecológico. Los de las sociedades anticotos son, sin embargo, *tajantes al repecto:* «Tal y
60 como se entiende hoy el coto, es simplemente un lugar para que unos privilegiados puedan cazar. *Por regla general* no existe ningún control. *Todo lo contrario,* en muchos cotos *se produce*
65 un auténtico asesinato», y ofrecen como alternativa *los objetivos* de «La Becada Libre» y «La Perdiz Democrática», que no *pretenden* liberar *por completo* la caza, sino *al contrario,* «sin
70 privilegios, que exista un control más riguroso».

Su *plan* lo explican *así:* «Nosotros *hemos elaborado* un plan nacional de caza que supone la creación de reser-
75 vas naturales donde sea prohibida *totalmente* la caza, el aprovechamiento de la cinegética nacional, de una forma racional y justa que garantice la conservación y el fomento de las es-
80 pecies cinegéticas, la obligatoriedad en cada Federación de la existencia de granjas de cría para la repoblación, y *una normativa* que garantice los derechos del agricultor.»
85 Los cazadores *partidarios de* la desaparición de los cotos están de acuerdo, además, en que la caza cueste dinero, *es decir, aumentar* los precios de licencias y piezas abatidas, y
90 en *limitar* los días hábiles de caza, *si*

*es necesario,* «para que todo el mundo pueda cazar».

«Si no ser puede salir –dice un cazador– *sino* dos domingos, pues se sale esos dos domingos, pero lo que 95 *no puede ser* es que nosotros que no tenemos coto salgamos un domingo y no veamos una pieza y los que pagan un coto puedan cazar cuando *les dé la gana.» Claro que* queda un problema 100 *por* resolver: El coto *no es sino* el producto de una estructuración económica y social capitalista determinada. ¿Por qué? ¿A ver de qué forma *se impide* que *el propietario* de una finca la 105 acote y la reserve para cazar él y sus amigos? *«Impuestos* –dicen los cazadores modestos–, fuertes impuestos», y se remiten a su propuesta de «una estructuración de la caza considerada 110 como un bien social común».

En algo *no les falta razón:* hoy la caza ha dejado de ser un privilegio de ricos, *coto aparte,* y se ha convertido en un deporte que genera treinta mil pues- 115 tos de trabajo y supone para la economía española casi treinta mil millones de pesetas anuales. *No es de extrañar, por tanto,* que *en torno a* la caza se muevan poderosas influencias. 120 *Para nadie es un secreto* que alrededor de los cotos mejor dotados se mueve mucho dinero y que existen cotos cuyo disfrute se reserva a cazadores extranjeros. 125

«Cambio 16», 5 de noviembre de 1978. (Por motivos de extensión, el artículo no se reproduce íntegramente.)

## EJERCICIOS

1. **Conteste brevemente a las siguientes preguntas con sus propias palabras:**

   ¿Cómo se describe el cazador «tipo» en el artículo?
   ¿Por qué los cazadores libres están contra los cotos?
   ¿Por qué hay quien sostiene la necesidad de los cotos?
   ¿Qué proponen  algunas asociaciones para reglamentar la caza?
   ¿Qué representa en la actualidad la caza desde el punto de vista económico?

2. **Ampliemos el tema:**

   - psicología del cazador
   - la fascinación del arma
   - cazador deportivo y cazador profesional
   - la caza: residuo ancestral
   - la caza como «etiqueta»
   - caza y equilibrio ecológico
   - la pesca
   - el consumismo a la caza de cazadores
   - intereses económicos en torno a la caza
   - procedimientos de caza admisibles y no admisibles
   - la caza, sana distensión del hombre moderno
   - crueldad y *franciscanismo* en el mundo actual
   - las licencias
   - libertad y racionalización de la caza
   - caza y agricultura
   - ¿un referéndum para la caza?
   - a favor de la caza
   - en contra de la caza

3. **Sustituya las palabras, frases o partículas subrayadas por otras equivalentes que usted conozca y que puedan reemplazarlas en el texto.**

4. **Explique el significado de las siguientes palabras tal como están usadas en el texto:**

   - *coto* (13); *veda* (21); *guiñar el ojo* (33); *tajante* (59); *reservas naturales* (74); *cinegética* (77); *fomento* (79); *granja* (82); *cría* (82).

**5. Complete las frases de los grupos siguientes con una de las voces indicadas en cada uno de ellos:**

a) *picar-se* (título) / *pinchar-se*

Se me ...... una rueda del coche.

Las gallinas ...... en el suelo.

El pescador espera pacientemente que los peces......

Con este airecillo el mar......

Os dejo aquí los palillos para que ...... (vosotros) las tapas.

...... (ellos) podando las rosas.

Con las rebajas, ...... mucha gente y han vendido horrores.

Los drogadictos ......

Se lo he dicho con la mejor intención, pero él ...... y ahora no me saluda.

Me ha entrado algo en el ojo y ahora ...... mucho.


b) *meter-se* (5) / *poner*

¡...... (tú) cuidado cuando conduces!

¡Marisa, ...... al niño en la cama!

...... (ellos) al abuelo en un asilo.

...... (nosotros) que alguien nos espíe, ¿qué hacemos?

¡Niño, no ...... los dedos en la nariz!

¡...... (usted) el jarrón encima de la mesa!

...... (él) la llave en la cerradura, pero no consiguió abrir.

Al ...... en marcha el coche, nos dimos cuenta de que no hacía contacto.

Le ...... (ellos) en la cabeza que era tonto y acabó creyéndoselo.


c) *terreno* (17) / *solar*

Este ...... está destinado a la construcción de viviendas para obreros.

Es un buen ...... para huerto.

Encontrarás...... abonado para divulgar tus ideas.

De momento sólo hemos comprado ...... y el chalé lo construiremos más adelante.


d) *pleno* (20) / *lleno*

Tiene la cara ...... de pecas.

Algunos países están en ...... desarrollo industrial.

El autobús está ...... de gente.

Regresó a casa en ...... noche.

Este proyecto está ...... de dificultades.

Duerme incluso en ...... verano con pijama y manta.

A pesar de sus años, está en ...... uso de sus facultades mentales.

e) *ánimo* (21) / *espíritu*

Tiene una fuerza de ...... admirable.

Este escritor francés tiene ...... muy agudo.

A pesar de los disgustos y contrariedades, no pierde nunca ......

...... es fuerte y la carne es débil.

Estoy en un estado de ...... desastroso.

Su ...... de contradicción le indispone con todo el mundo.

No tengo ...... para matar una mosca.

Tienen ustedes ...... de sacrificio sin igual.

Es una persona pusilánime y sin ......

...... de esta asociación es la formación cristiana de los jóvenes.

f) *ponerse* (25) / *hacerse*

Cuando le echaron el piropo, ...... (ella) colorada.

...... de día antes de que el avión aterrizara.

...... (ellos) furiosos sin ningún motivo aparente.

...... (él) notario por voluntad de sus padres.

...... (ella) vieja esperando que vuelva su marido.

...... (él) fraile por verdadera vocación.

...... (ella) con sus propias fuerzas.

g) *plan* (73) / *plano* / *llano*

Anda muy mal porque tiene los pies ......

Salen en ...... de novios.

Si pones la bola en ...... inclinado verás que resbala.

El arquitecto ya nos ha mostrado ...... de la casa.

Rechacé la propuesta de ......

...... de los chicos era dar una vuelta en bici.

Este terreno es muy ...... e idóneo para el cultivo.

No pudieron casarse por pertenecer a ...... sociales distintos.

En cuanto lleguemos a Valencia, compraremos ...... de la ciudad.

La superficie del mar está hoy muy ......

A la gente le gusta mucho este periodista porque su lenguaje es muy ......

h) *especie* (79) / *especia*

¡No pongas tantas ...... en el arroz!

En la isla de los Galápagos existen numerosas ...... animales en otras partes extinguidas.

La canela es ...... muy rica para dulces.

No quiero tener tratos con esta ...... de gente.

i) *quedar por* (100) / *quedar en* / *quedar con*

...... (nosotros) Pepe en que tomaríamos una copa juntos.

Todavía me ...... hacer cinco ejercicios.

Hemos ...... vernos mañana a las 7.

Aún ...... llegar muchos invitados.

...... (nosotros) que tú no te mueves de aquí pase lo que pase.

j) *finca* (105) / *chalet*

En cada manzana de Madrid hay aproximadamente 25......

En Suiza hay ...... de madera y piedra.

Las viejas ...... tenían varias hectáreas de terreno.

Se han hecho ...... estupendo en la Costa Brava.


## 6. Observe:

● · El joven *cazador* [...] (38) ( < cazar)

Ponga en las siguientes frases los sustantivos derivados de las palabras entre parénsis:

...... (pan) hoy no ha abierto porque tiene el horno averiado.

Todas las noches pasan a limpiar las aceras ...... (barrer) municipales.

...... (acción) de la Montedison decidieron aplazar la reunión.

...... (tienda) de aquella pastelería es muy amable.

Normalmente ...... (banco) tienen un sueldo muy alto.

...... (detener) se han fugado aprovechando que ...... (guardar) estaba durmiendo.

...... (pescado) se quejó con ...... (pescar) porque le había vendido marisco podrido.

Aquel ...... (peluca) tiene mucha habilidad en el corte a navaja.

...... (bomba) apagaron el fuego en un santiamén.

...... (diente) tuvo que sacarme la muela.

...... (dirigir) es al mismo tiempo ...... (guión) de la película

Luis Buñuel es ...... (cine) de fama internacional.


## 7. Observe:

● Y los ánimos de uno y otro lado *comienzan* a exacerbarse (21)

Conjugue el verbo entre paréntesis de las siguientes frases en el tiempo y modo adecuados:

¿...... (tú, pensar) que es demasiado temprano para acostarnos?

¡...... (usted, cerrar) el maletero, por favor!

Este año no ha ...... (nevar) mucho.

Quiero que ...... (tú, calentar) un poco más de agua.

¡No ...... (vosotros, negar) la verdad!

Temo que el neumático ...... (reventar) de un momento a otro.

Nos ...... (ellos, recomendar) que leyéramos este artículo.

Deseamos que el jardinero ...... (regar) el césped todas las mañanas.

¡...... (ustedes, confesar) la verdad!
...... (ellos, enterrar) el difunto esta misma tarde.
La pobre ...... (temblar) como un flan.

## 8. Ponga las debidas preposiciones en el siguiente fragmento, y controle luego usted mismo con el texto:

El hombre se levanta ...... las cuatro ...... la mañana ...... un domingo. Escopeta ...... el hombro. Licencia federativa ...... el bolsillo, se encuentra ...... otros hombres ...... la puerta ...... su casa y se meten ...... un coche donde recorrerán muchos kilómetros buscando un sitio libre donde cazar. ...... las doce ...... el mediodía no ha visto una perdiz y ...... las tres, perdida la paciencia, después ...... haberle disparado ...... un pajarraco «...... tirar un tiro», comenta ...... sus compañeros ...... caza: «Cualquier día nos metemos ...... un coto y que sea lo que Dios quiera.» Es una ...... las escopetas, cazadores, que hay ...... el país y forma parte ...... los que no pertenecen ...... ningún coto y tienen que cazar ...... los terrenos libres (1-18).

## 9. Conjugue debidamente los verbos entre paréntesis del siguiente fragmento, y controle luego usted mismo con el texto:

«Si no se ...... (poder) salir –...... (decir) un cazador– sino dos domingos, pues se ...... (salir) esos dos domingos, pero lo que no ...... (ello, poder) ser es que nosotros que no ...... (tener) coto ...... (nosotros, salir) un domingo y no ...... (ver) una pieza y los que ...... (pagar) un coto ...... (ellos, poder) cazar cuando les ...... (dar la gana).» Claro que ...... (quedar) un problema por resolver: El coto no ...... (ser) sino el producto de una estructuración económica y social capitalista determinada. ¿Por qué? ¿A ver de qué forma se ...... (impedir) que el propietario de una finca la ...... (él, acotar) y la ...... (reservar) para cazar él y sus amigos? «Impuestos –...... (decir) los cazadores modestos– fuertes impuestos», y se ...... (remitir) a su propuesta de «una estructuración de la caza considerada como un bien social común». (93-111).

## 10. Observe:

*a)* ● *si* no *existieran* los cotos, la caza *acabaría* por extinguirse (55)
Según ello, complete libremente las siguientes frases:
Si tuviera sed, ......
Si vinieran tus amigos con la guitarra, ......
Si pudieran, ......
Si no hiciera este bochorno, ......
Si supieras remar, ......

Si encontrara las gafas, ......

Si alquiláramos un piso, ......

Si tú te callaras, ......

b) • *que sea* lo que Dios *quiera* (13)

  • es simplemente un lugar *para que* unos privilegiados *puedan* cazar (60)

  • hemos elaborado un plan [...] que supone la creación de reservas naturales donde *sea prohibida* totalmente la caza (73-76).

  • el aprovechamiento de la cinegética nacional de una forma racional y justa que *garantice* la conservación [...] (76-79).

Según ello, conjugue el verbo entre paréntesis de las siguientes frases en el tiempo y modo adecuados:

Sal con el niño, pero que no juegue donde ...... (haber) peligro.

Es necesario abogar por una ley que ...... (proteger) a los ciudadanos.

Te informo para que ...... (tú, estar) al corriente de lo ocurrido.

Donde ...... (caer) mucha lluvia, el paisaje es muy verde.

Tendremos que comprar un diccionario que ...... (él, comprender) términos técnicos y científicos.

Este coche dispone de un dispositivo que ...... (abrir) y ...... (cerrar) las ventanillas automáticamente.

Para mí, que ...... (ellos, hacer) lo que les ...... (dar) la gana.

Aparquen el camión donde no ...... (haber) un vado prohibido.

Habrá que poner un interruptor general que ...... (quitar) la luz en todo el piso.

## 11. Observe:

a) • expresa su temor, <u>*habiendo como hay*</u> armas de por medio (26)

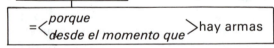

Según ello, transforme las siguientes frases:

Desde el momento que tiene tanto miedo, mejor que no se aventure.

Dado que hay tanto delincuente suelto, es preferible que no salgas por la noche.

Puesto que conoces tan bien el tema, nos gustaría nos dieses una conferencia.

Ya que has viajado tanto, habrás conocido mucha gente.

b) • El coto *no es sino* el producto de una estructuración económica (101)

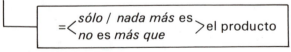

Según ello, transforme las siguientes frases:

Para comer nada más tengo patatas.

No es más que el botones del hotel.

Lo que ha ocurrido sólo es el resultado de su imprudencia.

Hoy sólo hemos estudiado dos horas.

No le hagas caso: nada más es una broma.

c)  • la caza *ha dejado de ser* un privilegio de ricos (112)

| = ya no es |
| --- |

Según ello, transforme las siguientes frases:

Ya no es obligatoria la abstención de comer carne los viernes.

Hoy día el analfabetismo ya no es tan general como antaño.

Después de la muerte de su hijo, aquella señora ya no es lo alegre que era antes.

El problema de la calefacción ya no es el mayor problema que hay que resolver.

**12. Escriba una redacción sobre uno de los siguientes temas:**

¿Por qué la caza?

A favor de la caza.

Contra la caza.

«En todas las revoluciones, el primer síntoma es la invasión de los cotos» (Ortega y Gasset).

La caza, «bien social común».

Caza y ecología.

Regulación de la caza.

«La caza torna paleolítico al hombre civilizado y le procura unas vacaciones de humanidad» (Ortega y Gasset).

«El ideal de la caza sería el de hombre libre, en tierra libre, sobre pieza libre» (Miguel Delibes).

# LA RELIGIÓN DE JESÚS HA MUERTO

por Alfredo Fierro

LA religión de Jesús cada vez existe menos, *tanto menos cuanto más* en el tiempo nos alejamos de él. *En rigor, dejó de* existir con la muerte del maestro, del iniciador. Lo que hoy puede entenderse por cristianismo, incluso en sus versiones más puristas, con todos los retornos que ustedes quieran a *las fuentes* evangélicas, debe a San Pablo, a San Agustín, a los papas de Roma, a Lutero, o, por el otro lado, a Moisés y a las tradiciones de Israel, tanto o más de lo que debe a Jesús. El cristianismo no es ya tanto la religión procedente «de» Jesús de Nazaret, cuanto una religión *«alrededor de»* Jesús, el Cristo, una religión que le constituye a él en objeto de fe y en principio de salvación.

La escasez de conocimientos históricos sólidos acerca de lo que Jesús efectivamente dijo e hizo *ha permitido,* por lo demás, *toda suerte de* representaciones y fantasías para dar rostro y palabras a esa figura cuya sola invocación es salvadora. De la capa cristológica cada cual saca su propio sayo.

Entre la ciencia y la fe, entre la racionalidad y la creencia cristiana, no deja de ahondarse la brecha, ahora ni siquiera *disimulada* por el hecho, no infrecuente a *comienzos* de siglo, de algunas conversiones del agnosticismo a la fe. Los valores culturales, la vida y la moral cotidianas, aparecen cada vez más independizados de cualquier inspiración o fundamentación en creencias evangélicas. De ser culturalmente relevante y significativo, el cristianismo ha pasado a serlo tan sólo subculturalmente, en la particular subcultura controlada aún por las Iglesias dentro del mosaico cultural de la contemporánea sociedad pluralista.

El cristianismo posjesuádico y posbíblico no es, no ha sido *nunca,* la única religión *con vigencia* en Occidente. Toda religión popular de Occidente es el resultado de la sedimentación de sucesivas capas de evangelización cristiana sobre un suelo de religiosidad aborigen, más o menos *soterrada,* pero siempre subyacente y, *a veces,* apenas recubierta por un superficial barniz de cristianismo. Los ídolos permanecen detrás de los altares cristianos (A. Brenner), semiocultos bajo la imagen de cada santo y cada advocación.

La *actual* rehabilitación teológica y recuperación pastoral de las formas religiosas populares, principalmente en la Iglesia católica –no en la protestante, en extremo recelosa ante cualquier producto del paganismo–, trata de enriquecer y engrosar la fe cristiana con todos los jugos de la religión extraevangélica.

Los Estados constitucionalmente laicos, supuestamente secularizados, *siguen nutriéndose* de simbolismo religioso. Las Iglesias *disfrutan de* excelente salud y, desde luego, el mismísimo Voltaire, ahora redivivo, no pronosticaría hoy, con *el aplomo* con que en su tiempo lo hizo, que ni un milagro podría salvar ya a las Iglesias de su inminente *ruina. Sin embargo,* los símbolos religiosos en general y los cristianos en particular están viendo drásticamente *restringido* su papel en la configuración y legitimación de la moral, del orden jurídico, del ejercicio de la teología protestante crítico-liberal del siglo XIX y del modernismo católico (heterodoxo), que *desisten de* todo dogma del Cristo y ven a Jesús como un inicio histórico, mas no como un revelador definitivo, una plenitud de los tiempos o el salvador que ha de volver *al final de* la Historia. Es todavía la religión de Lincoln y de otros hombres que han escrito la historia reciente de la emancipación humana, hombres a menudo profundamente religiosos, a la vez que rigurosamente anticonfesionales, ajenos a toda Iglesia y dogma.

La convicción común a todos ellos es que la religión contemporánea no puede ser ya ni la bíblica o jesuádica, ni la cristiana o del dogma de fe en Jesucristo; y que, *por consiguiente,* los dogmas bíblicos y cristológicos constituyen el más serio impedimento a la religiosidad en nuestro tiempo.

Ninguno de los maestros de esa religiosidad poscristiana ha intentado *formar* Iglesia. Ninguno ha tenido vocación de predicador de esa nueva religión, a la que, no obstante, *pertinazmente* apuntaban, acaso en el sabio convencimiento de que ahora no *cabe* ya predicar nada, ni cristianismo ni algún otro mensaje alternativo. Pero en todos ellos ha sido *expectativa,* si no proyecto, la idea sobriamente enunciada por Durkheim: «Los dioses antiguos envejecen y mueren y no han nacido aún otros nuevos. No hay ningún evangelio que sea inmortal, ni existe tampoco razón alguna para suponer que la humanidad sea incapaz en el futuro de concebir otro nuevo.»

«El País», 24 de enero de 1982. (Por motivos de extensión, el artículo no se reproduce íntegramente.)

1. **Conteste brevemente a las siguientes preguntas con sus propias palabras:**

   ¿Por qué la religión de Jesús apenas existe en la actualidad?

   ¿A qué ha quedado reducida, en todo caso?

   ¿A qué ha dado lugar la figura de Jesús?

   ¿Cuál era el papel cultural del cristianismo en el pasado y cuál es en el presente?

   ¿Qué ha ocurrido en Occidente con la religión cristiana y demás religiones aborígenes?

   ¿En qué relación se encuentran hoy en día la Iglesia y el Estado?

   ¿Por qué dice el autor que los Estados siguen nutriéndose de simbolismo religioso?

   ¿Cuál es el tipo de religiosidad que propone el hombre religioso de nuestro tiempo?

   ¿De qué principio se parte para rechazar una religión propiamente bíblica o jesuádica?

2. **Ampliemos el tema:**

   - necesidad o innecesidad de Dios
   - fe y religión
   - Dios, Padre Todopoderoso
   - Dios, a imagen y semejanza del hombre
   - premios y castigos
   - la predestinación
   - supervivencia humana
   - deísmo
   - agnosticismo, escepticismo, ateísmo
   - superstición religiosa
   - idolatría
   - beatería
   - espíritus religiosos
   - profetas y misionarios
   - vida conventual
   - misticismo
   - moral y dogma
   - libertad e intransigencia religiosa

- verdad y verdades
- el proselitismo
- la teología
- la Iglesia, intermediaria entre Dios y el hombre
- ritualismo religioso
- prestigio eclesiástico y aparato religioso
- cristianismo, catolicismo, protestantismo
- hebraísmo
- otras religiones
- la fascinación de las religiones exóticas
- la Iglesia y el Estado
- Estado laico y confesional
- religión y conservadurismo
- secularización
- cultura, ciencia y fe
- la religión entre los jóvenes de hoy

3. **Sustituya las palabras, frases o partículas en cursiva por otras equivalentes que usted conozca y que puedan reemplazarlas en el texto.**

4. **Explique el significado de las siguientes palabras tal como están usadas en el texto:**

   - *capa* (26); *sayo* (27); *brecha* (30); *aborigen* (52); *barniz* (55); *expectativa* (116).

5. **Complete las frases de los grupos siguientes con una de las voces indicadas en cada uno de ellos:**

a) *salvación* (19) / *salvedad* / *salud*
   La misión del clero es ...... de las almas.
   Acepto la propuesta con esta ...... : que me paguen por adelantado.
   Padece una enfermedad que no tiene......
   Su ...... va empeorando día tras día.
   ...... de los náufragos depende de las condiciones del mar.
   Las órdenes son órdenes, no podemos hacer ...... para nadie.

b) *acerca de* (21) / *cerca (de)*
   Anda por la acera muy ...... la pared.
   ...... este asunto, he encontrado poca bibliografía.
   Los hermanos viven todos ...... , en el mismo barrio.

El diccionario debe de estar ...... el manual de Historia.
El misionero nos habló ...... la evangelización en el mundo.
No te sientes demasiado ...... la televisión.
Cruzo la calle para ver de ...... el escaparate.
Insistí ...... el jefe del tribunal para que le aprobaran.

c) *bajo* (57) / *debajo* / *ante* (64) / *delante*
...... esta prohibición, me retiro.
No digáis esas cosas ...... de él.
Vivo en el piso ......
Lleva un viso de nailon ...... del vestido.
Estoy aquí, ...... usted, para pedirle perdón.
...... la dictadura no había libertad de prensa.
Te dejo las llaves ...... del felpudo.
–¿Dónde está el estanco? –Está ahí ......
Guarda el dinero ...... tierra.

d) *receloso* (64) / *celoso*
Tengo un marido tan ...... que no me deja salir sola.
Es tan ...... que siempre piensa que le están engañando.
A veces, el hermano mayor es ...... del recién nacido.
No seas tan ...... : nadie te está espiando.

e) *engrosar* (66) / *engordar*
Si no quieres ...... , no comas tanto azúcar.
El ejército de parados está ...... día tras día.
En los pueblos, ...... (ellos) los cerdos con desechos vegetales.
Han aumentado los impuestos para ...... el tesoro público.
Algunas vitaminas y la cortisona ......
El río va a ...... el lago artificial.

f) *jugo* (67) / *salsa* / *zumo*
No me eche ...... de tomate con las albóndigas.
Para quitar la sed, bebo un poco de ...... de limón.
Servimos la chuleta con ...... chantilly.
Todas las mañanas se toma ...... de pomelo.
Son unos explotadores: le sacan ...... sin piedad.

g) *enunciar* (117) / *anunciar*
La elección del Papa se ...... con el humo blanco.
Empezaré por ...... la bibliografía esencial.
Hay que ...... (a él) cuanto antes que le hemos dado el puesto de trabajo.
A menudo las leyes se ...... de una forma incomprensible para el público.

Todos los días ...... (ellos) por radio la temperatura de las capitales.

Galileo ...... la teoría heliocéntrica.

**6. Complete las siguientes frases con el sustantivo o el verbo que signifiquen lo que se indica entre paréntesis, y controle luego usted mismo con el texto:**

El barco ...... (ir lejos, 3) lentamente hasta que desapareció en el horizonte.

No puedo hacer este reportaje por ...... (cualidad de escaso, 20) de informaciones y ...... (acto de conocer, 20).

...... (acto de creer, 29) populares a veces tienen un fundamento.

La incomprensión entre padres e hijos está ....... (hacerse más hondo, 30) cada día más.

La estratificación de estas montañas se ha formado por ...... (acto de sedimentar, 49).

El bacalao se ...... (cubrir completamente, 54) con sal para conservarlo.

Durante el naufragio, el capitán dirigió con mucha ...... (serenidad y circunspección, 75) las operaciones de salvamento.

Un hombre a los cincuenta años está en ...... (cualidad de pleno, 89) de su vida.

Tengo ...... (acto de convencerse, 99) de que el tendero me ha engañado.

Le pusieron tantos ...... (acto de impedir, 105) para la construcción del edificio que abandonó la empresa.

**7. Acentúe debidamente el siguiente fragmento, y controle luego usted mismo con el texto:**

Los Estados constitucionalmente laicos, supuestamente secularizados, siguen nutriendose de simbolismo religioso. Las Iglesias disfrutan de excelente salud y, desde luego, el mismisimo Voltaire, ahora redivivo, no pronosticaria hoy, con el aplomo con que en su tiempo lo hizo, que ni un milagro podria salvar ya a las Iglesias de su inminente ruina. Sin embargo, los simbolos religiosos en general y los cristianos en particular estan viendo drasticamente restringido su papel en la configuracion y legitimacion de la moral, del orden juridico, del ejercicio de la teologia protestante critico-liberal del siglo XIX y del modernismo catolico (heterodoxo), que desisten de todo dogma del Cristo y ven a Jesus como un inicio historico, mas no como un revelador definitivo [...] (69-89).

**8. Observe:**

*a)* • En rigor, *dejó de existir* con la muerte del maestro (4)

    • Los Estados constitucionalmente laicos, [...] *siguen nutriéndose* de simbolismo religioso (71)

    • [...] o el salvador que *ha de volver* al final de la Historia (91).

Complete las siguientes frases con *haber de, haber que, dejar de, acabar de (+ infinitivo)* o *seguir, acabar (+ gerundio):*

...... (ella) poner en marcha la lavadora cuando se dio cuenta que había olvidado unos pañuelos.

Si siguen mucho tiempo en el agua, ...... cogiendo mucho frío.

...... comprar otra bombilla porque ésta se ha fundido.

Mientras estás conduciendo, no ...... distraerte.

...... (nosotros) ir al gimnasio por falta de tiempo.

Dijo que el artículo no superaría las diez páginas y ...... (él) escribiendo veinte.

...... (yo) echar la carta al buzón cuando recordé que no había puesto el sello.

Parecía muy contento, pero al final ...... (él) sollozando.

Si haces demasiados ejercicios, ...... cansándote mucho.

...... (nosotros) decírselo, pero nos falta valor.

De repente, este barómetro ...... funcionar.

No ...... preocuparse demasiado por los exámenes.

b) ● La escasez de conocimientos históricos [...] ha permitido, por lo demás, *toda* suerte de representaciones (23)
   ● De la capa cristológica *cada cual* saca su propio sayo (27)
   ● [...] semiocultos bajo la imagen de *cada* santo y *cada* advocación (57)

Complete las siguientes frases con *todo-a-os-as, cada* o *cada cual:*

Que ...... haga lo que le dé la gana.

Tengo que bajar el perro a la calle ...... tres horas.

...... los mediodías se toma un bocadillo en el bar.

...... dictadura es una forma de tiranía.

No ...... los árboles en invierno pierden las hojas.

...... las noches va a tocar al cabaret.

Vamos al restaurante juntos, pero que ...... pague por su cuenta.

Esta película ha perdido ...... actualidad.

...... vez que me ve, hace grandes aspavientos de júbilo.

Será reprimida ...... forma de rebelión.

...... uno de los hermanos ejerce una profesión distinta.


## 9. Observe:

a) ● La religión de Jesús cada vez existe menos, *tanto menos cuanto más* en el tiempo nos alejamos de él (1).

> = más nos alejamos de él y menos existe

Según ello, transforme las siguientes frases:

Más come y más hambre tiene.

Antes estás lista y antes podremos salir.
Más se maquilla y más se le nota la edad.
Peor trabajas y menos te pagarán.
Más alto será el piso y menos se oirán los ruidos
Más cueces este asado y más tierno será.
Mejor lo alimentas y más fuerte crecerá.
Peor coses el botón y más fácilmente lo perderás.

*b)* • En rigor, *dejó de existir* con la muerte del maestro (3)

= no existió más

• Entre la ciencia y la fe [...] *no deja de ahondarse* la brecha (28)

= sigue ahondándose

Según ello, transforme las siguientes frases:
A los sesenta años no trabajó más.
Sigue haciendo inhalaciones hasta que se te pase el catarro.
Después de la indigestión, no volvió a comer helados.
Desde que le conozco, sigue recordándome que le encuentre una recomendación.
Después del infarto, no conduzco más.
A pesar de haber terminado la carrera, seguid estudiando.

*c)* • *De ser* culturalmente relevante y significativo, el cristianismo *ha pasado a serlo* tan sólo subculturalmente (38)

= *era* culturalmente relevante [...] y *ahora* lo es sólo subculturalmente

Según ello, transforme las siguientes frases:
Antes era un hotel de lujo y ahora es de tercera categoría.
Era un simple empleado de la casa y luego fue el gerente de la misma.
Era un pueblo de los alrededores y ahora es un barrio de la ciudad.
Era el más tonto de la clase y luego fue un estudiante brillante.

*d)* • Toda religión popular de Occidente es el resultado de la sedimentación de sucesivas capas de evangelización cristiana sobre un suelo de religiosidad aborigen [...] *apenas* recubierta por un superficial barniz de cristianismo (48)

= escasamente

Según ello, transforme las siguientes frases:
El barco escasamente se movía.
Es tan delgada que pesará escasamente cuarenta kilos.
La manta es tan corta que escasamente le llega al pecho.

Está tan débil que escasamente se tiene en pie.

La letra es tan menuda que escasamente se lee.

e)   • La convicción común a todos ellos es que la religión contemporánea *no puede ser ya* ni la bíblica o la jesuádica, [...] (99)

= ha dejado de poder ser

Según ello, transforme las siguientes frases:

Este cepillo de dientes pierde tantos pelos que ha dejado de ser útil.

La vida nocturna ha dejado de ser la de antes.

A mis años, he dejado de dormir como cuando era joven.

A fuerza de llevar la falda a la tintorería, el blanco ha dejado de ser el de antes.

## 10.  Observe:

• el mismísimo Voltaire, [...] no *pronosticaría hoy,* con el aplomo que en su tiempo lo hizo, que ni un milagro *podría* salvar ya a las Iglesias (73)

Conjugue el verbo entre paréntesis de las siguientes frases en potencial simple o compuesto:

¿Qué ...... (decir) usted si le hicieran esta pregunta?

Si me lo hubieran dicho antes, ...... (yo, ir) con mucho gusto.

El parte anunció que a última hora ...... (haber) llovizna.

Te aseguro que esta máquina ...... (escribir) mejor si de vez en cuando limpiaras los tipos.

Dijo que antes de las ocho ya ...... (tener) toda la casa limpia.

Prometió que me ...... (devolver) el libro en cuanto lo hubiera terminado.

Estaba segura de que ...... (ellos, perder) el tren.

¿...... (tú, hacer) las vacaciones en una tienda de campaña?

No sé cuántas personas había, pero ...... (haber) más de cien.

Aseguró a los pintores que antes de que llegaran, ya ...... (él, recubrir) todos los muebles.

De saber que era el estreno, no ...... (yo, ir) en tejanos y jersey.

Os dije que tantos bombones os ...... (ellos, quitar) el apetito.

## 11.  Escriba una redacción sobre uno de los siguientes temas:

«La religión es el opio del pueblo» (Lenin).

«Si Dios no existiera, el hombre lo habría inventado» (Pascal).

Fe y religión.

«Actualmente la Religión no es ya un contrapunto ideológico del Marxismo, sino un partido político» (Cesare Brandi).

# LA PROPAGANDA POLÍTICA

## por Camilo José Cela

ES posible que un curioso condicionante psicológico *lleve a* los dictadores a *acabar creyéndose* su propia propaganda. La credulidad, cierta o *simulada,* en todo *cuanto* carece de la menor credibilidad, es arma *adecuada* al uso de quienes *precisan* un entorno *atónito* para obrar el milagro o la prestidigitación, que tanto monta: los dictadores y su peculiar *entendimiento* de la existencia, por ejemplo. Tras el éxito de sorprendentes, rápidos y *no imaginados alcances* —y un dictador sin éxito inicial con estas características de sorpresa, rapidez y exceso sería noción inadmisible—, el hombre *tiende a* creerse en posesión de múltiples aptitudes *punto menos* que mágicas, o *aun* mágicas del todo y sin reservas, que lo convierten en el idóneo enviado de la Providencia y le ayudan a romper el cascarón del huevo del buen juicio para convencerle —*tras haber oído* media docena de veces la idea de que nació con carisma, expresada por los agradecidos bufones— de que para todo puede servir con capacidad excepcional y *sobrada*; según esta cadena de acciones y reacciones, [...] el pequeño político por tablas y nombrado a dedo sueña con Taillerand, y el soldado de fortuna *amanece* un buen día sugestionado de que es un estadista capaz de lavarle la cara al mundo y de *brindar* al hombre un milenio de *dicha* y de justicia. En ese preciso instante *se desencadena* el proceso que, *por lo común, aboca a* la catástrofe: la fe ciega *suple* al raciocinio, la fortuna se considera inherente a la persona, la palabra se identifica con la ley, y *nace* la locura en *la sesera* hasta entonces pragmática y aun *timorata*. Es el principio del fin porque, según se lee en muy viejos libros, Dios ciega a quienes quiere perder.

*Obsérvese* que los dictadores suelen ser casi siempre hombres de paja de alguien —*a lo mejor* de una contraidea— y *títeres* de inteligencia tan *limitada* como escasas son sus reservas morales y que, *no sintiéndose* capaces de *articular* unas estructuras políticas funcionales, *hacen tabla rasa* de los conceptos o confunden la permanencia con la conveniencia, la verdad con

117

su *máscara fingidora* o la paz con la paz de los sepulcros.

*A su alrededor* prolifera toda una turbamulta de pícaros intelectuales y 60 económicos que acaban condicionándolo y aun, si se resiste, *secuestrándolo* en jaula de oro. El dictador, cuando el fracaso de su gestión *asoma* ya en el horizonte, empieza a pagar su *po-* 65 *derío* –o la apariencia de su poderío– al precio que le piden y *se refugia* en la creencia ciega de aquello en lo que prefiere ni dudar, aunque, en su inconsciente, sepa que no es cierto: *el* 70 *cómputo* de sus pírricos triunfos que nadie puede discutir, ni aun poner *en tela de juicio,* porque para eso funciona el oportuno aparato represor encargado de *velar* por el *convenido* 75 buen orden de la república. El mimetismo del funcionario que se mira en el espejo del déspota, no es factor despreciable para el buen entendimiento de nuestras razones de hoy. El hombre 80 es animal que, para comer, *adopta* actitudes en las que, por envilecedoras que al principio *le parecieren, acaba creyendo* y que, si le *acercan* al triunfo –y cada cual pone *las lindes* del propio triunfo 85 donde quiere– pueden llegar a ser no poco fieras y peligrosas para *los demás.*

La evolución de esta actitud es muy *análoga* a la que experimenta la prosti- 90 tuta que, si se inicia con *asco,* pronto ese asco *cede* ante la más impermeable indiferencia; *nótese* que una de las habilidades más eficaces del dictador suele ser *la buena maña* que se da para 95 prostituir *su entorno.* La dictadura es,

o puede ser, la cirugía capaz de *apartar* a un cuerpo del sepulcro, pero la cirugía, por definición propia, jamás puede convertirse en *hábito,* circunstancia que los dictadores –y sus vale- 100 dores– *propenden a* olvidar *no obstante* su evidencia. [...]

La corrupción *obnubila* al corrompido –que confunde, quizá por inercia, el alimento del cuerpo con el del alma– 105 y, al final, ciega también *hasta* al corruptor, que *utiliza* su herramienta con técnica tan bien pensada y medida que llega a manejarla por movimientos reflejos e inconscientes. Los roma- 110 nos decían algo que saben muy bien los dictadores: «corruptio optimi pessima», la corrupción de lo mejor es la peor. Al observar, *siquiera* con una mínima perspectiva, la historia de las dic- 115 taduras, *sobrecoge* la evidencia del auge de las reacciones negativas: la intolerancia, el fanatismo, el mesianismo, la contranorma de que el fin justifica los medios y tantas y tantas otras 120 más. No *culpemos* al hombre corrompido, que *ya bastante tiene con* saberlo si *acertamos* a explicarle su error y su claudicación a tan bajo precio (aunque se cuente por millones). La culpa es 125 del corruptor y su *cohorte* de cómplices también corruptores. La ley corrompida corrompe con la peor de las corrupciones y aún más que la no *observancia* de la ley justa, *puesto que* es 130 mal incurable que *reside* en el único remedio que el mal tendría: la ley, de la que debemos ser esclavos para poder ser libres. [...]

«Cambio 16», 20-9-78. (Por su amplitud, el artículo no se reproduce íntegramente.)

## EJERCICIOS

1. **Conteste brevemente a las siguientes preguntas con sus propias palabras:**

   ¿De qué se sirven los dictadores para su afirmación política?

   ¿Qué acaban creyendo los dictadores de sí mismos?

   ¿Cómo son normalmente los dictadores?

   ¿Cómo sustituyen la falta de una verdadera política?

   ¿De qué clase de «colaboradores» se rodea el dictador?

   ¿Para qué le sirve la represión?

   ¿A qué otras consecuencias negativas lleva la dictadura?


2. **Ampliemos el tema:**

   - ¿qué es la política?
   - reaccionarios, conservadores y progresistas
   - economía y política
   - cultura y consenso
   - cómo nace una dictadura
   - revolución y dictadura
   - el dictador, figura carismática
   - las masas y el dictador: de los vítores a la identificación personal
   - concentración de poderes
   - metodología para el mantenimiento del poder dictatorial
   - dictadura y nacionalismo
   - ortodoxia y dictadura
   - constitución y dictadura
   - el militarismo
   - policía dictatorial
   - la censura
   - la educación en régimen dictatorial
   - violencia de la dictadura


3. **Sustituya las palabras, frases o partículas en cursiva por otras equivalentes que usted conozca y que puedan reemplazarlas en el texto.**

**4.** Explique el significado de las siguientes palabras tal como están usadas en el texto:

- *alcance* (13); *bufón* (26); *por tablas* (30); *lavar la cara al mundo* (34); *sesera* (42); *hombre de paja* (48); *pícaro* (59); *claudicación* (124).


**5.** Complete las frases de los grupos siguientes con una de las voces indicadas en cada uno de ellos:

a) *credulidad* (4) / *credibilidad* / *creencia-s*
Después del escándalo, aquel banco ha perdido toda su ......
Es una persona de una ingenuidad y ...... increíbles a su edad.
Es ...... común que la rotura de los espejos trae mala suerte.
Sus palabras no merecen ninguna ......
Entre los pueblos primitivos existían muchas ...... religiosas.
Los timos son posibles gracias a ...... e ignorancia de mucha gente.

b) *obrar* (8) / *actuar* / *accionar*
Para poner en marcha esa máquina, hay que ...... esta manivela.
La compañía de teatro ...... divinamente.
Estoy segura de que ...... (él) de mala fe.
Me refiero a los documentos que ...... en su poder.
El secretario de la ONU ...... como mediador en el conflicto árabe.
En vez de hablar tanto, mejor ...... (tú) un poco más.
En esta ocasión ...... (usted) con poco tacto.
Este linimento ...... milagros en caso de reúma.

c) *éxito* (12) / *fracaso* / *suceso*
En el periódico hay siempre una página de ...... más o menos truculenta.
Aquel concierto fue un verdadero ...... : a media función todos se marcharon.
En su gira por Estados Unidos, Plácido Domingo ha tenido ...... aplastante.
Lo que me estás contando es ...... que ya conocía.
Este libro ha tenido ...... muy grande: se han vendido más de 10.000 ejemplares.
Las negociaciones resultaron ...... completo y la guerra siguió.

d) *cascarón* (22) / *cáscara* / *corteza*
Resbaló con ...... de plátano.
Al nacer, los pollitos rompieron ......
Tira esas ...... de melón porque huelen muy mal.
...... de la encina es el corcho.
La gente prefiere comprar huevos de ...... oscura.
...... de las naranjas se emplea para hacer confituras.

e) *agradecido* (26) / *grato* / *agradable.*
   Nos es ...... comunicarle que le hemos concedido la beca.
   Le estoy muy ...... por sus consejos.
   Este vino tiene un sabor muy ......
   Es persona no ...... en el ambiente.

f) *a dedo* (31) / *al dedillo* / *a dos dedos de*
   Se sabe la tabla de multiplicar ......
   El presidente eligió a sus colaboradores ......
   Estuvimos ...... caernos al barranco.
   Esta historia que has contado mil veces me la sé ya ......
   Estuve ...... cantarle las cuarenta.

g) *amanecer* (32) / *madrugar*
   Hay que ...... mucho si queremos ir a por setas.
   Ayer ...... (yo) cansado.
   Como tiene que coger el tren pendular, tiene que ...... mucho.
   En verano ...... muy temprano.
   El sol surge a ......

h) *desencadenar-se* (37) / *desarrollar-se*
   Al dar inicio el incendio, ...... el pánico.
   Los países industrializados han decidido que es necesario ...... la agricultura.
   La cuestión de la herencia, ...... el odio entre los dos hermanos.
   Estos ejercicios de gimnasia ...... mucho los músculos.
   La cuestión territorial ...... la guerra entre los dos países.
   El alpinista tuvo que refugiarse en una grieta porque ...... una tormenta.
   Tiene muchas ideas, pero no las puede ...... por falta de medios.

i) *envilecer* (81) / *abatir*
   ...... (ellos) aquel árbol secular.
   La bebida y la droga ...... al hombre.
   Las últimas desgracias le ...... mucho.
   Los bombardeos de la última guerra ...... enteras ciudades.

j) *fiero* (86) / *orgulloso*
   Le gusta vivir entre ...... montes y peñascos.
   Está muy ...... de lo que ha conseguido en la vida.
   La hiena es un animal muy ......
   El ...... guardián de la cárcel trata muy mal a los presos.
   Se mira a todo el mundo por encima del hombro: es muy ......

k) *herramienta* (107) / *apero* / *ferretería*
   Tengo que ir a ...... a comprar unos clavos y un martillo.

...... de labranza se están sustituyendo cada día más por instrumentos mecáni-
cos.

La sierra y el cepillo son ...... que tenemos en casa.

Libros y máquina de escribir son mis ...... de trabajo.


**6. Ponga el sustantivo relacionado con las palabras entre paréntesis, y controle luego usted mismo con el texto:**

La publicidad constituye un poderoso ...... (condicionar, 1) en el momento de la compra.

Muchos delitos se explican por ...... (lo que está alrededor de, 7) social del delincuente.

Sus ideas han tenido ...... (alcanzar, 13) muy superior a lo previsto.

La noticia llegó con ...... (rápido, 15) asombrosa.

...... (creer, 67) en los milagros era muy extendida en la Edad Media.

Es preciso leer el prólogo para ...... (entender, 78) de la obra.


**7. Observe:**

- El dictador [...] se refugia en la creencia ciega de aquello en lo que *prefiere* ni dudar (62-68)

Conjugue el verbo entre paréntesis de las siguientes frases en el tiempo y modo adecuados:

Ayer ellos nos ...... (advertir) que no ...... (nosotros, interferir) en esta cuestión.

Él nos ...... (herir) con su conducta.

Estos huevos ...... (hervir) demasiados minutos.

Hoy me ...... (sentir) mejor que ayer.

¿Ustedes ...... (digerir) los pimientos que comimos anoche?

Os ...... (yo, advertir) que la carretera está en muy mal estado.

Usted me ...... (sugerir) que cogiera aquel autobús.

¡No ...... (tú, referir) eso a tus padres!

¡...... (tú, advertir, a ellos) antes de que sea demasiado tarde!

Yo sólo les estoy ...... (advertir).

Dijo que ...... (él, preferir) no estar presente.

Desearía que os ...... (divertir) mucho.


**8. Ponga las debidas preposiciones en el siguiente fragmento, y controle luego usted mismo con el texto:**

...... su alrededor prolifera toda una turbamulta ...... pícaros intelectuales y económicos que acaban condicionándolo y aun, si se resiste, secuestrándolo ...... jaula ...... oro. El dictador, cuando el fracaso ...... su gestión asoma ya ...... el horizonte, empieza ...... pagar su poderío –o la apariencia ...... su poderío– ...... el precio que le piden y se refugia ...... la creencia ciega ...... aquello ...... lo que prefiere ni dudar, aunque, ...... su inconsciente, sepa que no es cierto (58-69).

9. **Ponga las debidas preposiciones en las siguientes frases, y controle luego usted mismo** VERBO Y PREPOSICIÓN **con el texto:**

La población escolar tiende ...... disminuir (16).
Hay que suplir de algún modo ...... la mano de obra (39).
Confundo siempre el reinado de Felipe III ...... el de Felipe IV (55).
La misma firma se ha encargado ...... la expedición (73).
Se pasa el día mirándose ...... el espejo (76).
¡Acerca la butaca ...... la pared! (83).
¡Aparta al niño ...... el perro, que tiene pulgas! (96).
Esa casa se ha convertido ...... una pocilga (99).
Ese joven propende ...... estados depresivos (101).
La dificultad reside ...... la falta de estructuras (131).

10. **Observe:**

a)  ● El dictador [...] *empieza a* pagar su poderío (64).
    ● pueden *llegar a* ser no poco fieras (85).
Complete las siguientes frases con *empezar a, llegar a* e *ir a:*
Mañana ...... (nosotros) ir a los toros.
Si ...... (yo) saber que ...... ser una fiesta tan aburrida, no me veían el pelo.
A pesar del frío, todavía no ...... (ellos) encender la calefacción.
Se puso muy nervioso y al cabo de un rato ...... sollozar.
No ...... (yo) comprender qué quiere decir con sus insinuaciones.
La semana pasada ...... (nosotros) hacer las reformas de la casa.
Niños, ...... (nosotros) comer: ¡lavaos las manos!
...... (ellos) construir el rascacielos el año pasado, pero nunca ...... (ellos) terminar-
lo.

b)  ● Al observar, *siquiera* con una mínima perspectiva, la historia de las dictaduras (114).
Complete las siguientes frases con *siquiera* y *ni siquiera:*
...... se ha enterado de que han aumentado sensiblemente las cotizaciones a la Seguridad Social.
Préstame dinero ...... una vez.
No quiero verle ...... cinco minutos.

Come algo ..... sea un fruto.

Después del favor que le he hecho, ...... me ha dicho gracias.

## 11. Observe:

a)  • Es posible que un curioso condicionante psicológico lleve a los dictadores a <u>*acabar creyéndose*</u> su propia propaganda (3)

= creerse al final

Según ello, transforme las siguientes frases:

Empezó bien su intervención, pero al final dijo muchas tonterías.

Amaneció lluvioso, pero al final salió el sol.

Salí de compras, pero al final no compré nada.

Quería alquilar un piso, pero al final fue a una residencia.

b)  • <u>*Tras el éxito*</u> de sorprendentes, rápidos y no imaginados alcances (11)

= después del éxito

Según ello, transforme las siguientes frases:

Después de haber oído misa, se persignó y salió de la iglesia.

Después del bombardeo, la ciudad quedó envuelta en llamas.

Después de la caída del Gobierno, se hicieron nuevas elecciones.

c)  • El hombre es animal que, para comer, adopta actitudes en las que, *por envilece-doras que* al principio le *parecieren,* acaba creyendo (82)

= aunque le < parecieran
parecían

Según ello, transforme las siguientes frases:

Aunque sea doloroso, hay que decírselo.

Aunque era inteligente, no consiguió ganar las oposiciones a notario.

Aunque dejes mucho la ropa en lejía, no conseguirás quitar esas manchas.

Aunque es tan simpático, no conseguirá camelarme.

## 12. Escriba una redacción sobre uno de los siguientes temas:

El despotismo.

Dictadura y violencia.

El fin justifica los medios.

«Debemos ser esclavos de la ley para poder ser libres» (Camilo J. Cela).

El orden es el desorden establecido, la violencia.

«La libertad se pierde cuando se empieza a querer perderla» (Leonardo Sciascia).

# PASAPORTE PARA UNA MUERTE DULCE

por Inmaculada de la Fuente

*A los pocos meses de* sufrir su segundo accidente de moto, Ramón Chao *tomó una decisión* que ya le venía *barruntando* desde hacía más de diez años.

Desde abril de 1981, guarda en su cartera, *apretujado* entre otros documentos, un carné *singular,* todavía poco extendido en Francia y *prácticamente* desconocido en España. Es un pasaporte para morir extendido a su nombre. Junto a una foto del interesado, se indica que es el socio 1.209 de la Asociación Francesa para el Derecho a Morir con Dignidad. En *el dorso* de la cartulina figura el «testamento biológico» del titular, en el que expresa cuál es su voluntad en caso de que llegue el día en que *pierda* la lucidez y no *pueda* decidir *por sí mismo*. Y especifica que no se le mantenga en vida por métodos artificiales, que se le suministren calmantes contra el dolor, aunque se adelante *así* la hora de la muerte, y que se le *permita* morir con dignidad, recurriendo incluso a la eutanasia activa «si la medicina no puede garantizar el restablecimiento de sus facultades mentales o físicas». Hoy por hoy, *tal* testamento no tiene validez legal en Francia y los médicos *no están obligados a* seguirlo. «Pero tiene un valor moral evidente.»

Hay en la actualidad veintidós asociaciones a favor de la eutanasia voluntaria, *repartidas* entre quince países. La más combativa es la asociación inglesa Exit (Salida), que reivindica el derecho a morir sin sufrimientos y defiende el suicidio «racional» por *motivos* de salud o de *deterioro* físico irreversible. Exit cuenta ahora con 10.000 miembros.

Afirman que «no existen diferencias esenciales entre la eutanasia pasiva y activa, *sino que* lo importante es que *cada* persona tenga derecho a morir cuando esa sea su voluntad». No aceptan, por la misma razón, la eutanasia clásica, cuya decisión *descansa* exclusivamente *en* el médico y en la familia; sólo propugnan la autoeutanasia, aunque a veces *sea* necesaria la ayuda *ajena* para *llevarla a cabo*.

Pero los escándalos más *ruidosos,* acompañados de la solidaridad o de la animadversión de sectores de población *contrapuestos,* han sido los casos en los que el suicida ha contado con la ayuda de una mano amiga. Desde 1961, fecha en que se despenalizaba el suicidio en Inglaterra, pero, en cambio, se condenaba hasta catorce años a quienes *ayudaran* a los suicidas en sus propósitos, la ley británica *se ha topado con* una treintena de casos en los que los *propios* enfermos habían pedido ayuda a sus amigos y familiares.

La legislación más permisiva es la de California, donde desde 1976 se reconoce el derecho a morir de enfermos agonizantes mantenidos con vida *por medios* terapéuticos. En Europa, *por el contrario,* las sociedades eutanásicas *van por delante de* las leyes y sus *colisiones* con las normas establecidas son constantes.

«El problema fundamental que tiene el enfermo es que no dispone de información», señala A.V., una abogada de treinta años *recientemente* operada de cáncer. «*Generalmente,* los únicos que tienen la verdad son el médico y la familia, pero lo trágico es que el problema es mío, no de ellos, se trata de mi vida; yo soy quien tengo que decidir qué hago con mi vida y con mi muerte, porque *lo que* para unos puede ser una solución, *puede no serlo* para otros.»

*Sólo* el 5 por 100 de los enfermos graves conocen su diagnóstico exacto. Un alto porcentaje se muere sin saber de qué y por qué. La familia teje una *tupida* red protectora sobre el paciente y exige un silencio *amenazante* al médico. El profesional, por su parte, también prefiere *eludir* ese cara a cara dramático. Así, cuando el enfermo está lúcido, se manipula su esperanza con *cuentos de hadas* o se le dulcifica el diagnóstico; cuando su estado es irreversible o está inconsciente, es demasiado tarde para *decidir*. A la hora final, para bien o para mal, siempre serán los médicos los que decidirán por él.

Sólo una *exigua* minoría de enfermos *desahuciados* llegan a plantearse la vía de la eutanasia.

Los más jóvenes, sin embargo, prefieren la muerte al sufrimiento y sólo resistirán hasta el final con calmantes. Los más mayores, aunque *soporten* mal su enfermedad, sufren un mayor *pánico* ante la muerte.

En la práctica, el único consuelo que *se permite* al moribundo son los calmantes, aunque indirectamente *acorten* su vida. Es la única «eutanasia» admitida, *por cuanto que* dulcifica *en parte* la agonía y a veces se utiliza conscientemente como única *salida.*

La eutanasia voluntaria va aún más lejos y reivindica que el protagonista y autor de la muerte sea el propio enfermo y no el médico. Para las asociaciones *pro* eutanasia, el médico es sólo un instrumento de los deseos del moribundo, un papel que los médicos consideran poco digno.

«Pero yo me pregunto con qué derecho el médico quiere seguir siendo el mago, el padre salvador del enfermo y el único que puede decidir sobre una vida que no le pertenece», se pregunta el filósofo Gabriel Albiac. «*Entiendo* que algunos enfermos se pongan en manos del médico y le exijan ese rol cuasi divino, pero ¿cómo puede aceptarlo conscientemente el médico, cómo puede jugar el gran padre sin sufrir una tensión dramática? Aunque él sepa mejor lo que hay que hacer, aunque tenga razón, no deja de ser despótico e inmoral sustraer al individuo en una toma de decisión sobre su propia muerte.»

Frente a todas las ideas establecidas, la eutanasia voluntaria *reclama* una decisión madura, libre y autónoma.

«El País», 23 de mayo de 1982. (Por motivos de extensión, el artículo no se reproduce íntegramente.)

## EJERCICIOS

1. **Conteste brevemente a las siguientes preguntas con sus propias palabras:**

¿Por qué Ramón Chao decidió hacerse de la Asociación?
¿Qué son la Asociación Francesa para el Derecho a Morir con Dignidad y la Exit?
¿Qué valor tiene el testamento biológico?
¿Qué propugnan los miembros de la Exit?
¿Qué formas de eutanasia existen?
¿Cuál es la postura adoptada por los distintos gobiernos citados por la autora frente a la eutanasia?
¿Cuáles son las consecuencias de la falta de información del enfermo?
¿Cuál es el papel actual del médico y cuál debería ser?
¿Cuáles son los derechos del enfermo?

2. **Ampliemos el tema:**

- el derecho a vivir-el derecho a morir
- vida artificial
- eutanasias camufladas
- información y eutanasia
- Iglesia y eutanasia
- suicidio y eutanasia
- la tiranía de la medicina
- medicina y paternalismo
- el médico carismático

- los derechos del enfermo
- autonomía decisional del enfermo
- hacia el conocimiento del propio cuerpo
- hacia la «desmedicalización» de la vida humana: del parto al control médico
- hospitales-clínicas-ambulatorios
- medicina oficial y medicinas alternativas
- especulación comercial de la medicina
- los medicamentos
- sistemas sanitarios (al servicio del ciudadano)

\* \* \*

- la muerte
- significado de la muerte
- el miedo a la muerte
- muerte y supervivencia

3. **Sustituya las palabras, frases o partículas en cursiva por otras equivalentes que usted conozca y que puedan reemplazarlas en el texto.**

4. **Explique el significado de las siguientes palabras tal como están usadas en el texto:**

- *reivindicar* (38); *suicidio* (40); *animadversión* (57); *despenalizar* (61); *colisión* (77); *cuentos de hadas* (102); *desahuciados* (110).

5. **Complete las frases de los grupos siguientes con una de las voces indicadas en cada uno de ellos:**

a) *tomar-se* (3) / *coger-se*

Cuando estaba en Asia, ...... (él) la malaria.

...... (yo) una taza de manzanilla, pero no he podido ...... el sueño igualmente.

El helicóptero ...... tierra en un calvero del terreno.

...... (usted) un taxi para ir al aeropuerto.

Cuando vio que no era la primera de la lista, le ...... un berrinche.

...... (él) dos copas de güisqui y se quedó dormido.

...... (ella) cualquier pretexto para ausentarse.

El perro trataba de ...... a la liebre.

El armario ropero ...... toda la pared del fondo.

Está en la piscina ...... el sol.

...... (nosotros) la ocasión para invitarle esta noche.

b) *guardar* (6) / *mirar* / *conservar*

...... (tú) el dinero porque yo seguro que lo pierdo.

Si quieres ...... los calabacines para el invierno, tienes que congelarlos.

Hemos comprado un perro para ...... la casa cuando estamos ausentes.

En este cajón tengo ...... las fotos de mi niñez.

Lo he ...... bien y estoy seguro de que la decisión es sensata.

El termo ...... caliente el café.

...... (usted) bien antes de cruzar la calle.

No le ...... (yo) ningún rencor a pesar de lo que me ha hecho.

c) *expresar-se (17)* / *exprimir*

No sé cómo ...... lo que siento.

...... (tú) unas gotas de limón sobre el pescado.

Aquel político ...... de una manera incomprensible.

Me han ...... hasta los huesos, y ahora que no les sirvo me han echado.

Su mirada ...... tristeza.

d) *cartulina* (16) / *cartón* / *carta*

He presentado el trabajo con una cubierta de ...... beige.

Acaba de llegar ...... urgente para usted.

Le han colgado en la espalda un monigote de ...... blanca.

Las botellas de vino vienen embaladas en cajas de ......

e) *validez* (30) / *valor* (32)

El oro aumenta de ...... día tras día.

Este documento carece de ...... porque está caducado.

Ha tenido ...... de atravesar el Océano Atlántico en una barca pequeña.

Los talones bancarios sólo tienen ...... en el país de emisión.

Es una empresa muy difícil y hay que armarse de ......

f) *llevar* (54) / *traer*

Hay que ...... a la tintorería la ropa de invierno.

¿Qué me has ...... de tu viaje?

¿Cómo te ...... con tus compañeros?

Juana, ¡...... (a mí) las zapatillas y la bata!

Cuando va a la peluquería, ...... su propio champú.

Ten por seguro que se ocupará del asunto por la cuenta que le ......

En invierno, ...... (ella) siempre un gorro de lana.

g) *pedir* (68) / *preguntar* (137)

¿Te ha ...... mucho el profesor?

No me ...... (tú) nada porque no te doy nada.

Si ...... (ellos) por mí, dígales que vuelvo en seguida.

Ha ...... colocación en más de una factoría.

h) verdad (84) / *verdadero*

−¿Es ...... que piensas irte a Norteamérica? −Sí, es ......

Nadie sabe ...... razón de su dimisión.

No me parece ...... que no esté ya entre nosotros.

Mi abrigo de piel es de ...... visón.

...... es que me he cansado de ir siempre al mismo sitio de vacaciones.

Lo que él dijo era......

i) cara a cara (99) / *de cara* / *de cara a*

Los dos enemigos se encontraron ......

Haciendo windsurfing, es necesario que el viento no dé ......

Están recogiendo las firmas ...... el referéndum.

Es mejor que discutan ustedes ......

En tren, tengo que ir ...... porque si no me mareo.

j) lúcido (101) / *lucido* / *brillante*

El diamante es muy ......

. A pesar de los años, está perfectamente ...... de mente.

Con la gamuza pondrás muy ...... los zapatos.

Con el discurso que dio, quedó muy ......

¿Tienes fiebre? Tus ojos son muy ......

Estás ...... si crees que te van a nombrar jefe de la oficina.

k) ante (117) / *antes* / *antes que*

...... llevar el pelo suelto, prefiero hacer una trenza.

...... aquella perspectiva, decidió echarse atrás.

...... estaba prohibido entrar en la iglesia sin mangas, pero ahora ya no.

Se presentó ...... el director con mucha humildad.

Él ...... fumaba mucho más que ahora.

...... lavar ese cacharro, mejor lo tiro.

l) lejos (126) / *lejano*

Vive muy ...... del casco antiguo.

En aquel pueblo ...... no tienen agua corriente.

Se oían los truenos a lo ......

No te sientes demasiado ...... de mí.

Son parientes ......

En épocas ...... , los barcos eran de remos.

*m) poner-se* (139) / *meter-se*

No quiero ...... donde no me llaman.

Está ...... (él) en casa todo el día.

No veo por qué tienes que ...... a llorar por nada.

...... (ella) la gabardina y salió sin decir ni pío.

No hay quien le ...... en la cabeza que la moto es peligrosa.

...... (nosotros) que venga alguien más, ¿qué le damos de comer?

Han ...... una antena colectiva en la azotea de casa.

¡No ...... (tú) las manos en los bolsillos!

*n) frente a* (150) / *de frente* / (*de*) *enfrente*

...... las dos alternativas, escogió la peor.

...... de la alcaldía, hay un obelisco.

Derrumbarán la casa ......

Le vi de perfil pero no pude verle ......

...... los estudiantes es mejor no hablar mal de los colegas.

Han hecho una postal con la iglesia de la Merced vista ......

**6. Complete las siguientes frases con el sustantivo relacionado con las palabras entre paréntesis, y controle luego usted mismo con el texto:**

Hay que tomar inmediatamente ...... (decidir, 3).

Por cuestión de ...... (digno, 15) decidió dimitir.

Tiene que presentarse ...... (poseedor del título, 17) de la libreta de ahorro para sacar dinero de la caja.

En medio de su locura, tuvo un momento de ...... (lúcido, 19).

No tomes demasiados ...... (calmar, 23).

Algunos desean ...... (restablecer, 28) del antiguo régimen.

...... (poblar, 57) afectada por la inundación pide ...... (ayudar, 54) al mundo entero.

...... (proponerse, 65) de la presente ...... (conjunto de leyes, 70) es darle un rumbo más democrático al país.

...... (diagnosticar, 93) fue de enfermedad sin ...... (esperar, 101)

...... (tanto por ciento, 94) de drogados entre los jóvenes es muy alto.

Algunos libres ...... (profesión, 98) trabajan en el propio domicilio.

Me es de gran ...... (consolar, 118) saber que usted comprende mi dolor.

Durante ...... (agonizar, 123) expresó ...... (desear, 130) de recibir la extremaunción.

Para saber la hora, consulte usted el tablón de ...... (salir, 124).

Se trata de ...... (tomar, 148) de posición irrevocable.

7. **Complete las siguientes frases con el adjetivo que exprese lo que se indica entre paréntesis, y controle luego usted mismo con el texto:**

Es hijo de padre ...... (que no se conoce, 10).
La droga lleva a los llamados paraísos ...... (no naturales, 22).
Con esta obsesión, su salud ...... (de la mente, 29) corre peligro.
El testamento es un acto ...... (de ley, 30).
Es un padre muy ...... (que permite, 70) para con sus hijos, pero ...... (propio de déspota, 147) para con sus dependientes.
El guardia urbano hizo un gesto ...... (en tono de amenaza, 97) al peatón.
La vejez es un proceso ...... (no susceptible de cambiar de dirección, 104).
Su comportamiento ...... (sin moral, 147) es a nivel ...... (de no conciencia, 104).


8. **Observe:**

● señala A.V., una *abogada* de treinta años (81)

Ponga la respectiva voz femenina de las palabras en cursiva de las siguientes frases:
En la cuadra hay *muchos caballos.*
*El intérprete* domina cuatro idiomas.
En la foto aparecen *el emperador* del Japón y *el rey* de España.
*Mi yerno* tiene treinta años.
*El Ministro* de Trabajo ha tenido un encuentro con los sindicatos.
*El escritor* ha publicado otra novela.
Han galardonado al *poeta* con motivo de la fiesta del libro.
*Mi padre* ha mandado hacer un traje *al sastre.*
*El actor* saludó una vez caído el telón.
*El suicida* fue salvado por unos transeúntes.
Las filas delanteras de la iglesia están reservadas a *condes, marqueses* y *duques.*
Tengo hora con *el doctor* a las cinco.


9. **Observe:**

*a)* ● poco extendido en *Francia* y prácticamente desconocido en *España* (9)

Cuando sea posible, ponga el artículo delante de los nombres geográficos de las siguientes frases:
...... Países Bajos están en ...... Europa del Norte.
...... Escocia forma parte de ...... Inglaterra.
...... Canadá se halla al norte de ...... Estados Unidos.
Mucho pescado congelado viene de ...... Japón.
...... Rioja es famosa por sus vinos.
...... Mancha es una región de ...... Castilla la Vieja.

...... España de Carlos V era una potencia mundial.

...... Alsacia se encuentra entre ...... Francia y ...... Alemania.

...... Duero, ...... Tajo y ...... Guadiana son ríos de ...... España que desembocan en ...... Atlántico.

La isla de Ceylán pertenece a ...... India.

...... Alpes tienen los picos más altos de ...... Europa.

Esta seda viene de ...... China.

En ...... Reino Unido rige la monarquía.

b)
- Asociación Francesa *para* el Derecho a Morir con Dignidad (13)
- Hoy *por* hoy, tal testamento no tiene validez (29).

Complete las siguientes frases con *por* o *para:*

Le dieron sobresaliente cum laude ...... unanimidad.

No he obtenido aquel puesto de trabajo, pero no sé si es ...... bien o ...... mal.

No me gustan las novelas ...... entregas.

Él, ...... su parte, está conforme.

...... usted, ¿es mejor la eutanasia o los calmantes?

Necesito el piso ...... el año que viene.

Vendió la furgoneta ...... una miseria.

Doy ...... supuesto que ustedes conocen ya la biografía del autor.

A los voluntarios ...... quitar la nieve, les pagan dos mil pesetas ...... hora.

Se dejaron ...... siempre.

Te lo digo en secreto ...... evitar murmuraciones.

Llégate ...... aquí un rato, si te da tiempo.

Este remiendo está hecho ...... una zurcidora profesional.

c)
- en caso de que llegue el día en que *pierda* la lucidez (18)
- Exit *cuenta* ahora con diez mil miembros (42)

Conjugue el verbo entre paréntesis de las siguientes frases en el tiempo y modo adecuados:

...... (yo, preferir) que ...... (ellos, jugar) en el jardín.

¡Que ...... (él, defenderse) por sí mismo!

...... (usted, colgar) los jamones para que se sequen.

¿Cuándo ...... (empezar) las obras de la calle?

Nadie ...... (pensar) que mañana ...... (nevar).

...... (yo, apostar) a que de nuevo te han pelado en el juego de póquer.

...... (ella, tostar) las avellanas en el horno.

.... (yo, encontrar) que estos neumáticos ...... (reventarse) con demasiada frecuencia y ...... (costar) un ojo de la cara.

...... (tú, confesar) la verdad y no ...... (negar) lo que todo el mundo ya sabe.

Dijo que no ...... (él, recordar) lo que había ...... (soñar).

Cuando ...... (empezar) el invierno, ...... (ellos, encender) la chimenea.

No dejéis que el teléfono ...... (sonar) demasiado porque hay peligro de que ...... (él, despertar) al niño.

Dejó dicho que le ...... (ellos, enterrar) donde quisieran.


*d)* • cuando su estado *es* irreversible o *está* [el enfermo] inconsciente, *es* demasiado tarde para decidir (103)

Complete las siguientes frases con *ser* o *estar:*

...... (yo) contrario a toda forma de tortura.

Hoy en día la mayoría de los cálculos ...... hechos con la computadora.

–¿Cómo ...... hoy el enfermo? –...... igual que ayer.

Cuando nosotros ...... niños, vivíamos en el campo.

Las paredes de la casa de socorro ...... pintadas de blanco.

El bingo ...... un juego prohibido a los menores de dieciocho años.

Ya ...... todo resuelto.

...... (él) siempre en contra de todos.

Hoy ha ...... un día fatal para los negocios.

En la boda ...... todos los parientes.

–¿Cuál ...... tu cepillo de dientes? –...... el azul.

El problema ...... que ningún gobierno puede resolver la crisis.

No hay forma de aclararse: ...... un lío increíble.

A pesar de ...... viejo, este coche ...... aún nuevo.


**10. Ponga las debidas preposiciones en el siguiente fragmento, y controle luego usted mismo con el texto:**

Pero los escándalos más ruidosos, acompañados ...... la solidaridad o ...... la animadversión ...... sectores ...... población contrapuestos, han sido los casos ...... los que el suicida ha contado ...... la ayuda ...... una mano amiga. ...... 1961, fecha ...... que se despenalizaba el suicidio ...... Inglaterra, pero, ...... cambio, se condenaba ...... catorce años ...... quienes ayudaran ...... los suicidas ...... sus propósitos, la ley británica se ha topado ...... una treintena ...... casos ...... los que los propios enfermos habían pedido ayuda ...... sus amigos y familiares.

La legislación más permisiva es la ...... California, donde ...... 1976 se reconoce el derecho ...... morir ...... enfermos agonizantes mantenidos ...... vida ...... medios terapéuticos. ...... Europa, ...... el contrario, las sociedades eutanásicas van ...... delante ...... las leyes y sus colisiones ...... las normas establecidas son constantes (55-78).

**11. Ponga las debidas preposiciones en las siguientes frases, y controle luego usted mismo VERBO y PREPOSICIÓN con el texto:**

Esas normas se extienden ...... todos los países del Mercado Común (11).

Suiza se ha mantenido ...... la neutralidad (21).

No veo por qué hay que recurrir ...... un curandero cuando tienes en casa un médico (26).

Nosotros no estamos obligados ...... nada (31).

Los obreros cuentan ...... el apoyo de los sindicatos (42).

El edificio descansa ...... los cimientos (50).

Dispón ...... nuestra biblioteca como si fuera tuya (80).

Trata ...... no engordar demasiado (86).

**12. Observe:**

a) ● *A los pocos meses de* sufrir su segundo accidente, [...] tomó una decisión (1)

$$= \begin{cases} \text{al cabo de pocos meses de} \\ \text{pocos meses después de} \end{cases} \text{sufrir}$$

Según ello, transforme las siguientes frases:

Pocas horas después de dar a luz al niño, se murió.

Al cabo de pocos años de estar casado, decidió divorciarse.

Pocos minutos después de haberlo dicho, se arrepintió.

Al cabo de diez minutos de tener la olla en el fuego, el agua hirvió.

b) ● tomó una decisión que ya le venía barruntando *desde hacía más de diez años* (3)

= llevaba más de diez años barruntando

● *Desde abril de 1981,* guarda en su cartera ... (6)

= a partir de 1981

Según ello, transforme las siguientes frases con una de las formas arriba indicadas:

A partir del lunes pasado, estoy en casa por enfermedad.

Llevaba más de diez años sin salir del manicomio.

Llevamos mucho tiempo trabajando juntos.

A partir de la operación, no ha vuelto a ser el mismo.

Los gorriones llevan varias semanas sin salir del nido.

c) ● especifica que no *se le mantenga* en vida por métodos artificiales, que *se le suministren* calmantes contra el dolor, aunque *se adelante* así la hora de la muerte, y que *se le permita* morir con dignidad (20)

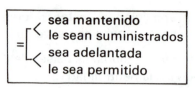

Según ello, transforme las siguientes frases:

Es mejor que le sea dada la noticia cuanto antes.

Lo importante es que no nos sea vedada la caza.

No quiero que seáis molestados por ningún motivo.

Es injusto que sea condenado por sus ideas.

¿Por qué le ha sido prohibido aparcar, siendo empleado de la casa?

Fueron advertidos de antemano que el puerto estaba cerrado por nieve.

*d)* • Y especifica que [...] se le *permita morir* con dignidad (20)

> = le permitan que muera

Según ello, transforme las siguientes frases cuando sea posible:

No queremos que os bañéis en esta playa contaminada.

Les dejo que consulten el diccionario.

Te ruego que no les digas nada hasta que la noticia sea oficial.

Veo que va al colegio muy contento.

Te pidieron que les hicieras aquel favor.

Tratan de que nadie les observe.

Les aconsejo que sigan el atajo.

*e)* • se le permita morir con dignidad, recurriendo *incluso* a la eutanasia activa (25)

> = hasta

Según ello, transforme las siguientes frases cuando sea posible:

Hasta su mayoría de edad, vivió en casa con sus padres.

Montaron todos en una telecabina, hasta la abuela.

No sólo discutió acaloradamente, sino que hasta llegó a amenazarle.

Hasta dentro de dos años no piensan poner ascensor en la casa.

## 13. Observe:

- tomó una decisión que ya *le venía barruntando* desde hacía más de diez años (3)
- Sólo una exigua minoría de enfermos desahuciados *llegan a plantearse* la vía de la eutanasia (109)
- con qué derecho el médico quiere *seguir siendo* el mago (133)
- no *deja de ser* despótico e inmoral (146)

Transforme las siguientes frases con una de las cuatro perífrasis arriba indicadas:

El problema de la tuberculosis ya no es lo grave que era antes.

Hace muchos años que sostiene que la vida en la luna es imposible.

Con todo el dinero ahorrado, se compró incluso un chalé.

Hace años sostenía que los medios audiovisuales no sirven para nada, y todavía lo sostiene.

Empezó con una ronquera y al final ya no habló más.

A pesar de no tener el título de licenciatura, ocupó incluso una cátedra.

Empecé a escribir cartas esta mañana y todavía las escribo.

Desde la madrugada, la radio transmite los partes de guerra.

Estaban riñendo con tanta furia que la mujer hasta le tiró un plato en la cabeza.

No discuto más con él porque es inútil.

Le compramos una muñeca cuando tenía tres años, y todavía juega con ella.


**14. Observe:**

- *aunque se adelante* así la hora de la muerte (24)
- que cada persona tenga derecho a morir *cuando* esa *sea* su voluntad (46)

Conjugue el verbo entre paréntesis de las siguientes frases en indicativo o subjuntivo, según convenga:

Aunque el médico le ...... (prohibir) comer grasas, sigue comiéndolas.

Cuando ...... (tú, tener) un rato libre, pasa por la agencia a ver si tienen los billetes.

Aunque ...... (él, poder), no lo haría.

Cuando ...... (ella, llegar) a casa, se pone las zapatillas.

Aunque ...... (él, saber) tocar el piano, no quiso acompañar al cantante.

Duerme un poco, aunque sólo ...... (ser) unos minutos.

Cuando ...... (tú, barrer) el suelo, pasa la bayeta.

Aunque te ...... (dar miedo), tendrás que coger el avión.

Aunque ...... (él, decir) que no le importaba, el hecho le afectó mucho.

Te dejaré fumar cuando ...... (tú, ser) mayor.


**15. Escriba una redacción sobre uno de los siguientes temas:**

La vida y la muerte.

A favor de la eutanasia.

Contra la eutanasia.

La tiranía de la medicina.

El miedo a la muerte.

No importa cómo se muere, sino cómo se vive.

Muerte y supervivencia.

# LA NATURALEZA, CHIVO EXPIATORIO

**por Miguel Delibes**

LA sed insaciable de poder que el hombre y las instituciones por él creadas *manifiestan* frente a otros hombres y otras instituciones, se hace especialmente *ostensible* en la Naturaleza.

*En la actualidad, la abundancia* de medios técnicos *permite* la transformación del mundo *a nuestro gusto,* posibilidad que ha despertado en el hombre una *vehemente* pasión dominadora. El hombre de hoy usa y abusa de la Naturaleza como si hubiera de ser el último inquilino de este desgraciado planeta, como si *detrás de él* no se anunciara un futuro.

La Naturaleza *se convierte así* en el *chivo* expiatorio del progreso. El biólogo australiano Macfarlane Burnet, que con tanta atención observa y analiza la marcha del mundo, *hace notar* en uno de sus libros fundamentales que «siempre que utilicemos nuestros conocimientos para la satisfacción a corto plazo de nuestros deseos de *confort,* seguridad o poder, encontraremos, a plazo *algo* más largo, que estamos creando una nueva trampa de la que tendremos que librarnos *antes o después».*

He aquí, sabiamente sintetizado, el gran *error* de nuestro tiempo. El hombre *se complace* en montar su propia carrera de obstáculos. *Encandilado* por la idea de progreso técnico indefinido, no ha querido *advertir* que éste *no* puede *lograrse sino* a costa de algo. *De ese modo* hemos caído en la primera trampa: la inmolación de la Naturaleza a la Tecnología. Esto es de una obviedad concluyente. Un principio biológico elemental dice que la demanda interminable y progresiva de la industria no puede ser atendida *sin detrimento* por la Naturaleza, cuyos recursos son finitos.

*Toda* idea de futuro basada en el crecimiento ilimitado *conduce, pues,* al desastre. Paralelamente, otro principio básico *incuestionable* es que todo complejo industrial de tipo capitalista sin expansión ininterrumpida *termina por morir. Consecuentemente* con este segundo postulado, observamos que todo país industrializado tiende a crecer, cifrando su desarrollo en un aumento anual que oscila entre el 2 y el 4 por 100 de su producto nacional bruto. Entonces, si la industria, que *se nutre* de la Naturaleza, *no cesa de* expansionarse, día llegará en que ésta no pueda *atender* las exigencias de aquélla ni *asumir* sus desechos; ese día quedará agotada.

La novelista americana Mary McCarthy hace decir a Kant redivivo, en una de sus últimas novelas, que «la Naturaleza ha muerto». Evidentemente la novelista anticipa *la defunción,* pero, *a juicio de* notables naturalistas, *no en mucho tiempo,* ya que para los redactores del Manifiesto para la Supervivencia, *de no alterarse* las tendencias del progreso, «la destrucción de los sistemas de mantenimiento de la vida en este planeta será inevitable, posiblemente a finales de este siglo, *y con toda seguridad*, antes de que desaparezca la generación de nuestros hijos».

Para Commoner, la década que estamos viviendo, la década de los 70, «es un plazo de gracia para *corregir* las incompatibilidades fundamentales», ya que, de no hacerlo así, en los tres lustros *siguientes* la Humanidad sucumbirá. *A mi juicio, no importa* tanto la inminencia del drama como la *certidumbre,* que casi nadie *cuestiona,* de que *caminamos* hacia él. Michel Bosquet dice, en «Le Nouvel Observateur», que «a la Humanidad, que *ha necesitado* treinta siglos para *tomar impulso,* apenas le quedan treinta años para frenar ante el precipicio».

Como se ve, el problema no es *baladí.* *Lo expuesto* no es un relato de ciencia-ficción, sino el punto de vista de unos científicos que han dedicado todo *su esfuerzo* al estudio de esta cuestión, la más *compleja* e importante, *sin duda,* que hoy aqueja a la humanidad.

La Naturaleza ya está hecha, es así. Esto, en una era de constantes *mutaciones*, puede parecer una afirmación retrógrada. Mas, si bien se mira, únicamente es retrógada en la apariencia. En mi obra *El libro de la caza menor,* hago notar que toda *pretensión* de mudar la naturaleza es asentar en ella el artificio, y *por tanto*, desnaturalizarla, hacerla *regresar*. En la Naturaleza apenas *cabe* el progreso. Todo cuanto sea conservar el medio es progresar; todo lo que signifique *alterarlo* esencialmente es retroceder.

*Empero*, el hombre *se obstina* en mejorarla y *se inmiscuye* en el equilibrio ecológico, eliminando mosquitos, desecando lagunas o talando el revestimiento vegetal. *En puridad,* las relaciones del hombre con la Naturaleza, como las relaciones con otros hombres, siempre se han establecido a palos. La Historia de la Humanidad no ha sido *otra cosa* hasta hoy en día *más que* una sucesión *incesante* de guerras y talas de bosques.

Y ya que, inexcusablemente, los hombres tenemos que servirnos de la Naturaleza, a lo que debemos aspirar es a no dejar *huella,* a que se «*nos note*» lo menos posible. *Tal* aspiración, *por el momento, se aproxima* a la pura *quimera.* El hombre contemporáneo

está ensoberbecido; obstinado en demostrarse a sí mismo su superioridad,
140 *ni aun* en el aspecto demoledor renuncia a *su papel* de protagonista.

En esta cuestión, el hombre supertécnico, armado de todas las armas, *espoleado* por un *afán* creciente de *dominación,* irrumpe en la Naturaleza, y 145 actúa sobre ella en los dos sentidos *citados, a cual* más *deplorable* y desolador: desvalijándola y envileciéndola.

«Cambio 16», 27 de enero de 1980.

## EJERCICIOS

**1. Conteste brevemente a las siguientes preguntas con sus propias palabras:**

¿Cuál es el gran error de nuestro siglo, según el autor?
¿Cómo está modificando el hombre a la Naturaleza?
¿Cuál es la incompatibilidad existente entre Tecnología y Naturaleza?
¿Por qué se preocupan los científicos?

**2. Ampliemos el tema:**

- naturaleza y evolución técnica y científica
- alteraciones en el equilibrio ecológico
- química y agricultura
- energía atómica
- degradación del medio ambiente
- la contaminación de las aguas
- la contaminación del aire
- la contaminación del suelo
- los incendios forestales
- explotación indiscriminada de la naturaleza
- modificaciones aportadas por el hombre en la naturaleza: de la carretera al pantano
- el aumento de la población y sus repercusiones en el sistema ecológico
- problemas ecológicos de la ciudad: de la basura a las zonas verdes
- influencias negativas del consumismo: del plástico al abrigo de pieles
- la previsión de las consecuencias de todo acto humano en la naturaleza
- restablecimiento del equilibrio ecológico: o retorno al pasado perdido o plena asunción de los avances técnicos y científicos
- el respeto por la naturaleza

- parques nacionales
- movimientos y partidos ecológicos

\* \* \*

- la caza y la pesca
- la caza: residuo ancestral
- el consumismo a la caza de cazadores
- psicología del cazador
- libertad y racionalización de la caza y de la pesca
- ¿un referéndum para la caza?
- las licencias y los cotos
- crueldad y *franciscanismo* en el mundo actual

\* \* \*

- el ruido
- evolución tecnológica y ruido: del campo a la ciudad, del tractor a la sirena
- vivir «en el ruido»
- cómo combatir el ruido
- neurosis del ruido y del silencio
- educación y ruido
- la ley y el derecho al silencio: prevención y represión

3. **Sustituya las palabras, frases o partículas en cursiva por otras equivalentes que usted conozca y que puedan reemplazarlas en el texto.**

4. **Explique el significado de las siguientes palabras tal como están usadas en el texto:**

   - *chivo expiatorio* (título); *trampa* (28); *desechos* (63); *ciencia-ficción* (97); *talar* (121); *a palos* (126); *desolador* (147).

5. **Complete las frases de los grupos siguientes con una de las voces indicadas en cada uno de ellos:**

a) *error* (32) / *falta*
   Has hecho veinte ...... en el dictado.
   Es ...... pensar que los hombres son malvados por naturaleza.
   Contestar de esta forma es ...... de respeto.
   Ha sido ...... presentarse a esta convocatoria de examen.
   No ha podido ir de vacaciones por ...... de dinero.
   A pesar de nuestras advertencias, persiste en su ......
   En algunas industrias hay ...... de obreros especializados.

...... de educación es lo que más abunda.

A causa de la enfermedad, este año este niño ha hecho muchas ...... en el colegio.

b) *demanda* (42) / *pregunta* / *pedido*

El mercado se rige por la ley de ...... y la oferta.

Le mandaremos la factura relativa a su ......

El juez le está formulando a Vd......

Has hecho ...... muy impertinente.

Hay una gran ...... de enfermeros.

c) *crecimiento* (48) / *crianza* / *cría*

En estos últimos años ha habido ...... notable de la población.

Tiene un establecimiento muy moderno para ...... de cerdos.

La indisciplina de este muchacho es debida a la mala ...... que le han dado sus padres.

Este niño ha sufrido ...... excesivo en estos últimos meses.

Hoy en día se utilizan mucho las hormonas para ...... del ganado.

d) *bruto* (59) / *feo* / *crudo*

Es ...... : le pega siempre a su mujer.

Hubiera preferido un blanco ...... en vez de este blanco nieve.

Aquel actor es muy ...... e interpreta siempre el papel de ......

El asado todavía está ...... : déjalo un rato más en el horno.

La jovencita fue violada por ......

Hay que tener en cuenta que cuesta menos porque se vende a peso......

Me trajo un vestido de seda ...... de la India.

No le gusta vivir en Siberia por el clima......

Esta cifra se refiere al importe......

e) *anticipar* (69) / *anteponer*

Te ...... esta noticia, pero no lo digas a nadie.

...... sus intereses a los de su familia.

...... (ellos) la fecha del encuentro.

Hay que ...... el índice del libro a la introducción.

f) *caminar* (90) / *encaminar-se*

Después de hacer un alto en el camino para almorzar, ...... (nosotros) de nuevo.

A usted le sentaría bien ...... un poco todos los días.

Todavía es muy inexperto y hay que ...... (a él) un poco en el oficio.

...... (nosotros) cinco horas sin detenernos un solo instante.

g) *aquejar* (102) / *afectar* / *lamentar* / *quejar-se*

...... (yo) que no hayas podido estar presente.

Este asunto no me ...... y no tengo intención de ocuparme de él.

Cada dos por tres ...... (usted) de que no tiene dinero.

De vez en cuando me ...... un fuerte dolor en la espalda.

...... (él) generosidad, pero es un solemne tacaño.

Todo el mundo ...... del reciente aumento del precio de la gasolina.

La inflación no ...... a todos los estamentos por igual.

...... (nosotros) no poderle dar buenas noticias.

h) *asentar-se* (111) / *sentar-se*

Los celtas ...... en el noroeste de la Península Ibérica.

Este peinado le ...... de maravilla.

En 1870 ...... en el trono de España a Amadeo de Savoya.

¡...... ustedes aquí, por favor!

Los prófugos ...... con sus tiendas de campaña en la orilla del río.

El alcohol no le ...... nada bien.

A pesar de lo mayor que es, todavía no ...... la cabeza.

Habría que ...... bien que de aquí no se sale que no se haya averiguado quién ha robado el bolso.

La playa no me ...... muy bien.

...... (ellos) a comer a la una en punto.

Antes de beber el café turco, hay que dejar que ...... del todo.

i) *huella* (133) / *pisada*

Acabo de fregar y ya está el suelo lleno de ......

La policía está siguiendo ...... del asesino.

En el carné de identidad hay que poner ...... digitales.

La experiencia de la guerra ha dejado en él una profunda ......

En toda Europa hay ...... de la civilización romana.

j) *afán* (144) / *afanes*

El pobre ha pasado en su vida no pocos ...... y cuidados.

...... desmesurado de dinero no le deja vivir en paz.

Estudia con mucho ......

Se queja de continuo de ...... de la vida humana.

6. **Ponga el sustantivo relacionado con las palabras entre paréntesis de las siguientes frases, y controle luego usted mismo con el texto:**

Se está haciendo una encuesta nacional sobre ...... (cómo va, 21) de la industria alimentaria.

La gente no tiene ningún ...... (conocer, 23) de las reglas de educación.

El Jarama es muy famoso por la anual ...... (correr, 34) de coches.

La familia Martínez carece de ...... (recurrir, 45) económicos.

...... (crecer, 48) ilimitado conduce al desastre.

...... (morir, 69) del presidente se debió a un ataque cardíaco.

...... (contar, 97) de sus desgracias me afectó mucho.

Tiene ...... (pretender, 110) de saberlo todo.

**7. Complete las siguientes frases con el adjetivo que signifique lo que se indica entre paréntesis, y controle luego usted mismo con el texto:**

Tiene un afán ...... (con desmedidos deseos, 1) de saber.

Se observa en él una ...... (manifiesto, visible, 5) necesidad de afecto.

Se expresó con palabras demasiado ...... (vivas y apasionadas, 11).

Pasa horas y horas ...... (pasmado, boquiabierto, fascinado, 34) delante de la tele.

Sigue un curso ...... (fácil y simple, 42) de lengua española.

La escena le pareció ...... (sin término, 42).

Que mucha gente se muere de hambre es una verdad ...... (que no se pone en discusión, 50).

En los cines de sesión continua, la proyección es ...... (continua, sin interrupción, 52).

Dado el pésimo estado de sus dientes, era ...... (que no se puede evitar, 76) la dentadura postiza.

Esta es una cuestión mucho más ...... (no sencilla, 101) de lo que parece.

A pesar de haber estudiado tanto, sigue siendo un ...... (partidario de situaciones e ideas pasadas, 107).

Dada la gravedad de su estado de salud, está bajo el control ...... (que no cesa, 129) de los médicos.

El padre Feijoo era un iluminista ...... (que derriba o destruye, 140) de falsas creencias y supersticiones.

A causa del continuo aumento del costo de la vida, existe entre la población un malestar ...... (que va en aumento, 144).

Estos zapatos se hallan en un estado ...... (que da pena, 146).

Después de la guerra, la ciudad ofrecía un aspecto ...... (de devastación y abandono, 147).

**8. Observe:**

- estamos creando una nueva trampa *de la que* tendremos que librarnos (27)
- sin detrimento por la Naturaleza, *cuyos* recursos son finitos (44)

Complete las siguientes frases con *del, de lo-s, de la-s, que* o *cuyo-a-os-as:*

...... ha dicho no creas ni media palabra.

Han sido censuradas las revistas ...... ilustraciones son pornográficas.

Aquí está la señora ...... hablamos ayer.

Pasé por delante de un colegio ...... salían un montón de chiquillos alborozando.

Hemos acudido a un cirujano ...... fama es conocida en todo el mundo.

Dejemos este asunto ...... preferiría no hablar.

Han construido un pantano ...... aguas se aprovecharán para el regadío de la región.

Dale al perro algo ...... queda del conejo.

Este filme, ...... la crítica ha hablado tan mal, me parece muy bueno.

Hay fenómenos ...... repercusiones son imprevisibles.

## 9. Ponga la preposición debida en las siguientes frases, y controle luego usted mismo con el texto:

Nos complacemos ...... comunicarle que le ha tocado el gordo (33).

Hemos terminado ...... no hacerle caso (52).

A menudo la Reforma sólo ha asentado ...... la Universidad la ignorancia y el caos (111).

Mi hijo se obstina ...... querer aprender a tocar la guitarra (118).

No te inmiscuyas ...... asuntos que no te atañen (119).

## 10. Observe:

a) • *de no alterarse* las tendencias del progreso (73).

   • *de no hacerlo así* (85).

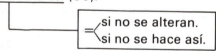

   = si no se alteran.
   = si no se hace así.

Según ello, transforme las siguientes frases:

   Si no vuelves demasiado tarde del trabajo, podríamos ir al cine.

   Si no hubiera perdido tus señas, te habría mandado una postal.

   Si no te pones otro jersey, cogerás un resfriado.

   Si lo hubiéramos sabido antes, no habríamos empezado las obras.

b) • la destrucción [...] *será* inevitable, [...] *antes de que desaparezca* la generación de nuestros hijos (74-80).

   = antes de desaparecer

Según ello, transforme las siguientes frases:

   Antes de anochecer, ya habremos cenado.

   El colapso le sobrevino antes de acudir el médico.

   La lluvia nos cogió antes de llegar al refugio.

   Se morirá antes de operarle.

*c)* ● *no* importa *tanto* la inminencia del drama *como* la certidumbre [...] de que caminamos hacia él (87-89)

= importa *menos* la inminencia *que*

Según ello, transforme las siguientes frases:

Lo que le ayuda en su actividad es menos la inteligencia que la constancia.

En este cuadro resaltan menos las figuras que el paisaje.

Lo que me perjudica en invierno es menos el frío que la humedad.

*d)* ● *apenas* le quedan treinta años para frenar ante el precipicio (94).

= le quedan *escasamente* treinta años

Según ello, transforme las siguientes frases:

Este final de mes casi no me queda dinero.

No andes tan deprisa, que casi no puedo seguirte.

Los altavoces estaban en tan mal estado que escasamente se oían las voces en
la sala de espera.

Has comido tanta miel que casi no queda para mañana.

*e)* ● La Historia de la Humanidad _no_ ha sido *[otra cosa]* hasta hoy en día *más que*
una sucesión incesante de guerras (127).

Según ello, transforme las siguientes frases:

Lo que creíamos era una ganga sólo ha sido una maula

Para la cena de esta noche, nada más tengo un poco de fiambre y ensalada.

Todo esto no ha sido sino un malentendido.

No se preocupe, señora: sólo ha sido un susto.

Este hospital nada más tiene un quirófano.

**11. Escriba una redacción sobre uno de los siguientes temas:**

A favor o en contra de la caza.

Caza y ecología.

«La caza torna paleolítico al hombre civilizado y le procura unas vacaciones de
humanidad» (Ortega y Gasset).

«El ideal de la caza sería el del hombre libre, en tierra libre, sobre pieza libre»
(Miguel Delibes).

EL ruido, mal y remedio de la vida actual.

Neurosis y decibelios.

Progreso y medio ambiente.

El equilibrio ecológico.

Remedios contra la destrucción y el desequilibrio ecológicos.

Delincuencia ecológica.

El hombre es el único capaz de conservar el equilibrio del medio ambiente, su propio equilibrio.

# REFLEXIONES SOBRE UNA MORIBUNDA

### por Mario Vargas Llosa

UNA Universidad *deja de ser operante* cuando cesa de hacer aquello para lo cual nació, y que ha seguido haciendo hasta ahora *en los lugares en los que, aunque se han modernizado* sus métodos, *se ha conservado* su espíritu tradicional, de fin en sí mismo, de institución *forjada* para ejercitar una vocación: la preservación, la creación y la transmisión de la cultura. Esta *finalidad* no es incompatible con la de formar buenos profesionales, o dinamiteros de la sociedad burguesa, e incluso revolucionarios, *a condición de* que ello sea una consecuencia de lo otro, un resultado complementario, lateral, de aquella vocación primera. Esta diferencia en la jerarquía de sus metas es la que existe, creo, entre las Universidades que lo son y las que han dejado de serlo, *aunque* no lo hayan *advertido*.

Criticar a una Universidad que *se aparta* de su finalidad constitutiva o que la cumple mal, es legítimo, y ésa fue al principio *la razón* de la Reforma: desapolillar las cátedras, abrirlas a las ideas y métodos nuevos que las viejas castas de profesores *rechazaban* por prejuicio o *desconocimiento*. Este aspecto del movimiento, en favor de la modernidad y el rigor, fue positivo. *Fallo* capital del movimiento por la Reforma fue inculcar la creencia de que ser universitario era algo que *concedía* más derechos que deberes. El movimiento se proclamó defensor de los «derechos estudiantiles», dando *por supuesto* que los estudiantes eran trabajadores explotados y la Universidad la empresa explotadora. Esto *llevó a* idear, para deficiencias ciertas, *curas* absurdas.

Veamos una de las reivindicaciones: la asistencia libre. En teoría, se trataba de proteger *no* al estudiante perezoso, *sino* al pobre, aquel que no podía asistir a clases porque tenía que ganarse la vida trabajando. El remedio resultaba arriesgado y no era seguro que curase la enfermedad. *Pues* hay otras *maneras* de concretar esa intención *loable*, ayudar al estudiante sin recursos, como son los sistemas de becas

149

55 y de préstamos, o de cursos vespertinos y nocturnos. Pero el único que,
desde el punto de vista universitario,
no tenía mucho sentido, y podía resultar altamente *perjudicial,* era el de *exo-*
60 *nerar* al estudiante de *ir* a clases (*lo
que,* en sociedades sin exagerado sentido de responsabilidad cívica, *se traducía por:* exonerarlo de estudiar). Con
eso no *se suprimía* la pobreza, se ofre-
65 cían *coartadas* para la pereza y *se
daba carta de ciudadanía* a esa especie
numerosa: el universitario fantasma.
*En última instancia,* se ponía a los profesores *ante* la alternativa terrorista de
70 consentir en que sus alumnos no estudiaran ni aprendieran y, sin embargo, aprobaran los cursos y obtuvieran
títulos, o de aparecer, si no lo *consentían,* como cómplices de la explotación
75 de los pobres.

Una falsa expectativa *originada por*
la Reforma fue la gratuidad absoluta
de la enseñanza universitaria. Es otro
remedio de incierta eficacia para un
80 *auténtico* mal. *Desde luego* que la gratuidad de la enseñanza es deseable.
Pero el problema *radica* en saber si es
realista. ¿Está en condiciones un país
con recursos *exiguos* de *establecer* un
85 sistema universitario que sea *a la vez*
eficiente y *gratuito*? La solución irreal
es siempre una falsa solución. Si una
Universidad debe pagar el precio de la
enseñanza gratuita · renunciando a
90 *contar con* los laboratorios, equipos,
bibliotecas, aulas, sistemas audiovisuales indispensables para *cumplir* con
su trabajo y mantenerse al día, sobre
todo *en esta época* en que el *desenvol-*
95 *vimiento* de la ciencia es *veloz,* aquella

solución es una falsa solución. Si para
mantener ese principio la Universidad
ofrece a sus profesores sueldos de
hambre y de este modo *se ve privada*
cada vez más de docentes capaces, 100
debido a que se ven éstos *obligados* a
buscar otros trabajos, *a menudo* en
universidades extranjeras, *entonces* la
gratuidad de enseñanza es una falsa
solución desde el punto de vista uni- 105
versitario. ¿Es una buena solución
desde el punto de vista político? Dudo
que lo sea. No ayuda a transformar la
sociedad el que la Universidad *se estanque* y el que sus graduados tengan 110
una formación deficiente. *Por el contrario,* ello *ayuda* a mantener el país en
el subdesarrollo, *es decir,* la pobreza,
la desigualdad y la dependencia.

La manera como una Universidad 115
contribuye al progreso social es, *justamente,* elevando sus niveles académi-
cos, manteniéndose al día con el desarrollo del saber, produciendo *científicos* y profesionales bien capacitados 120
para *diseñar* soluciones a los problemas del país, empleando los recursos
con que éste cuenta de la manera
más *apta.* Para ello la Universidad *necesita de* recursos, y el Estado en 125
nuestros países, porque a menudo es
pobre y porque casi siempre *quienes*
deciden *el empleo* de sus recursos son
incultos, no *alcanza a* cubrir las necesidades de la Universidad. Tampoco 130
es bueno que sea él solo *quien* las cubra. La dependencia exclusiva del Estado puede *recortarle* independencia,
aherrojarla políticamente. Para *conju-
rar* ese riesgo, es preciso que la Uni- 135
versidad *cuente con* recursos propios.

Uno de estos recursos, indudablemente, son los propios estudiantes. Pedir que, *de acuerdo con el* ingreso familiar, 140 contribuyan al mantenimiento del lugar *en el que* estudian, parece no solamente lógico, sino ético. Este tipo de razonamiento, sin embargo, por culpa de los dogmas creados por la Reforma, *ha pasado a ser* inconcebible. 145 Quien lo defiende es acusado de querer una Universidad «elitista».

«Cambio 16», 30 de diciembre de 1979. (Por motivos de extensión, el artículo no se reproduce íntegramente.)

## EJERCICIOS

1. **Conteste brevemente a las siguientes preguntas con sus propias palabras:**

   ¿Cuál debería ser el objetivo de la Universidad?
   ¿Qué opina el autor de la Reforma?
   ¿A qué ha llevado la asistencia libre como reivindicación?
   ¿Cuál es la situación actual del profesor universitario?
   ¿Qué relación ve el autor entre la función de la Universidad y el progreso social y político?
   ¿Qué relaciones deben existir, según el autor, entre el Estado y la Universidad?

2. **Ampliemos el tema:**

   - la enseñanza
   - ¿por qué la enseñanza?
   - métodos de enseñanza
   - escuelas primarias, secundarias y superiores
   - escuelas técnicas
   - profesores y alumnos
   - el profesor, ¿destinado a desaparecer?
   - la Universidad
   - objetivos de la Universidad
   - Universidad y mundo del trabajo
   - la Universidad de hoy: materias y programas
   - función del profesor universitario
   - estudio e investigación
   - memoria, criterio y creatividad

- libros de texto, apuntes, medios audiovisuales
- el examen
- la tesis
- la asistencia obligatoria
- el «numerus clausus»
- el estudiante trabajador
- el derecho al estudio
- Universidades públicas y privadas
- la Universidad, aparcamiento de posibles parados
- el «prestigio» de la Universidad y del título universitario
- poder y Universidad
- las oposiciones

3. **Sustituya las palabras, frases o partículas en cursiva por otras equivalentes que usted conozca y que puedan reemplazarlas en el texto.**

4. **Explique el significado de las siguientes palabras tal como están usadas en el texto:**

- *meta* (19); *desapolillar* (27); *beca* (54); *coartada* (65); *mantenerse al día* (93); *estancarse* (109); *aherrojar* (134).

5. **Complete las frases de los grupos siguientes con una de las voces indicadas en cada uno de ellos:**

a) *cumplir* (25) / *ejecutar*
   El ejecutivo ...... las decisiones del Parlamento.
   Hay que ...... con el propio deber.
   Le ...... (ellos) en la plaza pública a las cinco de la mañana.
   ...... (él) cincuenta años hace dos días.
   El ...... muy bien todo lo que se le dice.
   Los soldados ...... rigurosamente las órdenes recibidas.
   La orquesta ...... la novena de Beethoven.
   El edificio ...... los requisitos de seguridad exigidos por la Ley.
   El se equivoca si cree que ...... con ese regalito.

b) *al principio* (26) / *en principio*
   Yo ...... soy contrario a toda forma de violencia.
   ...... quería seguir la carrera de física, pero luego cambió de idea.
   ...... (ella) es poco amiga de tertulias y sobremesas.
   ...... tuvo dificultad en ambientarse, pero luego se encontró divinamente.
   ...... quedamos en que nos vemos mañana; en todo caso, nos llamamos.

c) *intención* (52) / *tentativa*

...... de acabar con la corrupción ha sido inútil.

El año próximo tengo ...... de irme a Estados Unidos.

Parece que tiene toda ...... de nevar.

El cirujano hizo otra ...... para salvar al enfermo.

Cuidado: estoy segura de que este individuo lleva malas ......

Te lo digo con ...... de echarte una mano.

d) *sueldo* (98) / *salario* / *jornal*

El Gobierno prevé un aumento de ...... para fin de año.

Por ...... miserable que me dan, aún trabajo demasiado.

A los que recogen aceitunas les pagan a ......

...... de los profesores es bastante bajo.

e) *culpa* (143) / *falta*

...... de educación es lo que más se evidencia en él.

Las plantas se han muerto por ...... de tu madre, que no las ha regado.

A ...... de pan, buenas son tortas.

A mí me echan siempre ...... de todo.

...... del accidente fue de la niebla.

He de ir sin ...... a renovar el carné de conducir.


6. **Complete las siguientes frases con el adjetivo o el sustantivo relacionado con las palabras entre paréntesis, y controle luego usted mismo con el texto:**

La Universidad tiene que formar buenos ...... (profesión, 12).

La policía ha detenido a cuatro ...... (dinamita, 13) que estaban poniendo una bomba.

Existe ...... (creer, **34**) que en los castillos escoceses hay fantasmas.

Para los estudiantes trabajadores se abrieron cursos ...... (de noche, 56).

El humo resulta muy ...... (perjudicar, 59) para la salud.

Muchos no admiten ...... (gratuito, 77) absoluta de ...... (enseñar, 78).

Hoy en día se ha generalizado mucho el uso de los medios ...... (de audio-visión, 91).

Muchos ...... (hombres de ciencia, 119) luchan por combatir el cáncer.

En algunos ambientes rigen todavía principios ...... (de élite, 147).


7. **Ponga las debidas preposiciones en los siguientes fragmentos, y controle luego usted mismo con el texto:**

–Una Universidad deja ...... ser operante cuando cesa ...... hacer aquello ...... lo cual

153

nació, y que ha seguido haciendo ...... ahora ...... los lugares ...... los que, aunque se han modernizado sus métodos, se ha conservado su espíritu tradicional, ...... fin ...... sí mismo, ...... institución forjada ...... ejercitar una vocación: la preservación, la creación y la transmisión ...... la cultura (1-11).

–el único que, ...... el punto ...... vista universitario, no tenía mucho sentido, y podía resultar altamente perjudicial, era el ...... exonerar ...... el estudiante ...... ir ...... clase (lo que, ...... sociedades ...... exagerado sentido ...... responsabilidad cívica, se traducía ...... : exonerarlo ...... estudiar) (56-63).

8. **Ponga las debidas preposiciones en las siguientes frases, y controle luego usted mismo VERBO y PREPOSICIÓN con el texto:**

Hace poco ha dejado ...... fumar (21).
**Las nuevas directrices no se apartan mucho ...... la situación anterior (24).**
Doy ...... explicado ese capítulo **(38).**
El juego le llevará ...... la ruina **(41).**
Hemos tratado ...... explicárselo, pero no nos entiende ni a tiros (45).
Prefiero asistir ...... la sesión de noche (47).
El médico no consiente ...... darle de alta de la clínica (70).
La dificultad radica ...... la falta de medios (82).
No está dispuesto a renunciar ...... nada (89).
Puedes contar ...... mi ayuda cuando desees (90).
Cumple ...... sus obligaciones de buen ciudadano (92).
Si quiere, le ayudo ...... pasar a máquina ese escrito (112).
Necesitamos ...... su valiosa colaboración (124).
No alcanzo ...... comprender ese teorema (129).
Le acusaron ...... el robo aunque era inocente (146).

9. **Observe:**

- El remedio [...] *no era seguro* que *curase* la enfermedad (49).
- *Dudo* que lo *sea* (107).
- Tampoco *es bueno* que *sea* él solo quien las cubra (130).
- *es preciso* que la Universidad *cuente* con recursos propios (135).
- *Pedir* que [...] *contribuyan* al mantenimiento del lugar en el que estudian (138).

Conjugue el verbo entre paréntesis de las siguientes frases en indicativo o subjuntivo, según convenga:

Me parece que hoy ...... (ir) a llover.
Le ruego me ...... (disculpar).
Temo mucho que no ...... (él, poder) echarme una mano.
Parece increíble que en este pueblo ...... (nevar) tanto.

Conviene que ...... (tú, decir) siempre la verdad.

Veo que ...... (él, estar) satisfecho.

Es necesario que ustedes ...... (renovar) cuanto antes el seguro del coche.

Me parece extraño que tú ...... (pasar) con el semáforo rojo.

Imaginamos que ...... (vosotros, estar) bien de salud.

Vale más que este dinero lo ...... (nosotros, guardar).

Es seguro que ...... (él, presentarse) en un concurso de piano.


## 10. Observe:

a) • <u>aunque se han</u> modernizado sus métodos (5)

= a pesar de que se han modernizado

Según ello, transforme las siguientes frases:

Iré a tu casa a pesar de que está tu padre.

Esta noche vamos al restaurante a pesar de que no tenemos dinero.

Iré al dentista si bien tengo mucho miedo.

b) • no es incompatible [...], *a condición de que* ello sea una consecuencia de lo otro (11-16)

= ⟨ si ello es
    siempre que sea

Según ello, transforme las siguientes frases:

Te presto mis apuntes si me los devuelves dentro de una semana.

Voy con vosotros si cada uno paga lo suyo.

El Ayuntamiento permite la instalación de la fábrica siempre que pongan depuradores.

Las monjitas dejan visitar el convento si la gente va vestida con decencia.

c) • y de este modo se ve privada [la Universidad] *cada vez más* de docentes capaces (99)

= progresivamente

Según ello, transforme las siguientes frases:

Los drogados son progresivamente más numerosos.

Con el régimen que sigue, se está poniendo progresivamente más delgado.

El fuego iba apagándose progresivamente en la chimenea.

El cielo se está poniendo progresivamente más nublado.

Con todo ese trabajo, va agotándose progresivamente.

Son progresivamente menos numerosos quienes se dedican a tareas artesanales.

**11. Observe:**

- La manera como una Universidad contribuye al progreso social es, justamente, *elevando* sus niveles (115)

$\underbrace{\qquad\qquad\qquad\qquad\qquad\qquad}$ = ¿cómo?

Según ello, complete libremente las siguientes frases:
Habla ......
Se pasa el día ......
Aprueba los exámenes ......
Anda ......
Se gana la vida ......
Duerme ......
Las aguas se contaminan ......
Limpia el suelo ......

**12. Puntúe debidamente el siguiente fragmento, y controle luego usted mismo con el texto:**

Veamos una de las reivindicaciones la asistencia libre en teoría se·trataba de proteger no al estudiante perezoso sino al pobre aquel que no podía asistir a clases porque tenía que ganarse la vida trabajando el remedio resultaba arriesgado y no era seguro que curase la enfermedad pues hay otras maneras de concretar esa intención loable ayudar al estudiante sin recursos como son los sistemas de becas y de préstamos o de cursos vespertinos y nocturnos pero el único que desde el punto de vista universitario no tenía mucho sentido y podía resultar altamente perjudicial era el de exonerar al estudiante de ir a clases lo que en sociedades sin exagerado sentido de responsabilidad cívica se traducía por exonerarlo de estudiar con eso no se suprimía la pobreza se ofrecían coartadas para la pereza y se daba carta de ciudadanía a esa especie numerosa el universitario fantasma en última instancia se ponía a los profesores ante la alternativa terrorista de consentir en que sus alumnos no estudiaran ni aprendieran y sin embargo aprobaran los cursos y obtuvieran títulos o de aparecer si no lo consentían como cómplices de la explotación de los pobres (44-75).

**13. Escriba una redacción sobre uno de los siguientes temas:**

«No ayuda a transformar la sociedad el que la Universidad se estanque» (Vargas Llosa).
Universidad e independencia ideológica.

«El dogmatismo ideológico significa sobre todo abaratamiento intelectual, reemplazo del esfuerzo y la imaginación por la rutina del lugar común» (Vargas Llosa).

«El subdesarrollo significa pobreza, desigualdad, dependencia» (Vargas Llosa).

La Reforma que usted sueña para la Universidad.

La Universidad, hoy.

Misión de la Universidad.

Enseñanza y sociedad.

La escuela.

# UNA PROHIBICIÓN HIPÓCRITA

por Magda Oranich

HABLAR de aborto no es sencillo ni *fácil.* Aborto es una palabra que *aún* escandaliza a muchos. Es, *por otra parte,* un tema incómodo para los políticos, *incluso* para aquellos que a nivel teórico se muestran *favorables* a su legalización, es decir, los políticos de izquierdas.

Ello no puede, *de todas maneras,* hacernos olvidar que a nivel mundial, y *según* las últimas estadísticas de la ONU, dos de cada tres mujeres del mundo tienen derecho a abortar legalmente.

El honor se considera atenuante en el delito de infanticidio. Es decir, cuando se *da muerte* a un niño nacido vivo. Y este atenuante vuelve a extenderse a los padres de la mujer, pero en este caso llega a serles de aplicación incluso en aquellos supuestos en que matasen al niño *en contra de* la voluntad de su hija.

Vemos, *pues,* que no es la vida el máximo valor protegido por la ley, sino el honor lo que importa. No es, pues, en defensa de la vida por lo que se condena el aborto. Ello podemos *apreciarlo* en un análisis de las legislaciones que más han reprimido el aborto durante *el presente* siglo y comprobamos que son, precisamente, *aquellas que* menos han respetado la vida y los derechos humanos.

Así, el Código Penal italiano de 1930, de la época de Mussolini, reprimía duramente el aborto, considerándolo un delito contra la estirpe. Hitler *llegó a castigar* con pena de muerte el aborto de la mujer aria y lo consideró como «daño reiterado a las fuerzas vitales del pueblo alemán». *En cambio,* se autorizaba e incluso se obligaba a la mujer *judía* a abortar.

Por otra parte, *si bien* fue la Unión Soviética el primer país que consideró el aborto como un derecho de la mujer, *no hay que* olvidar que más adelante, y precisamente en la época de Stalin, se dictaron una serie de medidas restrictivas que llegaron casi a prohibirlo hasta 1955.

Cualquier *somero* estudio sobre la práctica del aborto en *diferentes* paí-

55 ses nos *da* un claro resultado: que el aborto voluntario o provocado se ha practicado siempre, independientemente de su legalización o no. Las legislaciones prohibitivas no han disminuido el número de abortos, sino que únicamente *han modificado* las condiciones de su realización.

La interrupción voluntaria del embarazo ha sido tratada siempre *desde una perspectiva* absolutamente hipócrita. Se intenta dividir a las personas entre abortistas y no abortistas, como si unas fueran más partidarias de que existieran cuantos más abortos mejor y las otras no quisieran que existiera.

*Entiendo* que ésta es una dicotomía *absolutamente* falsa. No creo que nadie desee que *existan* abortos. Lo que *ocurre* es que la práctica del aborto es un hecho cierto y probado, y lo que *se intenta* es que los que se producen *se realicen* en las mejores condiciones posibles. Hay también que evitar la escandalosa diferencia que existe entre mujeres de diferente *clase social* y *el repugnante* mercado que se crea *a su alrededor,* del cual se enriquecen unos cuantos a costa de sufrimientos de miles de mujeres. En el aborto, como en tantos aspectos de nuestra sociedad, existe una clara discriminación de clase social. La mujer cuyos medios económicos se lo permiten, practica el aborto cómodamente en Francia, Suiza, Inglaterra u Holanda. O bien *se pone en manos de* un médico, con más o menos escrúpulos, quien le *cobrará* por ello mucho más del doble o del triple que si la intervención fuese legal. La mujer *falta* de *medios* económicos no podrá más que ponerse en manos de una curandera con *ínfimos* conocimientos médicos, o bien practicarse ella misma el aborto. Es imprescindible, pues, acabar con la hipocresía que *rodea* este tema.

Curioso e indignante es, por otra parte, observar cómo quienes más radicalmente atacan el aborto *no* hacen *más que* favorecerlo. *Así,* la jerarquía de la Iglesia católica, con una inflexible condena de los anticonceptivos.

De la *misma* forma podemos *comprobar* diariamente cómo *los contrarios* a la legalización y que *pretenden* invocar una supuesta defensa de la vida actúan de una manera *radicalmente* diferente cuando maltratan los derechos humanos generales que cuando se refieren al aborto.

Así, resulta increíble que se hayan creado unos *llamados* «movimientos en defensa de la vida» que no atacan la injusticia que supone el mal *reparto* de la riqueza de la Tierra o la carrera de armamentos, y que dieciséis millones de niños mueran *anualmente* o sufran lesiones irreversibles por *falta* de nutrición, y que tres cuartas partes de la humanidad *padezca* hambre. En cambio, se dedican a defender la vida de unos fetos que no existen todavía.

La *verdadera* libertad, el efectivo ejercicio del derecho al propio cuerpo no llegará el día en que más abortos se practiquen, sino cuando se hayan creado las condiciones necesarias para que ninguna mujer *se vea obligada* a abortar.

«El País», 3-12-81. (Por su amplitud, el artículo no se reproduce íntegramente.)

1. **Conteste brevemente a las siguientes preguntas con sus propias palabras:**

   ¿Por qué el tema del aborto resulta difícil de tratar?

   ¿De qué hecho parte la autora para defender su tesis?

   ¿Por qué no es la vida el verdadero valor que defienden los detractores del aborto?

   ¿Por qué, según la autora, la división entre personas abortistas y no abortistas es falsa?

   ¿Por qué el aborto es ante todo un problema económico-social?

   ¿Qué es lo que, en realidad, propugnan los abortistas?

   ¿Por qué la autora habla de hipocresía?

   ¿En qué consiste, según la autora, la verdadera libertad de la mujer a este respecto?

2. **Ampliemos el tema:**
   - maternidad/ paternidad responsable
   - el derecho al aborto
   - el aborto, ¿atentado a la vida?
   - el aborto, reivindicación femenina
   - el aborto, cuestión social
   - aborto terapéutico
   - educación sexual y anticonceptivos
   - el aborto, mal menor
   - responsabilidad del aborto
   - la dignidad de la vida humana
   - religión y aborto
   - legislación y aborto
   - medicina y aborto
   - psicología y aborto
   - los médicos ante el aborto
   - la pareja ante la decisión del aborto
   - superpoblación y aborto

3. **Reduzca el texto en un 50 por 100 tratando de usar sus propias palabras.**

4. **Sustituya las palabras, frases o partículas en cursiva por otras equivalentes que usted conozca y que puedan reemplazarlas en el texto.**

5. **Explique el significado de las siguientes palabras tal como están usadas en el texto:**

   - *atenuante* (18); *reprimir* (30); *estirpe* (38); *restrictivo* (51); *curandera* (97); *efectivo* (128).

6. **Complete las frases de los grupos siguientes con una de las voces indicadas en cada uno de ellos:**

a) *de todas maneras* (9) / *de una manera* (112) / *de otra manera*
   ¿Qué tendré, que todos me miran ...... tan extraña?
   Si no vas de compras hoy, tendrás que ir ...... mañana.
   Abrígate bien o ...... cogerás un resfriado.
   Hoy te estás comportando ...... que no me gusta nada.
   No era el ejecutor material del crimen, pero ...... estaba implicado en él.
   No sé qué chiste contó, pero ¡todo el mundo se reía ...... !
   Está dispuesto a escapar de la cárcel ......
   Cómete esta sopa, ...... te vas a la cama sin cenar.

b) *extender-se* (18) / *tender*
   He comprado unas pinzas de plástico para ...... la ropa.
   ...... (usted) la factura a nombre de mi esposo.
   El valle ...... al pie de la sierra.
   El mendigo ...... la mano pidiendo limosna.
   Le ...... (ellos) una cuerda para que pudiera subir.
   La epidemia ...... rápidamente en toda la nación.
   El comandante ...... el mapa sobre la mesa para estudiar la estrategia de guerra.

c) *precisamente* (32) / *propio* (129) / *realmente*
   La ...... firma se responsabiliza de todo accidente de trabajo.
   Es ...... de esto que estás diciendo tú que quería hablarte.
   Es ...... un ingrato.
   Lo dice por ...... experiencia.
   Su modo de obrar es ...... de un irresponsable.
   Es ...... la falta de disponibilidad lo que me exaspera de él.
   Este chico es ...... un estúpido.
   El ...... titular vino a recoger el carné que le habían robado.
   ¡Qué alegría: es ...... el libro que estaba buscando!

*d)* *costa* (83) / *costo*

Nos aumentan el sueldo de acuerdo con ...... de la vida.

Estoy dispuesto a enfrentarme con el dueño a ...... de perder el puesto.

El Ayuntamiento tiene que resolver a toda ...... el problema del tráfico en el centro.

Le vendo este producto a precio de ......

Ingresará en una clínica privada a ...... de lo que sea.

*e)* *cobrar* (93) / *pagar* / *retirar*

Tras el accidente, le ...... el carné de conducir.

Me han ...... más de lo que pensaba: ¡qué robo, oye!

¿Cuánto has ...... de alquiler este mes?

He ido al banco a ...... el sueldo.

...... (usted, a mí) la carrera en taxi.

He recibido un aviso de Correos para que vaya a ...... una carta certificada.

Los empleados están muy descontentos porque les ...... muy mal.

Por este trasto me han ...... una barbaridad.

*f)* *actuar* (112) / *obrar* / *accionar*

La compañía ...... en el teatro Olimpia.

Para levantar el cierre metálico, hay que ...... esta manivela.

Lo importante es ...... con honradez.

El café ...... como excitante.

Durante toda su vida ha ...... de mala fe.

Es un mecanismo que se ...... electrónicamente.

Me refiero al testamento que ...... en poder del notario.

...... (él) de jefe de tribunal.

*g)* *en cambio* (125) / *en vez*

¿Por qué no le llamas ...... de mandarle un telegrama?

Mi hermano Julio está casado; Miguel, ...... , sigue sin novia.

...... de holgazanear todo el día, podrías hacer algo.

En Italia todavía existen tranvías; en España, .... , los han eliminado.

Pon un poco de nata ...... de mantequilla.

**7. Complete las siguientes frases con el sustantivo que signifique lo que se indica entre paréntesis, y controle luego usted mismo con el texto:**

Le han acusado de ...... (muerte dada a un niño, 16).

Careces de fuerza de ...... (potencia de querer, 22).

El abogado no quiso asumir ...... (acto de defender, 27) de aquel asesino porque estaba seguro de su ...... (acto de condenar, 107).

Haga usted ...... (acto de analizar, 29) detallado de este poema.

El granizo causó incalculables ...... (acto de dañar, 41) a la cosecha.

...... (acto de interrumpir, 63) del embarazo fue obra de ...... (persona que hace de médico sin serlo, 97).

Se estrenará la pieza de Calderón con el siguiente ...... (acción de repartir los papeles, 119).

Es un país que carece de ...... (calidad de rico, 120) naturales.

No puede ir por ...... (acción de faltar, 123) de tiempo.

8. **Complete las siguientes frases con el verbo que signifique lo que se indica entre paréntesis, y controle luego usted mismo con el texto:**

Al principio, la minifalda ...... (producir escándalo, 3) a más de uno.

Le ...... (dar muerte, 21) un sicario.

Hay que ...... (tener respeto por, 33) las ideas ajenas.

No le ...... (ellos, dar autorización, 43) a salir del país hasta que haya pagado todos los impuestos.

¡No te ...... (no recordar, 48) que mañana caducan las letras de cambio!

La mortalidad infantil ...... (reducir de número, 59) mucho últimamente.

¡...... usted (huir de hacer algo, 78) teñirse el pelo con demasiada frecuencia!

...... (él, hacerse rico, 82) con la producción exclusiva de sacarina.

En algunos colegios ...... (ellos, tratar mal, 113) a los chicos.

Los nativos ...... (tomar la defensa de, 126) la ciudad con todas sus fuerzas.

9. **Observe:**

*a)* • Ello no *puede,* de todas maneras, *hacernos* olvidar (9)
   • Cualquier somero estudio [...] nos *da* un claro resultado (53)

Conjugue los verbos de irregularidad propia de las siguientes frases en el tiempo y modo adecuados:

Como se equivocó, ...... (ella, deshacer) toda la manga y ...... (tener) que rehacerla.

No creo que estas sábanas ...... (caber) todas en la lavadora.

Anteayer ...... (ellos, ir) a la caja e ...... (ellos, imponer) 5.000 ptas. en la cuenta corriente.

...... (yo, estar) pensándolo un rato y al final ...... (dar) con la solución.

El pobre no ...... (oír) ni ...... (ver).

¿Qué ...... (tú, querer) decir con aquella frase?

Mañana ...... (nosotros, saber) si ...... (ellos, poder) venir.

...... (yo, ir) de excursión todos los fines de semana.

¿...... (vosotros, andar) ayer hasta allá sin coger ningún medio de transporte?

Me ...... (yo, oponer) a que ...... (vosotros, venir) sin que se os llame.

...... (usted, oír): ¿qué ...... (usted, hacer) aquí a estas horas?

Ayer nadie se ...... (reír) de él, pero él ...... (suponer) que lo ...... (nosotros, hacer).

*b)* ● cuando se da muerte a un niño *nacido* vivo (16)

Complete las siguientes frases con uno de los dos participios posibles de los verbos entre paréntesis:

A primera vista, te he ...... (confundir) con tu hermano.

¿De qué color habéis ...... (teñir) las persianas?

Se han ...... (difundir) maldicencias sobre aquella actriz.

¿Has ...... (fijar) bien la bombilla de la cocina?

Este escrito es muy ...... (confundir).

A principios de siglo nació la pintura ...... (abstraer).

Es un músico ...... (nacer).

Siento un dolor ...... (difundir) en todo el cuerpo.

El día de San Antonio, han ...... (bendecir) a los animales.

Sufre de ideas ...... (fijar).

Se ha ...... (distinguir) de entre todos porque es persona muy ...... (distinguir)

Le vemos siempre muy ...... (abstraer) y silencioso.

*c)* ● comprobamos que son, precisamente, *aquellas* que menos han respetado la vida (31)

$$= las$$

Complete las siguientes frases con una de las formas indicadas, o con ambas:

Esta casa y ...... de enfrente son de la cooperativa.

Estos alimentos son ...... que me ha aconsejado el dietólogo.

Expongo en listas separadas el nombre de ...... aprobados y ...... de ...... no aprobados.

Uno de los temas más interesantes es ...... de la ecología.

Este cuchillo eléctrico es ...... con que se hirió la asistenta.

Tire usted estos comprimidos porque son ...... que han caducado.

Esta receta de cocina y ...... que hice ayer, las he sacado de una revista femenina.

...... para quienes la vida es rosa, son muy felices.

*d)* ● La mujer cuyos medios económicos *se lo* permiten, practica el aborto (87)

Transforme las siguientes frases sustituyendo los dos complementos con los respectivos pronombres:

¿Has dicho al mecánico que el coche pierde aceite?

El arquitecto ha entregado el proyecto al cliente.

No pagaremos los gastos comunitarios al dueño si no restaura el alero.

Advertimos a vosotros que aquí está prohibido bañarse.

¡Lleva los cuchillos al vaciador!

He devuelto a la charcutería el jamón porque estaba rancio.

¿Ha dado a ti tu madre una buena reprimenda?

Hemos facilitado a ustedes todas las informaciones necesarias.

Llevé el diccionario al encuadernador.

Todavía no he devuelto el libro a la bibliotecaria.

¿Llevaron ustedes las gafas al óptico?

## 10. Observe:

*a)* • el Código Penal italiano [...] reprimía duramente el aborto, *considerándolo* un delito contra la estirpe (35)

> = porque lo consideraba

Según ello, transforme las siguientes frases:

Puesto que todavía no he recibido el certificado, tendré que reclamar en Correos.

Ya que no encontró ningún fontanero, tuvo que arreglar el grifo por su cuenta.

No puedo bañarme porque se me olvidó el bañador.

Puesto que las escaleras automáticas no funcionaban, se vieron obligados a bajar andando.

Puesto que sólo tiene diecisiete años, todavía no puede votar.

*b)* • *Lo que ocurre es que* la práctica del aborto es un hecho cierto y probado (73)

> = ocurre esto: la práctica del aborto es un hecho cierto y probado

Según ello, una las siguientes frases:

Esto es difícil: autocontrolarse.

Pasa esto: hay mucho conformismo.

Esto me interesa en este momento: el hombre procede de los seres monocelulares.

Resulta curioso esto: hay coches que funcionan a base de agua.

Esto no entendemos: la gente se suicida.

*c)* • La mujer falta de medios económicos *no* podrá *más que* ponerse en manos de una curandera (95)

> = sólo podrá

Según ello, transforme las siguientes frases:

Trabaja sólo cuatro horas diarias.

Estando enfermo del corazón, tan sólo puede tomar café descafeinado.

Sólo se aceptan solicitudes en papel de pagos.

Sólo han podado los árboles de aquella acera.

## 11. Observe:

- Se intenta dividir a las personas entre abortistas y no abortistas, *como si* unas *fueran* más partidarias *de que existieran* cuantos más abortos mejor (66)
- *No creo* que nadie *desee* que *existan* abortos (72)

Conjugue el verbo entre paréntesis de las siguientes frases en indicativo o subjuntivo, según convenga:

Este chico no tiene pinta de que ...... (él, ser) un drogadicto.

Te ruego ...... (tú, ir) a la tienda de ultramarinos ya que te viene al paso.

Lamento mucho que ...... (ustedes, pasar) este mal rato.

Nos resulta que ...... (usted, ocupar) un cargo importante.

Se cruzaron sin que se ...... (ellos, reconocer).

No es que no ...... (yo, tener) ganas de ayudarte, es que verdaderamente no ...... (yo, tener) tiempo.

No me resulta que este mechero ...... (estar) estropeado: probablemente no ...... (él, tener) gas.

Conviene que ustedes ...... (ampliar) un poco más el tema.

Al psiquiatra le parece que ...... (ser) una persona completamente normal.

Yo creo que ...... (él, ser) un individuo de quien es mejor que uno se ...... (guardar).

Vale más que no se lo ...... (tú, decir) porque le va a dar un telele.

Es ridículo que se ...... (ella, poner) tantos polvos en la cara.

## 12. Escriba una redacción sobre uno de los siguientes temas:

El aborto.

Hacia una maternidad responsable.

Maternidad y «paternidad».

Creencias religiosas y aborto.

Legislación y aborto.

# LA PRISIÓN ABIERTA COMO ALTERNATIVA

### por Carlos García Valdés

*E*STÁ *claro que* ante un violador o un criminal *se produce* un sentimiento popular de venganza. Pero también está claro que este tipo de delitos son minoritarios. Muchos de ellos, más propios de tratamiento médico psiquiátrico que de métodos *puramente* carcelarios. También *resulta evidente* que un *determinado* número de *delincuentes* no se reformarán nunca y para los cuales no caben sistemas imaginativos, sino que, producto de auténticas *conductas* irreversiblemente deformadas, tan sólo podrán *desarrollar* su vida en *prisiones* de seguridad, *puesto que* su libertad supondría, automáticamente, un auténtico *peligro* para la sociedad.

Pero, *por suerte,* la inmensa mayoría de los delincuentes no deben –porque no lo son– ser calificados de peligrosos. *Por lo general* el delincuente es un inadaptado. Un individuo que por *razones* económicas, sociales o familiares *se ha visto abocado* al delito para subsistir o bien para *sobresalir.* Personas de características *similares* a aquéllas del siglo XVIII que *vagaban* por las ciudades sin ocupación concreta. O bien, personas que no encontraron otro medio para sobresalir. *Por ello,* para conocer las causas del *nacimiento* de un delincuente *habrá que* estudiar profundamente *el medio en que* creció y se desarrolló. Quede claro que no *pretendemos* justificar la delincuencia, *pero sí* tratar de analizarla *con el fin de* buscar medidas que la *erradiquen* y no que la perpetúen. *El objetivo* de un sistema penitenciario moderno, *o mejor dicho,* de un sistema de reinserción social consistiría, por lo tanto, en *tratar de* integrar en la sociedad a aquella parte de la población marginada que por las razones que sean *han dirigido sus pasos* por el camino de la delincuencia.

Para *conseguir* ese objetivo, *además de* la prisión cerrada, cuya vida deberá desenvolverse en condiciones humanitarias, existen otros sistemas de *probada* eficacia: la prisión abierta es uno de ellos.

La prisión abierta *se basa en* una

55 idea evidente y, como todo lo evidente, verdaderamente innovadora: la
idea de que a nadie se le enseña a vivir en sociedad si *se le aparta* de ella.
Y si lo que se pretende es conseguir
60 que los delincuentes *vuelvan a* la sociedad integrados en ella, deberá ser
por medio de *sistemas* que, *desde luego,* nada tienen que ver con el encierro. Está demostrado que las penas
65 carcelarias son un factor crimonóge-
no, *es decir, generador* de delincuencia, sobre todo en las penas *cortas.* Y
que la prisión tradicional no educa
para la libertad puesto que se desen-
70 vuelve en un mundo de tensiones, de
días iguales, de ocios obligados y de
violencias.

El profesor Elías Neuman definió las
características de este *tipo* de prisión:

75 1. Concebir la pena o castigo como
una medida resocializadora y no
vindicativa, es decir, como com-
pensación a un delito.

2. La prisión abierta no *dispondrá
80 de* dispositivos materiales, tales
como rejas, guardas, barreras
contra las posibles *evasiones.*

3. El tratamiento del *recluso* estará
basado en la confianza y la espe-
85 ranza de su sociabilidad.

4. Los reclusos, antes de ingresar
en uno de estos establecimien-
tos, son clasificados *según* sus
aptitudes y sus actitudes.

90 5. Este sistema de prisión deberá
contar con personal idóneo,
puesto que de ellos, *al fin y al
cabo,* dependerá el éxito o *el fracaso* del sistema. Habrá que evi-

tar, *por lo tanto,* la mentalidad de 95
carcelero. Cada instructor no deberá *tener a su cargo* más de 10
ó 15 reclusos.

6. La vida que el recluso *desarrolla-
ba* antes de ingresar en prisión 100
se procurará que se desarrolle
con normalidad en la prisión
abierta durante su transcurso.

7. Para el éxito del sistema, deben
cooperar las poblaciones veci- 105
nas. Colaboración que, *sin duda,*
no se produce desde el primer
momento, pero que dependerá,
*en gran medida, del tacto* del Director y funcionarios de la pri- 110
sión.

8. Por último, como está compro-
bado, en este sistema penitenciario la evasión *deja de constituir*
un problema ya que el interno se 115
convierte en un colaborador para
su posterior reinserción.

Los *detractores* del sistema hablan
del riesgo que supone la posibilidad
de fugas y evasiones. *Sin embargo,* el 120
*escaso* número de ellas anulan este
tipo de críticas.

*Junto a* este tipo de medidas *avan-
zadas,* debe, *asimismo,* buscarse otros
caminos más imaginativos que el puro 125
y simple encierro. Entre las medidas
restrictivas de libertad, pueden *ser ci-
tadas el arresto* de fin de semana, la
semi-libertad o salidas condicionadas
del interno durante el día para trabajar 130
o dedicarse a actividades que *cooperen*
a su readaptación social y el trabajo
correccional obligatorio en libertad,
*bien* sin *internamiento, bien* en la mo-

135 dalidad *denominada* por los norteamericanos «work-release», trabajo habitual *extramuros* del establecimiento detentivo, *regresando* al mismo *al finalizar* cada día.

140 El internamiento de *sujetos* anormales y enajenados sufre, *por otra parte,* profundas transformaciones. El moderno hospital asistencial con métodos psiquiátricos acoge *a cuantos* au-
145 tores de hechos punibles, de alguna manera, presentan alteraciones mentales y no *son susceptibles de* ser sometidos a un tratamiento ambulatorio.

Completando estas formas de tratamiento casi experimentales, no *debe* 150 olvidarse la que lejos de las paredes de las instituciones penitenciarias hay que *llevar a cabo,* de carácter *eminentemente* preventino: la acción sobre los jóvenes inadaptados y sobre los 155 barrios con factores patógenos de delincuencia.

De *La reforma de las cárceles.* Madrid, Ministerio de Justicia, 1978, págs. 16-24. (Por motivos de extensión, el capítulo no se reproduce íntegramente.)

## EJERCICIOS

1. **Conteste brevemente a las siguientes preguntas con sus propias palabras:**

¿Qué tipos de delincuentes distingue el autor?
¿Qué defectos se acusan en la prisión tradicional?
¿En qué principio se basan las alternativas que se proponen a la cárcel tradicional?
¿Por qué es tan importante el personal que cuida de los reclusos?
¿Está de acuerdo con la opinión del autor de que «todo lo evidente es verdaderamente innovador»?

2. **Ampliemos el tema:**

- la delincuencia
- ¿el hombre nace delincuente?
- delincuencia juvenil
- marginación social y delincuencia
- clases de delincuencia
- delincuencia legalizada
- «ojo por ojo, diente por diente»
- sistemas punitivos: cárceles, cadena perpetua, pena de muerte

- rehabilitación o castigo
- el preso
- el preso político
- la tortura
- magistratura y justicia
- desconfianza o confianza en la justicia
- la injusticia
- justicia y derechos humanos
- justicia y libertad
- ley y justicia
- la justicia a lo largo de la historia

**3. Reduzca el texto en un 50 por 100 tratando de usar sus propias palabras.**

**4. Sustitiuya las palabras, frases o partículas en cursiva por otras equivalentes que usted conozca y que puedan reemplazarlas en el texto.**

**5. Explique el significado de las siguientes palabras tal como están usadas en el texto:**

- *abocado* (25); *erradicar* (39); *interno* (115); *riesgo* (119); *enajenado* (141); *patógeno* (156).

**6. Complete las frases de los grupos siguientes con una de las voces indicadas en cada uno de ellos:**

a) *sólo* (14) / *solo*

No te dejo ir ...... al extranjero.
...... me quedan por pasar en limpio esas páginas.
Estoy más ...... que la una.
¿...... has gastado cinco duros?
Vivía ...... porque no le gustaba la gente.

b) *desarrollar-se* (35-99-101) / *desempeñar* / *desenvolver-se* (50-69)

Los tumores malignos ...... con mucha rapidez.
En su trabajo ...... (él) con mucha habilidad.
...... (ella) el encargo que le dieron con eficacia y profesionalidad.
...... (usted) su rol de tutor con gran sentido de responsabilidad.
La segunda guerra mundial ...... en todo el mundo.
En cuanto tenga dinero ...... (yo) el collar de mamá.
El juego y el dibujo ...... la inteligencia de los niños.

No ...... (tú) esa caja de bombones porque no es para ti.
El atraco al banco ...... ante los ojos de la clientela.
Para los minusválidos, es difícil ...... en la vida.

c) *población* (44) / *pueblo* / *país*
Mediante las elecciones, ...... expresa su opinión política.
Muchos ...... europeos pertenecen a la CEE.
Alguien dijo que la religión es el opio de ......
Hace dos años hicieron un censo de ......
...... mediterráneos disfrutan de un clima suave.
En aquel ...... de montaña sólo viven unos cuantos viejos.
...... rural disminuye día tras día en favor de ...... urbana.

d) *encierro* (63) / *cierre*
Acordaron que ...... de las tiendas sería a las ocho de la noche.
Se suicidó durante ...... en una celda de alta seguridad.
Tengo que cambiar ...... de los vaqueros.
Tuvieron al perro en ...... cruel.
A una cierta hora, se oía el chirrido de ...... metálicos.
Los cartujos viven en ...... muy estricto.
Después del escándalo, la censura obligó ...... del periódico.

e) *dispositivo* (80) / *resorte*
La publicidad toca ciertos ...... psicológicos.
En casa tenemos ...... especial para evitar accidentes con la corriente eléctrica.
En cada ocasión sabe tocar ...... justos para obtener lo que desea.
Tenemos en la terraza ...... para regar automáticamente las plantas.
Se despertó sobresaltado al oír ...... de la cerradura.

f) *establecimiento* (87) / *fábrica* / *oficina* / *despacho*
El notario tiene ...... muy lujoso.
En aquella región abundan ...... de algodón.
Tienes que personarte en ...... de la casa de seguros.
...... públicos, tales como tiendas de ultramarinos y farmacias, están sujetos a horarios de apertura y cierre.
Fue a ...... de turismo para informaciones.
Conduce ...... donde refinan oro negro.
En Castilla la Vieja hay ...... de muebles muy importantes.
En ...... de casa tenemos el teléfono y la máquina de escribir.

g) *fracaso* (93) / *ruido* / *rumor*
Por la noche, se oía ...... de las aguas del río.
Se sienten ...... que vienen de la escalera.
Circulan ...... de que el ministro va a dimitir.

Este experimento ha resultado ......

Me despertó ...... de voces que venía de la calle.

h) *cargo* (97) / *carga*

El mulo es un animal de ......

Ocupa ...... diplomático muy importante.

Me hago ...... de que tienes muchos problemas y que no puedes rendir lo que podrías.

A pesar de ...... de los años, siguió trabajando hasta su muerte.

Los gastos de la expedición corren a ...... del destinatario.

Casa, niños y trabajo es ...... enorme para una mujer sola.

Si quieres que te den el piso, tienes que volver a ......

Tras el divorcio, los niños quedaron a ...... de los abuelos.

Déme usted ...... azul para el bolígrafo.

i) *antes de* (100) / *antes que*

...... descolgar el auricular, hay que introducir la ficha.

...... tapar la muela, prefiero que me la quiten.

...... decir esas cosas, deberías pensarlas.

No te acuestes ...... haber cerrado la espita del gas.

...... pedirle dinero a su amigo, se muere de hambre.

j) *procurar* (101) / *proporcionar*

...... (yo) concentrarme sin conseguirlo.

La publicación de su libro le ...... mucho dinero.

...... (tú) llegar puntual a la cita.

Me ...... este empleo mi tío.

El turismo ...... puestos de trabajo en el ramo de hostelería.

**7. Complete las siguientes frases con el sustantivo derivado del verbo entre paréntesis, y controle luego usted mismo con el texto:**

El espíritu de ...... (vengarse, 3) conduce a menudo al homicidio.

Muchos enfermos necesitan de ...... (tratar, 6) especiales.

¡La enhorabuena por ...... (nacer, 32) de tu hijo!

Su agradecimiento es la mayor ...... (compensar, 78) que puede darnos.

Se intenta sustituir al antiguo ...... (guarda de prisión, 96) por personas con otra mentalidad.

A algunos ...... (internar, 115) del hospital se les dará de baja mañana mismo.

Lo más difícil para el preso es la posterior ...... (readaptarse, 132) a la sociedad.

Dada la gravedad de su enfermedad, ...... (internar, 134) es inevitable.

**8. Complete las siguientes frases con el adjetivo relacionado con las palabras entre paréntesis, y controle luego usted mismo con el texto:**

Se trata de adoptar métodos que no sean puramente ...... (de cárcel, 8).
Este chico tiene un carácter ...... (de venganza, 77) exagerado.
Los métodos ...... (de corrección, 133) de antaño producían escasos resultados.
El exceso de velocidad es un acto ...... (castigar, 145) por la Ley.
El tratamiento ...... (de ambulatorios, 148) es necesario para algunos reclusos enfermos.

**9. Observe:**

*a)* • Un auténtico peligro *para* la sociedad (17)
 • *por* suerte, la inmensa mayoría de los delincuentes (19)
Complete las siguientes frases con *por* o *para:*
Te remito el paquete ...... avión.
¿...... qué quieres todo ese dinero? ¿...... tenerlo en el banco?
Todos los accionistas votaron ...... el viejo director.
Nos han llamado ...... que depositemos una firma.
Se casarán ...... finales de año.
Ha luchado siempre ...... los derechos humanos.
Seguramente ...... las ocho no estará lista.
Voy a ...... pan.
Le expulsaron del ejército ...... indisciplina.

*b)* • Un individuo *que* por razones económicas [...] se ha visto abocado al delito (23)
 • además de la prisión cerrada, *cuya* vida deberá desenvolverse en condiciones humanitarias (48)
Complete las siguientes frases con *que* o *cuyo-a-os-as,* precedidos o no de preposición:
Las herramientas ...... trabaja son de primera calidad.
El jarrón ...... asa se ha roto era muy viejo.
Las cartas ...... escribe son muy insulsas.
Esos son los cosméticos ...... propiedades son fenomenales para el cutis.
Han tomado varias iniciativas ...... es necesario dar una explicación.
La fiesta ...... concurrió tanta gente estaba organizada por la parroquia.
Esos son los señores ...... finca fuimos el otro día.

*c)* • o mejor *dicho* (41)
Complete las siguientes frases con el participio del verbo entre paréntesis:
¿Le has ...... (dar) un puñetazo? Pues muy bien ...... (hacer).
Ya te he ...... (decir) que no quiero conocerle.

¿Dónde has ...... (poner) la dirección de Paco?

–¿A qué hora te has ...... (despertar)? –A las ocho ya estaba ...... (despertar).

No se han ...... (prever) las consecuencias del aumento de población.

Esquiando se ha ...... (romper) el tobillo.

¿Cuándo le has ...... (escribir)?

Estoy ...... (freír): el profesor me ha visto que copiaba.

Ya han ...... (volver) los astronautas de la luna.

En mi vida he ...... (ver) semejante desfachatez.

Les he ...... (proponer) esta alternativa.

Hemos ...... (resolver) en plan amistoso la cuestión con el inquilino.

Durante el registro, la policía ha ...... (revolver) todos mis papeles.

Te he ...... (traer) el disco que me pediste.

Después de haber ...... (sofreir) las cebollas, puedes echar los tomates.

Ha ...... (imponer) su voluntad a toda su familia.

*d)* • La prisión abierta no *dispondrá* de dispositivos materiales (79)

Complete las siguientes frases con el futuro simple del verbo entre paréntesis:

...... (ella, deber) escribir mejor si quiere que le entiendan la letra.

Seguramente ...... (ellos, venir) a verme.

¡Quién sabe cuánto ...... (valer) esta consola!

...... (haber) que advertirles cuando antes.

Le han dicho que ...... (él, vivir) tan sólo unos meses.

Con los pies tan hinchados no ...... (tú, poder) ponerte estas botas.

El sol ...... (salir) a las seis.

El acusado asegura que ...... (él, decir) toda la verdad.

Este piano de cola aquí no ...... (caber).

Si tenemos sed, ...... (beber) una horchata.

...... (él, tener) que trabajar mucho si quiere llevar ese tren de vida.

Ya ...... (tú, ver) que no ...... (él, querer) aceptar estas condiciones.

Nunca ...... (nosotros, saber) el porqué de su suicidio.

En invierno ...... (ellos, poner) la esterilla eléctrica en la cama.

10. **Ponga las debidas preposiciones en el siguiente fragmento, y controle luego usted mismo con el texto:**

El objetivo ...... un sistema penitenciario moderno, o mejor dicho, ...... un sistema ...... reinserción social consistiría, ...... lo tanto, ...... tratar ...... integrar ...... la sociedad ...... aquella parte ...... la población marginada que ...... las razones que sean han dirigido sus pasos ...... el camino ...... la delincuencia ...... conseguir ese objetivo, además ...... la prisión cerrada, cuya vida deberá desenvolverse ...... condiciones humanitarias, existen otros sistemas ...... probada eficacia: la prisión abierta es uno ...... ellos (39-53).

**11. Ponga las debidas preposiciones en las siguientes frases, y controle luego usted mismo VERBO y PREPOSICIÓN con el texto:**

Se abocó por completo ...... la asistencia de los desvalidos (25).
Tratemos ...... comprenderle (37).
En algunos países, las leyes se basan ...... el derecho romano (54).
¡Apártate ...... la ventana cuando hay relámpagos! (58).
Este hospital dispone ...... varias habitaciones asépticas (79).
Ingresó ...... el cuerpo de carabineros (86).
Los obreros cuentan ...... el apoyo de los sindicatos (91).
Tras lo que le dijo el médico, dejó ...... comer embutidos (114).
Se ha convertido ...... un criminal (115).
Se dedica ...... la investigación (131).
Todos los ciudadanos cooperaron ...... mantener limpia la ciudad (131).

**12. Observe:**

*a)* ● [los delincuentes] *tan sólo* podrán desarrollar su vida en prisiones de seguridad (14).

= *no* podrán desarrollar su vida $\begin{cases} sino \\ más\ que \end{cases}$

Según ello, transforme las siguientes frases:
A las 8 no quedaban sino cinco personas en el ambulatorio.
No escribe más que a máquina.
En la Universidad no pueden ingresar más que los que hayan pasado el examen de pre-universitario.
No le gusta leer más que libros.

*b)* ● *por las razones que sean* han dirigido sus pasos por el camino de la delincuencia (45).

= sean las que sean las razones

Según ello, transforme las siguientes frases:
Sea lo que sea, el hecho es que no se presentó a las oposiciones.
Sean cuales sean sus motivos, se marchó sin despedirse de nadie.
Sean las causas que sean, la cosecha ha sido muy escasa.
Sea lo que sea, estas gotas no me hacen nada.

*c)* ● la evasión *deja de constituir* un problema (114).

= ya no constituye

Según ello, transforme las siguientes frases:

Si me aseguras que vienes mañana, ya no es preciso que nos veamos hoy.

Con la operación no se ha resuelto su sordera, pero ya no es lo que era.

Si la película no es en lengua original, ya no me interesa.

Si los transportes funcionan debidamente, ya no es imprescindible el uso del coche.

## 13. Puntúe debidamente el siguiente fragmento, y controle luego usted mismo con el texto:

Pero por suerte la inmensa mayoría de los delincuentes no deben porque no lo son ser calificados de peligrosos por lo general el delincuente es un inadaptado un individuo que por razones económicas sociales o familiares se ha visto abocado al delito para subsistir o bien para sobresalir personas de características similares a aquellas del siglo XVIII que vagaban por las ciudades sin ocupación concreta o bien personas que no encontraron otro medio para sobresalir por ello para conocer las causas del nacimiento de un delincuente habrá que estudiar profundamente el medio en que creció y se desarrolló quede claro que no pretendemos justificar la delincuencia pero sí tratar de analizarla con el fin de buscar medidas que la erradiquen y no que la perpetúen el objetivo de un sistema penitenciario moderno o mejor dicho de un sistema de reinserción social consistiría por lo tanto en tratar de integrar en la sociedad a aquella parte de la población marginada que por las razones que sean han dirigido sus pasos por el camino de la delincuencia (19-47).

## 14. Escriba una redacción sobre uno de los siguientes temas:

Marginación y delincuencia.

Humanidad y eficacia preventiva para combatir la delincuencia.

Delitos y penas.

Delincuencia actual.

«A nadie se le enseña a vivir en sociedad si se le aparta de ella» (Carlos García Valdés).

Delincuencia juvenil.

Más vale prevenir que curar.

Toda sociedad tiene la delincuencia que se merece.

«Si la justicia no se aplica pronto, deja de ser justicia» (Leonardo Sciascia).

«Cuando las campanas de la justicia tocan a muerto, no te preguntes por qué tocan: tocan también por ti» (John Donne).

# UN CAMBIO EN LA MANERA DE VIVIR

por Carlos Romero Herrera

*N el marco* del fenómeno social del empleo y del paro, se abre con fuerza y angustia un debate sobre el progreso tecnológico y su influencia
5 sobre el empleo.

*De una parte,* es una realidad histórica que el progreso técnico ha sido un *pilar* fundamental del desarrollo y altos niveles de vida conseguidos por
10 los países industrializados en los dos siglos precedentes, y *de otra,* que la innovación tecnológica es un proceso irreversible en la carrera por la *competitividad* internacional en la que los
15 países *punteros* marcan la pauta.

*Frente a* las anteriores realidades existe un hecho contrastado y cercano: la amenaza que *ciertas* innovaciones tecnológicas *suponen* con respec-
20 to al empleo actual y futuro *por el efecto de* sustitución o eliminación de puestos de trabajo.

La nueva revolución industrial o la aceleración de la misma, según *otras*
25 *opiniones, viene caracterizada* por un gran cambio tecnológico, especialmente en las siguientes *áreas:* tecno-

logías energéticas, microelectrónica, tecnologías informáticas, biología y bioquímica y las *propias* tecnologías 30 organizativas. Los efectos directos e indirectos (hoy insuficientemente *evaluados*) de *dichas* innovaciones *van a tener* importantes efectos no sólo en los mercados de trabajo, sino también 35 en las formas de vida.

*Desde* los inicios de la revolución industrial, el proceso tecnológico, a medida que fue difundiéndose en las *distintas* actividades productivas, fue 40 *originando* importantes desplazamientos de población ocupada y aumentando la productividad en aquellas actividades con más capacidad para adoptar innovaciones técnicas. 45

Por otro lado, el aumento de la demanda *agregada,* sobre todo en *las fases* de fuerte crecimiento, facilitaba la innovación y *permitía* aumentar el empleo a nivel global. Fue produciéndose 50 en este *contexto,* por ejemplo, una fuerte transferencia de mano de obra de la agricultura a otros sectores.

*Mientras,* especialmente en las sociedades denominadas posindustriales, se producía un importante aumento de los ocupados en el sector servicios. En definitiva, el anterior proceso suponía que la mano de obra eliminada en un área de la actividad productiva *se desplazara* hacia otros sectores; en términos globales, de la agricultura a la industria y, *posteriormente,* a los servicios.

En los sectores industriales, la introducción de la microelectrónica sustituye a la mecánica en importantes campos, *tales como* la industria del reloj, el teléfono, imprenta, etcétera, con grandes reducciones en los niveles de empleo. Sólo en la industria del reloj se estima la posible sustitución del 50 por 100 de los puestos de trabajo. La industria del automóvil introduce la robotización en las operaciones en cadena, aumentando la productividad considerablemente, pero reduciendo el empleo.

Pero, sobre todo, ha sido el posible efecto del cambio tecnológico en el sector servicios (caracterizado por una alta capacidad de empleo) lo que ha originado *voces de alarma* más profundas: la automatización de las transacciones bancarias afecta a bancas y seguros, mientras que la informática, al trabajo de oficina y a los empleos burocráticos en general.

La irreversibilidad de la innovación y el momento crítico actual obliga a que el proceso de aceleración de las innovaciones tecnológicas en las distintas actividades deba ir acompañado de *una profunda* reestructuración del trabajo existente y de la distribución del mismo.

En ese contexto es posible y necesaria una reducción progresiva de la jornada de trabajo a nivel internacional, que el *propio* progreso tecnológico ha de facilitar.

La reducción del «tiempo» de trabajo y, *de modo más concreto,* de la jornada de trabajo ha de ser no sólo un medio para *repartir* el trabajo entre todos, sino que además –y sobre todo– debe reforzar un proceso *tendente a* modificar profundamente la manera de vivir en nuestra sociedad; este hecho generará importantes cambios en cuanto al «habitat», al ocio, las relaciones y condiciones de trabajo, etcétera, que *implicarán* la necesidad de satisfacer nuevas necesidades sociales.

Desde la segunda guerra mundial, *sólo* una parte muy *reducida* del aumento de la productividad, *generada* fundamentalmente por los nuevos desarrollos tecnológicos, se ha traducido en un aumento del tiempo libre. Y ello a pesar de que se ha mantenido la tendencia a largo plazo hacia la reducción del horario laboral legal.

Por otro lado, el problema del tiempo de trabajo *ya no se examina* sólo en su *vertiente* cuantitativa, sino en sus aspectos cualitativos: ahora se trata de «trabajar menos y mejor».

Para que el desarrollo tecnológico y el aumento de la productividad que *conlleva* pueda ser *asumido* socialmente han de estudiarse las consecuencias que el cambio genera en las diversas ramas de la actividad, a la vez que pactarse el ritmo y la aplicación del proceso innovador. Dicho pacto implica básicamente *abordar* los siguientes aspectos:

– La potenciación de la formación
140 ocupacional de carácter permanente que garantice la adecuación profesional de amplias capas de trabajadores a las nuevas tecnologías. Además, las nuevas formas de vida impondrán la
145 ruptura del ritual sistema que separa las etapas de formación o aprendizaje, trabajo y *jubilación,* que será sustituido por otro, en el que el ocio, la educación y el trabajo *se repartan* de un modo continuo a lo largo de la vida 150 del individuo.

– Que los incrementos de productividad que puedan *generar* las innovaciones tecnológicas *supongan* aumentos generalizados del nivel de vida, re- 155 ducciones de la jornada de trabajo y mejora de las condiciones de trabajo, así como una estrategia de desarrollo que contemple como uno de sus pilares fundamentales el aumento de la 160 oferta de servicios e infraestructuras sociales, que permitan *compensar* las posibles pérdidas de empleo.

«El País», 2 de mayo de 1982. (Por motivos de extensión, el artículo no se reproduce íntegramente.)

## EJERCICIOS

1. **Conteste a las siguientes preguntas con sus propias palabras:**

   ¿Cuál es el aspecto fundamental del paro que analiza el autor?
   ¿Por qué el progreso tecnológico es un arma de dos filos?
   ¿Cuáles son los sectores mayormente afectados por el progreso tecnológico?
   ¿Qué muestra la historia del pasado con respecto a la evolución tecnológica y la repartición del trabajo?
   ¿Qué propone el autor para resolver el problema ocupacional, y de qué principio parte?
   ¿De qué modo debe cambiar el trabajo mismo?
   ¿Por qué y cómo todo ello modificará nuestras formas de vida?

2. **Ampliemos el tema:**

   - puestos de trabajo y desempleo
   - el paro juvenil y el paro adulto
   - hombres y mujeres ante el fenómeno del paro
   - jubilación y desempleo

- economía subterránea y paro
- evasión fiscal y paro
- el pluriempleo y las incompatibilidades
- la oficina de desempleo
- empresas en quiebra y subvenciones
- lucha al desempleo: de la investigación organizada a las innovaciones formativas y educacionales
- repercusiones psicológicas y sociales del paro

\* \* \*

- agricultura, industria, actividades comerciales, turísticas y artesanales
- *marketing* y organización del trabajo
- pequeñas, medias y grandes empresas
- dependientes y/o colaboradores
- coparticipación decisional y utilitaria
- jefe único y/o *staff* directivo
- cargos y puestos: del directivo al obrero
- empleos vitalicios
- productividad y absentismo

\* \* \*

- el trabajo como «valor» o «virtud»
- los jóvenes ante el fenómeno del trabajo
- la explotación del trabajador: del premio a la ilusión de la promoción
- el paternalismo en el mundo del trabajo
- el derecho al trabajo
- la legislación del trabajo
- figura social de la patronal
- los sindicatos
- la huelga
- jubilación y seguridad social
- trabajos satisfactorios y trabajos alienantes
- el tiempo libre
- «realizarse» en el trabajo

3. **Reduzca el texto en un 50 por 100 tratando de usar sus propias palabras.**

4. **Sustituya las palabras, frases o partículas en cursiva por otras equivalentes que usted conozca y que puedan reemplazarlas en el texto.**

**5. Complete las frases de los grupos siguientes con una de las voces indicadas en cada uno de ellos:**

a) *frente* (16) / *enfrente*

En la acera de ...... están haciendo obras.

...... a tanta delincuencia, el Estado no sabe qué medidas tomar.

Se encontraron ...... a ...... Austria y Alemania.

El identikit mostraba una cara de ......

Llame usted a la puerta de ......

La parada del autobús está justo aquí ......

b) *adoptar* (45) / *adaptar*

Han ...... este cuarto a despacho.

Desde hace algún tiempo, ha ...... una actitud muy intransigente.

...... (ellos) un huérfano del Vietnam.

...... (él) la nacionalidad española.

He comprado ese paso para ...... el enchufe de la lavadora a los enchufes hembra de casa.

Se ...... medidas excepcionales.

c) *empleo* (49) / *uso*

Agítese bien el frasco antes de ......

Tengo ...... muy bien remunerado.

Este aparato doméstico tiene muchos ......

Hace demasiado ...... de especias.

d) *mientras* (54) / *mientras que*

Yo me mato de trabajo ...... él está holgazaneando todo el día.

...... no haya un parón, no hay necesidad de encender las velas.

Haz las camas ...... yo preparo la comida.

Este medicamento me hace mucho efecto, ...... ese otro me produce alergia.

e) *repartir* (104) / *compartir* / *separar*

Hay que ...... las ganancias entre los accionistas.

Los dos amigos ...... un piso.

No ...... (yo) su modo de ver las cosas.

Hay que ...... a los enfermos infecciosos de los restantes hospitalizados.

El jurado procede a ...... los premios.

Hay que ...... la tarta en partes iguales.

...... (tú) la clara de la yema.

f) *reforzar* (106) / *esforzar-se*

...... (él) en hablar el noruego, pero nadie lo entiende.

Hay que ...... las patas de esta silla porque se mueven.

...... (ella) por ser simpática.

El coronel decidió ...... la infantería para el ataque.

Le dieron aceite de hígado de bacalao para ...... (a él).

g) *tratar-se* (127) / *tratar de*

Aquí de lo que ...... es de encontrar un piso cuanto antes.

Estamos ...... disuadirle de su propósito.

La transmisión ...... una cuestión económica.

...... (él) matar la mosca, pero no lo consiguió.

El conferenciante ...... el tema con mucha claridad.

h) *mejora* (157) / *mejoría*

El médico ha notado una notable ...... en el paciente.

Esa tienda está cerrada por ......

Haber eliminado ese tabique ha representado ...... importante.

Han decidido dejar en reposo el térreno un año para su ......

6. **Complete las siguientes frases con el sustantivo relacionado con las palabras entre paréntesis, y controle luego usted mismo con el texto:**

Para algunos, las centrales nucleares son ...... (amenazar, 18) para la vida humana.

...... (desplazar, 41) de los libros de una biblioteca a otra nos llevó mucho tiempo.

...... (capaz, 44) de esta garrafa es de cinco litros.

El sufragio universal representó ...... (innovar, 45) importante en el sistema electoral.

Le envío el dinero por ...... (transferir, 52) bancaria.

...... (ocupar, 57) en el sector de los servicios han sufrido una gran ...... (reducir, 70).

Algunas noticias exageradas suscitaron mucha ...... (alarmar, 83) entre la población.

...... (progresar, 99) científico debería llevarnos a una mejor ...... (distribuir, 95) de la riqueza.

Antes de abrir su propio taller, hizo unos años de ...... (aprender, 146) como dependiente.

Ahora la edad de ...... (jubilar, 147) es mucho más baja que antes.

...... (perder, 163) de su mujer fue un golpe muy grave para él.

7. **Acentúe debidamente el siguiente fragmento, y controle luego usted mismo con el texto:**

La nueva revolucion industrial o la aceleracion de la misma, segun otras opiniones, viene caracterizada por un gran cambio tecnologico, especialmente en las siguientes areas: tecnologias energeticas, microelectronica, tecnologias informaticas, biologia y bioquimica y las propias tecnologias organizativas. Los efectos directos e indirectos (hoy insuficientemente evaluados) de dichas innovaciones van a tener importantes efectos no solo en los mercados de trabajo, sino tambien en las formas de vida.

Desde los inicios de la revolucion industrial, el proceso tecnologico, a medida que fue difundiendose en las distintas actividades productivas, fue originando importantes desplazamientos de poblacion (23-42).

### 8. Observe:

a) ● el progreso técnico ha *sido* un pilar fundamental del desarrollo (7).
Complete las siguientes frases con *ser* o *estar:*

La lavavajillas ...... en marcha.

...... las cinco cuando sonó el despertador.

Este traje ...... de boutique, pero ...... hecho igualmente en serie.

Estas empanadas ...... rellenas de carne.

El homenaje ...... en el pabellón 5.

El pescado de ayer ...... muy fresco.

...... muy violento tener que hacerle esta observación.

¡...... (tú) listo si crees que va a ayudarte!

Esta carta ...... escrita a mano, pero ...... anónima.

Tras el accidente, ...... (él) más muerto que vivo.

El suelo del banco ...... enlosado de mármol.

Las ventanas ...... limpiadas una vez por semana.

b) ● la amenaza que ciertas innovaciones tecnológicas *suponen* con respecto al empleo actual (18)

● Fue *produciéndose* en este contexto [...] (50)
Conjugue debidamente el verbo entre paréntesis de las siguientes frases:

¡...... (usted, traducir) simultáneamente!

No creo que ...... (él, mantener) la calma en esta circunstancia.

...... (ella, imponer) taxativamente su voluntad.

¡...... (usted, envolver) el paquete para regalo!

No creemos que la policía nos ...... (revolver) todos los cajones.

Estaba seguro de que ellos ...... (posponer) la fecha del encuentro.

¡...... (ustedes, reconocer) que han cometido un error!

Puesto que no ...... (él, poder) conciliar el sueño, ...... (él, entretenerse) haciendo crucigramas.

La cañería ...... (obstruirse) con el tapón de la pasta de dientes.

...... (ellos, reconstruir) la parte de la ciudad bombardeada durante la guerra.

No creí que ...... (ellos, herir) de aquel modo al pobre toro.

No pensaban que le ...... (ellos, destituir) tan pronto.

¡No ...... (usted, apretar) este botón por nada del mundo!

¿No te ...... (parecer) que ...... (él, envejecer) cada día más?

c) • *Desde* la segunda guerra mundial, sólo una parte muy reducida del aumento de la productividad, [...] se ha traducido en un aumento del tiempo libre (115).

Complete las siguientes frases con *de* o *desde:*

Veremos los fuegos artificiales ...... el terrado de casa.

Los trenes que vienen ...... Alemania pasan por Francia.

Yo soy ...... Almería.

Nos hemos comprado una cama ...... hierro.

...... hace mucho tiempo no sé qué es un médico.

Quedó paralizado ...... la cintura para abajo.

...... cinco años a esta parte, están buscando petróleo en tierra nacional.

Me llamó ...... el patio.

Los soldados observaban el campo enemigo ...... las trincheras.

Es ciego ...... nacimiento.

Es ciego ...... los tres años.

Este tren va ...... Madrid hasta Zaragoza.

...... Sevilla a la costa hay pocos kilómetros.

9. **Ponga las debidas preposiciones en el siguiente fragmento, y controle luego usted mismo con el texto:**

...... ese contexto es posible y necesaria una reducción progresiva ...... la jornada ...... trabajo ...... nivel internacional, que el propio progreso tecnológico ha ...... facilitar. La reducción ...... el «tiempo» ...... trabajo y, ...... modo más concreto, ...... la jornada ...... trabajo ha ...... ser no sólo un medio ...... repartir el trabajo ...... todos, sino que además –y ...... todo– debe reforzar un proceso tendente ...... modificar profundamente la manera ...... vivir ...... nuestra sociedad; este hecho generará importantes cambios ...... cuanto ...... el «hábitat», ...... el ocio, las relaciones y condiciones ...... trabajo, etcétera, que implicarán la necesidad ...... satisfacer nuevas necesidades sociales (96-114).

10. **Observe:**

a) • dichas innovaciones van a tener importantes efectos *no sólo* en los mercados de trabajo, *sino también* en las formas de vida (33).

   • La reducción de «tiempo» de trabajo [...] ha de ser *no sólo* un medio para repartir el trabajo entre todos, *sino que* además –y sobre todo– debe reforzar un proceso [...] (101).

Complete las siguientes frases con *sino* o *sino que:*

Lavando la colada a 90°, no sólo gastas más electricidad, ...... además estropeas la ropa.

No sólo es el potro más veloz, ...... también el más bello.

Las culebras no sólo son animales repelentes, ...... además son peligrosas.

No sólo es un pavero, ...... también un ignorante.

La miel no sólo es muy rica, ...... también tiene mucho alimento.

Algunas películas no sólo son muy divertidas, ...... también son muy instructivas.

b) • Que los incrementos de productividad que *puedan* generar las innovaciones tecnológicas *supongan* aumentos generalizados del nivel de vida, reducciones de la jornada de trabajo y mejora de las condiciones de trabajo, así como una estrategia de desarrollo que *contemple* como uno de sus pilares fundamentales el aumento de la oferta de servicios e infraestructuras sociales, que *permitan* compensar las posibles pérdidas de empleo (152-163).

Conjugue el verbo entre paréntesis de las siguientes frases en indicativo o subjuntivo, según convenga:

En cuanto ...... (yo, entrar) en el ascensor, me entra claustrofobia.

Te lo digo para que te ...... (enterar).

Os advertimos a fin de que no os ...... (encontrar) en dificultades.

En cuanto ...... (ellos, encender) el alumbrado, volved para casa.

Hay que reorganizar la situación de tal modo que todo el mundo ...... (poder) trabajar.

Aunque ...... (él, ser) perezoso, es muy inteligente.

Le pedí que me ...... (él, hablar) más de todo ello.

Nadie pensaba que ...... (ellos, inventar) la televisión.

Tendrás que ir a la mili aunque no te ...... (apetecer).

Cuando el teléfono ...... (estar) libre, avísenme.

Si te ...... (ellos, operar) mañana, hoy tendrás que estar en ayunas.

No estamos seguros de que estos abonos químicos ...... (producir) los efectos deseados.

No es que ...... (él, ser) pobre, es que ...... (él, ser) muy avaro.

Que mandar un telegrama ...... (costar) tanto, no lo imaginaba.

No pensé que me ...... (él, corregir) el borrador de la tesis con tanto cuidado.

Si mi padre nos ...... (encontrar) besándonos, no sé qué ...... (él, decir).

No tendremos representación diplomática en aquel país hasta que no ...... (cambiar) de régimen.

11. **Observe:**

*a)* ● el proceso tecnológico, *a medida que fue difundiéndose* [...], fue originando importantes desplazamientos de población (38)

> = según progresivamente se difundía

Según ello, transforme las siguientes frases:

Según progresivamente crece, va sentando la cabeza.
Según progresivamente retuerce la ropa, va tendiéndola.
Según progresivamente se cuece el arroz, añada usted un poco de caldo.
Según progresivamente disminuye el índice de mortalidad, aumenta el problema de la desocupación.

*b)* ● han de estudiarse las consecuencias que el **cambio general** [...], *a la vez que* pactarse el ritmo y la aplicación del proceso innovador (132)

> = al mismo tiempo que

● Que los incrementos de productividad [...] supongan aumentos generalizados del nivel de vida, [...] *así como* una estrategia de desarrollo (153)

> = y también al mismo tiempo

Según ello, transforme las siguientes frases con una de las dos formas indicadas o con ambas:

El conserje del hotel hablaba por teléfono al mismo tiempo que daba las llaves a los clientes.
Hay que afrontar el problema del paro y también al mismo tiempo el de la preparación técnica de los jóvenes.
Habrá que hacer un análisis de sangre y al mismo tiempo una radiografía.
Al mismo tiempo que se van dando los valores de la bolsa, se van comprando y vendiendo las acciones.

12. **Escriba una redacción sobre uno de los siguientes temas:**

La industrialización y el trabajo.
Las consecuencias sociales y psicológicas del paro.
Los jóvenes y el paro.
El derecho al trabajo.
¿El trabajo ennoblece al hombre?
El tiempo libre.

# LAS SUBCULTURAS JUVENILES

por J. Luis Aranguren

TENEMOS *ante* nosotros *unas cuantas* fotografías de jóvenes en grupo. Éstos fumando cigarrillos de marihuana que se pasan unos a otros. Aquéllos haciendo meditación frente al sol naciente o poniente. Unos, desnudos todos, retozando sobre la arena de una playa o sobre la hierba. Otros viviendo en una pequeña comuna al aire libre, con unas *chicas* preparando comida «orgánica» de alimentos vegetales cosechados por ellos mismos; un chico, *cuidando de* los niños pequeñitos, hijos de la comunidad, y jugando con ellos; al fondo, otros realizando trabajos artesanales, en los que ponen o intentan poner arte y gracia. En contraste con estas imágenes idílicas, nuevas fotos nos muestran la reunión político-radical de unos jóvenes que «preparan» la revolución, *en tanto que* otros marchan por una calle central con *carteles de protesta* frente a la violencia de la guerra y, para mayor paradoja, vemos también una pequeña banda de jóvenes rebeldes asaltando a *una vieja* o, como en películas recientes, violando *por pura broma* a una mujer delante de su marido. Cultura de las drogas, cultura religiosa no confesional sino puramente experimental, cultura de la desnudez y del cuerpo, cultura de la vida *sencilla* y pobre, cultura de la creatividad, cultura de la revolución, cultura de la no-violencia, cultura de la violencia por la violencia.

*Evidentemente,* el cambio cultural y el retardamiento de ciertos grupos se halla interrelacionado con la ruptura entre las generaciones (*generation gap*), y la autoafirmación de la juventud contemporánea como la «clase» o, mejor dicho, la «edad» privilegiada, la mejor *en todos los sentidos*.

El movimiento o movimientos juveniles *quieren* ser una *contestation*, una repulsa *en bloque* de la cultura establecida. Repulsa que puede hacerse por dos *vías* diferentes y *aun* opuestas: la *hippie,* de segregación o separación del mundo cultural occidental, para la invención o recuperación de formas culturales *diferentes* en las que

55 vivir; o la revolucionaria, de lucha *frontal* contra el Régimen, para su sustitución *por* otro no sólo socioeconómicamente sino también culturalmente diverso.

60  Ahora bien, la etiqueta «contracultura» expresa más bien un deseo que una realidad. El movimiento, los movimientos culturales juveniles han surgido en el mundo occidental, e incluso
65 en la parte más «occidentalizada», desarrollada y aun saturada de desarrollo de Occidente. Y toda reacción depende de la acción previa. O, dicho *en otros términos,* de Hegel, los que lu-
70 chan están abrazados, y la hostilidad frente a la tecnología y el consumismo serían imposibles en áreas subdesarrolladas. Sólo *quien* ya lo ha tenido puede estar cansado de ello, y para
75 «estar de vuelta» hay que «haber ido» primero. En fin, lo que es lo mismo: la llamada «contracultura» es hija —renegada— de la «cultura» (occidental), *ha surgido* de ella y vive entre per-
80 seguida, tolerada y parcialmente asimilada por ella. Puede, *por tanto,* ser *denominada* también, con razón, «subcultura».

 La subcultura o contracultura juvenil
85 que no quiere saber nada de la cultura dominante, ni tan siquiera para luchar contra ella, es, ante todo, un nuevo «estilo de vida». Puede *poner el acento* en la suscitación de una nueva sensi-
90 bilidad y el desarrollo de la sensualidad, y preconizar la *new consciousness* o conciencia de nuestro cuerpo y el de los demás, el aguzamiento de los sentidos, especialmente el del tacto, y
95 el de la comunicación no-verbal. Tam-

bién pasar de la sensualidad a la sexualidad, y cultivar la *plena* liberación sexual, el comunismo y el polimorfismo sexuales, la homosexualidad junto a la heterosexualidad, *es decir,* la bise- 100 xualidad, en todas las formas y modos posibles. Del éxtasis sexual —subcultura del eros— al éxtasis místico no hay tanta *distancia* como pudiera parecer. *En otros tiempos* se provo- 105 caba el éxtasis por la ascesis y la contemplativa concentración. La «meditación» sigue representando un papel importante en la mística juvenil. Pero se recurre sobre todo a la «subcultura 110 de las drogas» para *procurar —instant mystic—* el «viaje», la ascensión extática. La «cultura de la pobreza» sirve de modelo a estos nuevos «mendicantes» que, frente al *despilfarro* y la os- 115 tentación, quieren volver a la vida sencilla. «Subcultura de la comunidad» también, vida en común, con comunidad de todos los bienes y todas las relaciones personales, en contraste con 120 la «muchedumbre solitaria» de las grandes concentraciones urbanas.

 La subcultura juvenil no se preocupa —o *pretende* no preocuparse— por la tan *pregonada* «crisis de identidad» de 125 nuestro tiempo. La identidad de la subcultura juvenil es comunitaria, de grupo, de generación, de edad. Un joven de cualquier nación se siente más próximo de los jóvenes de otras naciones 130 que de sus compatriotas adultos. Y carece del sentido administrativo, calculador, de ahorro y adquisición a plazos propio de los mayores. No vive del pasado, por supuesto, pero tampco con 135 vistas al futuro: *Salvation Now,* la salvación, ahora, el Cielo, aquí. ¿Vive entonces en el presente? Más bien en la confusión de los tiempos, en el tiempo «utópico», es decir, no *situado* dentro de *la secuencia* histórica, tiempo que haciendo pie en el presente y *planeando* sobre un nuevo *porvenir,* mira o recrea un pasado perteneciente a culturas orientales o primitivas y, sobre todo, un tiempo inexistido, soñado o inventado, mítico. La búsqueda de experiencias psicodélicas, parapsíquicas y místicas, responde a este mismo deseo de trascender el tiempo, desde él. Subcultura, asimismo, de la creatividad personal, artesanal o artística, pero no individualista, sino de grupo o comunal, frente a la producción en serie. Y, *en fin,* vuelta a la naturaleza, vida en contacto estrecho con ella, vida verdaderamente ecológica, como la del *animal* en su *habitat* natural, y no como la del hombre occidental que ha inventado, urna de plástico ensuciado por *el smog,* un medio artificial dentro del cual vivir, malvivir o contravivir.

De *El futuro de la Universidad y otras polémicas.* Madrid, Taurus Ediciones, 1973, págs. 101-111. (Por motivos de extensión, el escrito no se reproduce íntegramente.)

## EJERCICIOS

1. **Conteste brevemente a las siguientes preguntas con sus propias palabras:**

   ¿A qué tipos de culturas juveniles se refiere el autor al pasar revista a las varias fotografías que tiene delante?

   ¿Cuáles eran las formas de «contestación» existentes en la época a que el autor se refiere?

   ¿En qué relación se encuentran cultura establecida y contracultura juvenil?

   ¿A qué fenómenos apunta el autor como significativos de un nuevo «estilo de vida» creado por los jóvenes?

   ¿Cómo es el nuevo misticismo de los jóvenes y qué pretende?

   ¿De qué tipo de identidad habla el autor?

   ¿Cómo se inserta en el tiempo histórico la «revolución juvenil»?

   ¿A qué aspira, en última instancia, la juventud de que habla el autor?

2. **Ampliemos el tema:**

   • ¿en qué aspectos el artículo refleja la situación de los jóvenes de hoy y en cuáles no?

   • el joven de hoy: ¿rebelión o conformismo?

- ¿una juventud comprometida o de compromiso?
- el individualismo del joven de hoy
- el ocaso de los grandes mitos: Mao, Che Guevara, Kennedy, etc.
- autoridad, tradición, instituciones: elementos de identificación en crisis
- ¿existe todavía la identificación de grupo?
- en busca de nuevos elementos de identificación
- el culto del éxito y de la riqueza
- nuevos héroes y modelos: del piloto al cantautor
- los adultos vistos por los jóvenes
- la burguesía vista por los jóvenes
- cómo ven los jóvenes: el amor, la sexualidad, la convivencia familiar, la convivencia social, la estructura política y económica de su país y del mundo
- el pacifismo
- los jóvenes ante un mundo en rápida transformación y evolución
- los jóvenes ante un mundo computadorizado
- los jóvenes ante la justicia
- los jóvenes ante el fenómeno religioso
- los jóvenes ante el consumismo
- nuevas formas de vida
- la nueva estética de los jóvenes
- moda y lenguaje de los jóvenes
- los jóvenes y la música
- lecturas de los jóvenes
- los padres vistos por los hijos (y los hijos vistos por los padres)
- lo que los jóvenes piensan sobre la educación o la formación
- insatisfacciones y evasiones
- seguridad e inseguridad del joven de hoy
- la agresividad y la sumisión juvenil
- esperanzas y temores de los jóvenes
- jóvenes «in» y jóvenes «out»
- lo que ha quedado de la revolución del 68

3. **Reduzca el texto en un 50 por 100 tratando de usar sus propias palabras.**

4. **Sustituya las palabras, frases o partículas en cursiva por otras equivalentes que usted conozca y que puedan reemplazarlas en el texto.**

5. **Explique el significado de las siguientes palabras tal como están usadas en el texto:**

- *comuna* (9); *cosechar* (12); *paradoja* (25); *estar de vuelta* (75) *a plazos* (133); *hacer pie* (142).

## 6. Complete las frases de los grupos siguientes con una de las voces indicadas en cada uno de ellos:

a) *retozar* (7) / *rebozar* / *retorcer*

Para ...... las chuletas, necesito más pan rallado.
Ayúdame a ...... las toallas para tenderlas.
Los perros ...... por el césped.
...... (él) continuamente el significado de mis palabras.

b) *intentar* (17) / *tentar*

Este programa no me ...... nada: prefiero acostarme.
El prisionero ...... huir de la cárcel, pero lo pescaron.
No se dejó ...... por la cifra que le ofrecieron.
Es inútil que ...... (tú) abrir esa puerta: está cerrada con llave.

c) *marchar-se* (22) / *andar*

–¿Ustedes se quedan? –No, ...... (nosotros) ahora mismo.
¡No ...... (tú) tan de prisa, que me falta el aliento!
Los soldados ...... cantando el himno nacional.
Este niño hay que llevarlo al ortopédico porque me parece que ...... muy mal.
Señores, ...... (ustedes) de aquí porque hay peligro de que explote la bomba.

d) *violar* (28) / *violentar*

El bruto ...... a la niña y luego la mató.
Me parece que con esta interpretación estás ...... el texto.
Las tropas ...... el templo.
Los ladrones ...... la puerta para poder entrar en el piso.
Se prevén multas muy severas para quienes ...... estas normas.

e) *ruptura* (40) / *rotura* / *fractura*

Los dos amigos llegaron a ...... a causa de una mujer.
Hoy en día, ya no ponen escayola en ...... óseas.
He comprado un pegamento que va bien para cualquier tipo de ......
...... entre las dos naciones se debió a una cuestión territorial.

f) *preconizar* (91) / *pregonar* (125)

Algunos partidos ...... una reestructuración del sistema electoral.
En los puestos del mercado, el pescadero ...... su mercancía.
Algunos sectores de la Iglesia ...... la reforma del clero.
En cuanto se supo del escándalo, los periódicos se precipitaron a ...... (eso).

g) *recurrir* (110) / *recorrer*

Han ...... el trayecto bajo la lluvia.
Cuando estoy en apuros, sé a quién tengo que ......
...... (nosotros) todo el Sahara en jeep.

En casos como éste, hay que ...... a medidas drásticas.

Tiene que ...... quince kilómetros para encontrar la primera gasolinera.

h) *prójimo* (129) / *próximo*

El ...... capítulo trata de los «Árabes en España».

Hay que respetar las ideas de ......

A diez kilómetros se encuentra el hotel más ......

El cristianismo predica el amor a ......

i) *con vistas a* (135) / *en vista de* / *a la vista*

...... la boda, empezaron a buscar un piso.

...... que no estudian, mejor que dejen la escuela.

Está ...... que es muy desdichado.

Cubro las plantas con un plástico ...... las inminentes heladas.

Los manuscritos de Leonardo están ...... del público.

...... que el autobús tarda tanto, cojo un taxi.

Se me puso la piel de gallina ...... de aquel masacre.

j) *urna* (160) / *nicho*

Los ciudadanos irán a ...... para votar el próximo domingo.

En los cementerios van construyéndose cada vez más ......

En el cruce del camino, había ...... con la imagen de la Virgen.

Después de haber quemado el cadáver, pusieron las cenizas en ...... cineraria.

**7. Complete las siguientes frases con el adjetivo, sustantivo o verbo que signifiquen lo que se indica entre paréntesis, y controle luego usted mismo con el texto:**

En Rusia se ...... (recoger el cultivo, 12) girasoles.

Prefiero los muebles ...... (de artesanía, 16) a los producidos en serie.

La policía sofocó violentamente ...... (acto de protestar, 23) de los mineros.

...... (cualidad de desnudo, 32) de estas paredes me agobia.

Se viste siempre de un modo muy ...... (propio de jóvenes, 46).

Las camas plegables han sido una buena ...... (acto de inventar, 53).

Las dos locomotoras sufrieron un choque ...... (de frente, 55).

...... (cualidad de hostil, 70) entre los dos países terminó con la ruptura de las relaciones diplomáticas.

...... (acto de concentrarse, 107) urbana en Japón es elevadísima.

Ir a un hotel teniendo la roulotte es ...... (acto de despilfarrar, 115).

Su ...... (acto de ostentar, 115) de riqueza es de mal gusto.

Las berenjenas ...... (faltar, no tener, 131) de vitaminas.

Cuando no sabe qué hacer, da ...... (acto de volver, 154) a la manzana.

Los ciudadanos civilizados no ...... (poner sucio, 160) la ciudad.

## 8. Observe:

a) ● vemos también *una* pequeña banda de jóvenes rebeldes asaltando *a una* vieja o, [...] violando por pura broma *a una* mujer (25-29)

Complete las siguientes frases con la preposición *a*, cuando la requieran:

Antes de marcharse para siempre, el rey saludó ...... su pueblo.

Durante nuestro viaje, hemos encontrado ...... personas muy amables.

Al salir de casa, saludó ...... el portero.

–¿Has visto ...... alguien? –No, no he visto ...... nadie.

Conoce ...... algunas personalidades que pueden sernos útiles.

Esperaban ...... el ejército que liberara la ciudad.

Conocemos ...... pocos chicos de nuestra edad.

La niña acariciaba ...... su gatito.

El director presentó ...... los alumnos ...... el profesor.

Ya tenemos ...... Papa.

Se buscan ...... voluntarios para experimentación médica.

Tienen ...... dos hijos estudiando el bachillerato.

Dio a luz ...... su primer hijo a los treinta años.

b) ● Del éxtasis sexual [...] al éxtasis místico no hay *tanta* distancia *como* pudiera parecer (102-105)

● Un joven de cualquier nación se siente *más* próximo de los jóvenes de otras naciones *que* de sus compatriotas adultos (128-131)

Complete las siguientes frases con los comparativos de igualdad, inferioridad o superioridad, según se indica:

Estos cigarrillos con filtro no son ...... fuertes ...... los otros (=).

Se ha gastado ...... dinero ...... lo que debía (+).

Han sufrido las consecuencias de la guerra ...... yo (=).

Este calentador gasta mucha ...... electricidad ...... lo que pensaba (+).

Madrid tiene ...... tres millones de habitantes (+).

Comió ...... le pusieron en el plato (=).

Duerme mucho ...... lo necesario (–).

Los transportes públicos son ...... caros en la capital ...... en provincias (+).

Han construido muchos ...... pisos ...... los que se necesitaban (–).

Este dibujo animado no es ...... divertido ...... el de ayer (=).

Aparenta muchos ...... años ...... los que tiene (–).

c) ● Un joven de *cualquier* nación se siente más próximo ... (128)

Complete las siguientes frases con *cualquier-a/cualesquiera* o *quienquiera-quienesquiera:*

...... sabe jugar a este juego tan simple.

Dile a ...... que venga, que estoy ausente.

Para conciliar el sueño, tengo que leer una cosa ......

...... que sean tus proyectos no se los confíes a nadie.

...... que se dirija a los países del tercer mundo, tiene que vacunarse.

Este ungüento sirve para ...... dolor.

Con ese tiempo, no te pongas unos zapatos ...... , ponte las botas.

Me iría a ...... isla de Grecia.

## 9. Ponga las debidas preposiciones en el siguiente fragmento, y controle luego usted mismo con el texto:

Tenemos ...... nosotros unas cuantas fotografías ...... jóvenes ...... grupo. Éstos fumando cigarrillos ...... marihuana que se pasan unos ...... otros. Aquéllos haciendo meditación ...... el sol naciente o poniente. Unos, desnudos todos, retozando ...... la arena ...... una playa o ...... la hierba. Otros viviendo ...... una pequeña comuna ...... el aire libre, ...... unas chicas preparando comida «orgánica» ...... alimentos vegetales cosechados ...... ellos mismos; un chico, cuidando ...... los niños pequeños, hijos ...... la comunidad, y jugando ...... ellos; ...... el fondo, otros realizando trabajos artesanales, ...... los que ponen o intentan poner arte y gracia. ...... contraste ...... estas imágenes idílicas, nuevas fotos nos muestran la reunión político-radical ...... unos jóvenes que «preparan» la revolución, ...... tanto que otros marchan ...... una calle central ...... carteles ...... protesta ...... la violencia ...... la guerra y, ...... mayor paradoja, vemos también una pequeña banda ...... jóvene rebeldes asaltando ...... una vieja o, como ...... películas recientes, violando ...... pura broma ...... una mujer delante ...... su marido (1-29).

## 10. Observe:

*a)* • nuevas fotos nos muestran la reunión político-radical de unos jóvenes [...], *en tanto que* otros marchan por una calle central (21)

Según ello, transforme las siguientes frases:

Mientras hay el descanso entre un acto y otro, los tramoyistas cambian los decorados.

Al tiempo que me cortan el pelo en la peluquería, hago la manicura.

Mientras usted quita el polvo, yo pongo las alfombras en el balcón.

Mientras esperaban ulteriores refuerzos, los bomberos trataban de circundar el incendio.

*b)* • vemos también una pequeña banda de jóvenes rebeldes *asaltando* a una vieja o, [...] *violando* por pura broma a una mujer (25-29)

$$= \begin{cases} \text{que asaltan} \\ \text{que violan} \end{cases}$$

Según ello, transforme las siguientes frases, cuando sea posible:

He comprado una reproducción que representa la Rendición de Breda.

Necesitamos secretaria que sepa inglés y francés.

Desde casa se oía la banda que tocaba la marcha militar.

Pegaron en las paredes unos carteles que hacían propaganda del nuevo partido.

Desde lejos, se vislumbraban los aviones que bombardeaban la ciudad.

El chico que bromea siempre cae muy simpático a todos.

Estas señoras, que se han jubilado recientemente, eran mecanógrafas del Ministerio.

Quedó impresionado al ver al domador que introducía la cabeza en la boca del león.

Me regaló algunos botes que contenían especias y hierbas aromáticas.

*c)* • Del éxtasis sexual [...] al éxtasis místico no hay tanta distancia como *pudiera* parecer (104).

$$= \text{podría}$$

Según ello, transforme las siguientes frases, cuando sea posible:

Todo el mundo querría tener salud y dinero.

¿Sabría usted decirme la hora?

Me gustaría saber tocar el piano como lo sabes tocar tú.

El rehén se estaba preguntando adónde le llevarían.

¿Qué le regalaría usted a un niño de seis años?

Si supiera esquiar, iría contigo a la montaña.

Deberías haberme advertido que no podías venir.

Aseguró que llegaría puntual al encuentro.

Aunque no hiciera frío, encendería igualmente el hogar.

Habría que avisarles antes de mañana.

## 11. Escriba una redacción sobre uno de los siguientes temas:

La juventud actual.

Juventud, divino tesoro...

«En la jungla social de la existencia humana sin sensación de identidad, no existe tampoco la sensación de que se está vivo» (Brikson).

«Estamos en tierra virgen y en ella de poco nos sirven las normas y los planes del ayer» (Klaus Mehnert).

# EL ÁTOMO SE DEFIENDE

LA seguridad nuclear, ¿existe? La población *está convencida,* en España, *de que* no es así. Lo mismo ocurre en muchos otros lugares del mundo. El miedo *alienta* todas las campañas antinucleares, está detrás de *las marchas* populares, de los artículos de prensa.

*Sin embargo,* las centrales están ahí. ¿Es posible que haya alternativas a las centrales? J. A. Gallego cree que éste es un planteamiento equivocado. No se trata de «alternativas», sino de preguntarse: ¿Por qué la energía?

«Una vez que *decidamos* que necesitamos energía, veremos qué medios tenemos para *satisfacer* la demanda» —responde—. «Está el carbón, *el petróleo,* el gas natural, la energía hidroeléctrica, la energía solar, la geotérmica... y que *un hueco* que hay que *cubrir* de alguna forma: la única forma de cubrirlo es con la energía nuclear.»

Gallego es *un partidario* abierto de la energía atómica con *fines* pacíficos. Está convencido de que todos los recursos energéticos disponibles son escasísimos en España y que en el caso de la hidroelectricidad ya *se han logrado* las máximas posibilidades. Todo lo que se podría hacer en este *terreno,* afirma, sería antieconómico.

Algunos, los más *lúcidos,* los políticos y los intelectuales, tienen *planteamientos* económicos, políticos, de tipo social y ecológico. Todos ellos *quisieran* impedir la presencia de las centrales y *sustituirlas* por centrales solares inofensivas, por molinos que *aprovechen* el aire, por carbón, etc. Pero, sobre todo, por centrales solares.

«La energía solar, por sus *diferentes* formas de aprovechamiento, tiene grandes posibilidades» —dice G. López—. «Yo creo que es una energía a corto plazo; lo que *pasa* es que ese plazo *tiene mucho que ver con* el esfuerzo que se le dedique en investigación».

*El* gran *inconveniente* de la energía solar —que *se genera* acumulando el calor de los rayos del sol— es cómo transformarla en electricidad. Todavía *se está* muy *atrasado* en el desarrollo tecnológico. Un panel solar puede ca-

199

55 lentar una casa, agua, *impulsar* una bomba, contribuir al *riego*. En el mejor de los casos, una central solar podría dar electricidad a pequeñas comunidades, a pueblos de *hasta* 10.000 ha-
60 bitantes. Pero parece utópico, *por el momento,* pensar en ella en términos industriales.

*Naturalmente,* sus defensores *sostienen* que no representa los peligros de
65 una central atómica movida con uranio, que es una energía limpia.

Los investigadores de esta fuente de energía y los ecologistas *temen a* las centrales nucleares, pero temen
70 más: que por la fuerza de la inercia, por *la falta* de debate, por la ausencia de una consulta a la población, se llegue a la conclusión de que la energía solar es inviable.

75 «De todas las energías, *indudablemente,* la hidroeléctrica es la más *recomendable*» –apunta un físico de Westinghouse. Ese es un bien renovable que sólo requiere una presa cuyo
80 mantenimiento es pequeño y *necesita* poca gente».

Gallego sostiene que la energía nuclear es la mejor. Un kilovatio obtenido de un pantano es mucho más caro.
85 Además las aguas embalsadas *suponen,* dice, efectos ambientales negativos, ocupación de grandes espacios, riesgos de rotura de las presas, disminución del limo del río, cambios de cli-
90 ma, etc.

La energía solar hay que *descartarla,* por ahora, opina, *pues* las centrales que pueden construirse *no* producen *más de* cinco megavatios *contra* casi
95 mil megavatios de una nuclear; *o sea,* la diferencia para alimentar a un pueblo de *unos miles* de habitantes y a Madrid, que tiene cuatro millones.

*Respecto al* carbón, el problema es el agotamiento de los recursos o el 100 costo y la dependencia del exterior. El carbón que España quema proviene, *en buena medida,* de Polonia, Sudáfrica y Estados Unidos; el petróleo llega de los países árabes; con el gas *ocurre* 105 casi lo mismo. *Por otra parte,* los nucleares apuntan que las minas de carbón están quedando solas, que la gente no quiere trabajar en ellas. El carbón, además, tiene el inconveniente 110 del transporte y mata más gente, *aparte de que* es radiactivo también, como casi todo.

Este es *un punto* del que los partidarios de la energía nuclear *se lamentan:* 115 la opinión pública desconoce que hay radiactividad en el suelo, en los metales, en los ladrillos, en las alturas, en las personas.

La primera desventaja de una cen- 120 tral nuclear es su *costo,* que oscila *alrededor de* los mil millones de dólares. Sus defensores *arguyen* que, *de todos modos,* la diferencia de precio se compensa *en dos* años porque el costo del 125 combustible es mucho menor. La consecuencia es *obvia:* el producto industrial es más barato y la competitividad en los mercados extranjeros, mayor; la inflación tiene que *disminuir.* 130

Otra de las ventajas de la energía nuclear es el almacenamiento de combustible. Una carga para una central ocupa nueve metros cúbicos, o sea, puede llenar una habitación, 135 *mientras que,* para una central de carbón, se necesitaría un tren cargado de este combustible que llegara de Madrid hasta más allá de París. Esto supone un ahorro enorme en transporte. *Mientras que* la carga de uranio puede transportarse de una sola vez, en barco, en avión o en tren, las de carbón, petróleo o gas *requieren* un transporte *permanente, amén de* la imposibilidad de almacenar estos últimos para mucho tiempo.

Otro de los puntos que los enemigos de la energía nuclear *esgrimen* es la dependencia del exterior. Se habla de técnicos y funcionarios incondicionalmente *adictos* a las grandes empresas multinacionales norteamericanas y hasta de regalos fabulosos, de sobornos y de corrupción, por lo que en esas condiciones, dicen, es imposible que el Estado sea *neutral* en *el debate* y que *las empresas* eléctricas encuentren límites de ningún tipo.

El tema de la dependencia afecta también a la provisión de combustible: si España depende de los países árabes para comprar su petróleo, y de Polonia y Sudáfrica para obtener su carbón, el uranio enriquecido debe venir de Estados Unidos, de la URSS, de Alemania o de la planta Eurodif.

El problema vuelve a ser de tecnología y costos. España posee uranio natural, pero no sabe cómo enriquecerlo. El uranio natural *es como* una piedra. Enriquecerlo para que *se convierta en* combustible requiere *una planta* de procesamiento tan *costosa,* que toda Europa decidió montarla *porque* sólo en forma comunitaria *resulta rentable.* Europa busca, por ese camino, una autonomía de las grandes potencias.

En Harrisburg el mundo estuvo ante la posibilidad de una verdadera catástrofe. Las primeras conclusiones de los investigadores del gobierno *indican* que el accidente *se debió a* «errores humanos inexplicables». Si no hubo una catástrofe, quizá eso demuestre que una central atómica es, realmente, un mecanismo *bastante* seguro.

«Cambio 16», 15 de abril de 1979. (Por motivos de extensión, el artículo no se reproduce íntegramente.)

## EJERCICIOS

**1. Conteste brevemente a las siguientes preguntas con sus propias palabras:**

¿A qué se debe el miedo general a las centrales nucleares?

¿Qué argumentos aducen los partidarios de la energía atómica en favor de la misma?

¿Qué argumentos aducen los partidarios de otras fuentes alternativas de energía, y cuáles son sus temores?

¿Cuál le parece que es la posición al respecto del artículo? ¿Por qué?

2. **Ampliemos el tema:**
   - fuentes de energía alternativas
   - las centrales nucleares
   - el miedo a las centrales nucleares
   - intereses económicos en torno a las distintas fuentes de energía
   - energía y ecología
   - la utilización del átomo para fines políticos y bélicos
   - la bomba atómica
   - armas nucleares y destrucción del mundo
   - el desarme nuclear
   - el equilibrio nuclear entre las potencias

3. **Reduzca el texto en un 50 por 100 tratando de usar sus propias palabras.**

4. **Sustituya las palabras, frases o partículas en cursiva por otras equivalentes que usted conozca y que puedan reemplazarlas en el texto.**

5. **Explique el significado de las siguientes palabras tal como están usadas en el texto:**
   - *alentar* (5); *riego* (57); *inviable* (74); *pantano* (84); *embalsado* (85); *soborno* (155).

6. **Complete las frases de los grupos siguientes con una de las voces indicadas en cada uno de ellos:**

a) *prensa* (8) / *estampa*
   Hemos hecho ...... de la comunión de Manuel con una reproducción de la Virgen de Murillo.
   ...... comprende diarios, semanarios y periódicos.
   Cada año llevan las aceitunas a ...... para hacer aceite.
   He comprado ...... antigua que representa el plano de la ciudad.
   Es raro que se haya puesto enfermo, porque parecía ...... de la salud.

b) *sino* (13) / *si no* (184) / *pero*
   Esto no es profundo ...... simplemente rebuscado.
   No es amable con los pacientes del hospital, ...... en su consultorio privado lo es mucho.
   Si nos vemos hoy bien, y ......, nos veremos otro día.
   No quiero un brazalete de plata ...... de oro.
   ...... descongelas el pescado unas horas antes, no podrás cocinarlo.
   No emiten nada interesante en la primera cadena, ...... en la segunda sí.

c) *necesitar* (15) / *necesitarse* (137)

Para ser cirujano ...... mucho aplomo.

Yo ...... que alguien me ayude a correr el armario.

Tú ...... descansar un poco.

En este hotel ...... botones.

...... (nosotros) mano de obra especializada.

d) *el fin* (25) / *en fin* / *por fin*

...... justifica los medios.

...... : ¿te decides a levantarte o no?

Dime cuál es ...... que te propone.

Después de tantos días de lluvia, ...... ha salido el sol.

He tenido que pagar alquiler, gas, electricidad y teléfono. ......: no me queda nada del sueldo.

...... de esta crema es broncear delicadamente la piel.

Llevas dos horas meditando: ...... , ¿se puede saber lo que piensas?

e) *plazo* (46) / *término*

Si nos quitan el gas, en último ...... haremos un plato frío.

Han comprado un piso a largo ...... y acabarán de pagarlo dentro de veinticinco años.

Tiene que presentarse en la jefatura de policía en ...... de cinco días a partir de hoy.

La casa ofrece electrodomésticos con pago a ......

Hay que poner ...... a esa discusión completamente inútil.

El 31 de octubre se termina ...... para presentar la instancia.

Déme cierto ...... de tiempo para pensarlo.

f) *presa* (79) / *pantano* / *dique*

Los holandeses se defendieron contra los enemigos rompiendo ......

Recientemente se han construido muchos ...... para regadío.

Al romperse ...... , todo el valle fue inundado por el agua.

A pesar de que iban en jeep, se metieron en ...... del que salieron con dificultad.

La electricidad de aquella ciudad proviene de ...... que han construido en el monte.

g) *ladrillo* (118) / *azulejo*

Las paredes de los zaguanes andaluces están revestidas de ...... floreados.

Los albañiles encargaron una partida de ...... para levantar la casa.

¡Limpia ...... de la cocina porque están llenos de grasa!

Muchas construcciones mudéjares son de ...... no revestido.

h) *suelo* (117) / *tierra*

Poseen ...... en Valencia con muchos árboles frutales.

No me pongas cera en ...... porque si no resbalo.

Siento una gran nostalgia por mi ......
El valor de ...... ha llegado a precios insostenibles.
El gerente puso por ...... a uno de los empleados y consiguió que lo echaran.
–¿Dónde pongo este bulto? –De momento ponlo en ......
Cogió un puñado de ...... y lo echó al agua.
El avión tuvo que tomar ...... antes de lo previsto.

i) *disminuir* (130) / *restar* / *rebajar*

Al terminar la temporada, las tiendas ...... parte de sus existencias.
La temperatura en invierno ...... mucho.
De esta cifra tiene usted que ...... los gastos de embalaje, que corren a nuestro cargo.
Tendremos que ...... bastante el techo si queremos hacer un altillo.
Cuando llegues a las mangas, tienes que ...... los puntos.
Para no aumentar los precios, ...... la calidad.
No le tutees porque si no parece que la ......
Sólo puedo ...... (a usted) cien pesetas.

j) *ante* (179) / *antes* / *adelante*

...... de entrar, toca la aldaba.
–¿Puedo entrar? –Sí, señora, i ......!
...... el crucifijo los fieles se ponen de rodillas.
Se presentó ...... el juez un testigo desconocido.
Sigamos ...... a ver si encontramos alguna indicación.
...... yo iba a aquella frutería, pero ahora voy al mercado.
No te eches demasiado ...... porque si no puedes caerte del balcón.
...... que ponerme este abrigo que me cae tan mal, prefiero ir sin él.

7. **Complete las siguientes frases con el sustantivo relacionado con el verbo entre paréntesis, y controle luego usted mismo con el texto:**

J. A. Gallego cree que éste es ...... (plantear, 12) equivocado.
La energía solar, por sus diferentes formas de ...... (aprovechar, 43), tiene grandes posibilidades.
Ese plazo tiene mucho que ver con el esfuerzo que se le dedique en ...... (investigar, 48).
Los investigadores de esta forma de energía temen más: que por la fuerza de la inercia, por ...... (faltar, 71) de debate, por ...... (estar ausente, 71) de ...... (consultar, 72) a la población, se llegue a ...... (concluir, 73) de que la energía solar es inviable.
Las aguas embalsadas suponen ...... (arriesgar, 88) de ...... (romper, 88) de las presas, ...... (disminuir, 88) del limo del río, ...... (cambiar, 89) de clima, etc.)

El problema es ...... (agotarse, 100) de los recursos.

Otra de las ventajas de la energía nuclear es ...... (almacenar, 132) de combustible.

...... (cargar, 133) para una central ocupa nueve metros cúbicos.

Esto supone ...... (ahorrar, 140) enorme en transporte.

El tema de ...... (depender, 160) afecta también a ...... (proveer, 161) de combustible.

## 8. Observe:

*a)* • Lo mismo ocurre en *muchos* otros lugares del mundo (4).

• se está *muy* atrasado en el desarrollo tecnológico (53)

Complete las siguientes frases con *muy* o *mucho-a-os-as:*

Ayer fue un día ...... caluroso.

He comido ...... albóndigas y ahora me duele el estómago.

Aquí en su casa, me encuentro ...... a gusto.

...... más que el teatro le interesa la ópera.

El jersey que te hiciste te ha salido ...... bien.

Hace ...... frío.

Estudia con ...... afán.

Tiene ...... posibilidades de pasar el concurso.

*b)* • *¿Por qué* la energía? (14)

Complete las siguientes frases con *porqué, porque, por qué* o *por que:*

No me digas que te has molestado ...... no te hemos invitado.

Quiero saber el ...... no me habéis escrito ni una raya.

Le preguntaron ...... no denunció inmediatamente lo ocurrido.

El ...... de su ausencia nadie lo conoce.

No añada sal a la ensalada ...... ya está aliñada.

No nos quisieron revelar la razón ...... tuvieron que operarle.

¿...... habla usted tan alto?

*c)* • no producen *más de* cincuenta megavatios (94).

Complete las siguientes frases con *más/ menos de* o *más/ menos que:*

No se cambia las sábanas ...... una vez por semana.

Seguramente esta película no durará ...... dos horas.

La lavadora ha dado ...... rendimiento ...... lo previsto.

...... lo que dice me interesa cómo lo dice.

No bebas ...... dos vasos de vino diarios.

El pobre no duerme ...... cinco horas.

Seguro que tiene ...... sesenta años.

No tiene ojos ...... para el primogénito.

He tenido que pagar al mecánico mucho ...... lo que imaginaba.

No pueden participar ...... los de nacionalidad española.

*d)* ● la inflación tiene que *disminuir* (130).

Conjugue el verbo entre paréntesis de las siguientes frases en el tiempo y modo adecuados:

Nos ...... (él, atribuir) una responsabilidad que no tenemos.

Yo ...... (concluir) el trabajo anteayer.

Les ...... (ellos, destituir) de su puesto y les ...... (sustituir) por elementos más activos.

Los hijos ...... (contribuir) a los gastos familiares.

Le ...... (ellos, excluir) de la competición a la primera vuelta.

...... (ellos, destruir) el interior del edificio y lo ...... (reconstruir) con paneles prefabricados.

Te aconsejo que no ...... (huir) como un cobarde.

¡...... (tú, restituir) inmediatamente la cartera que robaste!

9. **Ponga las debidas preposiciones en el siguiente fragmento, y controle luego usted mismo con el texto:**

Una carga ...... una central ocupa nueve metros cúbicos, o sea, puede llenar una habitación, mientras que, ...... una central ...... carbón, se necesitaría un tren cargado ...... este combustible que llegara ...... Madrid ...... más allá ...... París. Esto supone un ahorro enorme ...... transporte. Mientras que la carga ...... uranio puede transportarse ...... una sola vez, ...... barco, ...... avión o ...... tren, las ...... carbón, petróleo o gas requieren un transporte permanente, amén ...... la imposibilidad ...... almacenar estos últimos ...... mucho tiempo (133-147).

10. **Ponga las debidas preposiciones en las siguientes frases, y controle luego usted mismo VERBO y PREPOSICIÓN con el texto:**

Está convencido ...... que todo el mundo se burla de él (3).

Trataron ...... abrir el sifón del lavabo con una llave inglesa (13).

Hay que sustituir esas cortinas ...... otras más nuevas y alegres (38).

Lo costoso es transformar el uranio ...... electricidad (52).

Contribuye toda la familia ...... aliviarle en su dolor (56).

No piensa más que ...... el dinero (61).

Los automóviles del futuro serán movidos ...... electricidad (65).

Hemos llegado ...... la conclusión de que no tiene ninguna facilidad para la música (73).

El carbón se obtiene ...... la madera (84).

La cuestión del ascensor afecta ...... la mayoría de los inquilinos (160).

Quizá vaya al Perú; depende ...... el dinero que tenga (162).

Navegando tanto se convirtió ...... un perfecto marinero (172).

## 11. Observe:

- *¿Es posible* que *haya* alternativas a las centrales? (10)
- J. A. Gallego *cree* que éste *es* un planteamiento equivocado (11).
- *temen* más: que [...] se *llegue* a la conclusión de que la energía solar es inviable (69).

Conjugue el verbo entre paréntesis de las siguientes frases en indicativo o subjuntivo, según convenga:

No creemos que ...... (ser) posible que nos ...... (ellos, dar) este chasco.

Parece que este aparato ...... (estropearse).

Temo que me ...... (ellos, dar) de baja de un momento a otro.

Nos parece poco probable que se ...... (llegar) a las elecciones anticipadas.

Veo que ...... (usted, mejorar) mucho.

Hace falta que nos ...... (ustedes, enviar) un talón bancario.

Anunciaron que hoy ...... (ir) a hacer sol.

Confío en que ustedes ...... (quedar) satisfechos con la mercancía que les hemos enviado.

Más vale que ...... (tú, ponerse) un par de guantes con esos sabañones que tienes.

Recuerdo perfectamente que me ...... (vosotros, llamar) hace una semana.

No puedo imaginar que el avión ...... (explotar) durante el vuelo.

Dicen que ...... (ellos, ir) a venir, pero no creo que lo ...... (hacer).

## 12. Observe:

a) • <u>*Una vez que decidamos*</u> que necesitamos energía, veremos ... (15).

            = cuando hayamos decidido

Según ello, transforme las siguientes frases:

Cuando hayamos pintado la casa, pondremos la moqueta.

Cuando salga de la clínica, lo llevaremos al campo.

Cuando tenga todos los documentos listos, los entregaré en secretaría.

Cuando tengan aprobados todos los exámenes, podrán hacer la tesis.

b) • ese plazo *tiene mucho que ver con* el esfuerzo que se le dedique en investigación (47)

            = tiene mucha relación con

Según ello, transforme las siguientes frases:

Lo que usted está diciendo no tiene ninguna relación con el tema que estamos tratando.

El asesino afirmó que tenía relación con el crimen, pero que no tenía relación alguna con el movimiento subversivo.

Según algunos, el terrorismo de nuestros días tiene alguna relación con el movimiento estudiantil del 68.

El anticlericalismo no tiene ninguna relación con el ateísmo.

**13. Escriba una redacción sobre uno de los siguientes temas:**

A favor del átomo.
Contra el átomo.
Progreso y energía.
Cómo resolver la crisis energética.
Pacifismo y desarme.

# VAN COMO LOCOS

UN suspenso del hijo, la permanente mal *rematada* de la esposa, la visita inesperada de la suegra son *cosas* bastante *normales* o, *por lo menos, suficientemente* normales en la vida de cada persona. Pero si esa persona tiene carné de conducir y lo *utiliza,* se convierte en elementos que pueden *desencadenar* un accidente de tráfico. De la misma manera que una alegría inusitada o una euforia *desmedida* pueden producir efectos *similares.*

¿Cómo? *Incidiendo* en el precario equilibrio nervioso del conductor, un individuo de tensión nerviosa *sumamente* delicada y cuya agresividad se encuentra siempre a flor de piel.

Podría decirse que la agresividad al volante es un fenómeno específico del conductor *urbano* que no es profesional del volante. Los profesionales del volante son, *en efecto, otra cosa. Agentes de la circulación* y expertos en el tema *subrayan* que los conductores de autobuses y los taxistas no *ostentan* el índice de agresividad del conductor privado. Estos profesionales se suelen tomar la vida con mayor filosofía o, *al menos,* carecen del *hábito* de utilizar su coche como medio de satisfacer sus frustraciones mediante la agresión dirigida *hacia sus semejantes.*

*Porque, en gran parte,* el origen de todo este problema se encuentra en *el cúmulo* de frustraciones de todo tipo que *se dan cita* en el automovilista.

El coche es lo que proporciona el elemento de combate contra una vida que tantos *disgustos* da. El coche es como el caballo de batalla o como la espada para el caballero medieval. *No sólo eso.* Si *se atiende a* la definición de un experto en la materia, la cosa puede tener las suficientes vetas sexuales como para lograr que Siegmund Freud *se estremezca* en la tumba: «El automóvil es una máquina seductora que *influye* en las fibras más íntimas del alma humana.»

«Hay que *tener en cuenta* –señala alguien– que el automovilista *privado* es un ser que, siempre en términos generales, gusta de *tener* en la mano

55 las llaves de su coche, *como signo* de ostentación o de poderío o de lo que sea. Pero nadie va por la vida haciendo ostentación de la llave de su casa, por ejemplo.»

60 ¿Cuáles son, entonces, los oscuros vínculos entre el usuario y su vehículo? ¿Qué es lo que explica esa relación casi sexual, prácticamente fetichista, en la que el coche se convierte en 65 prolongación y último *baluarte* de la propia personalidad?

Algunos coinciden en afirmar que el coche representa la posibilidad real de multiplicar la propia potencia del 70 usuario. Con esa potencia multiplicada, el automovilista deja de ser «peatón», abandona el común de los mortales y *se reviste* de su caparazón de superioridad. *Entonces* decide *resolver* 75 la angustia producida por los problemas que le *acucian, saltándose* discos, haciendo adelantamientos peligrosos y dejando de respetar prioridades.

La espiral de la tensión se inicia *en* 80 *el momento en que* el automovilista decide *arrancar* su coche. El índice de pulsaciones cardíacas sufre un sensible *incremento,* que *seguirá* aumentando si la conducción *se verifica* en 85 condiciones adversas: dificultades para abandonar el aparcamiento, gran densidad de tráfico, difíciles circunstancias atmosféricas.

La simbiosis del hombre con la máquina 90 ya está en marcha, y cualquier cosa que *obstruya* la buena marcha de esa personalidad mezclada perturbará la serenidad del *conductor.* El hecho mismo de saber que encontrará dificultades 95 *a la hora de* aparcar *incremen-*

*ta de nuevo* la tensión del conductor.

Hay que *destacar* que la relación hombre-vehículo puede incluso sufrir «*verdaderas* crisis de confianza», cuyos efectos *se expresan* siempre en *el índi-*100 *ce* de accidentes. *Cualquier cosa que* perturbe la simbiosis hombre-máquina *altera* el equilibrio del conductor. Para controlar ese desequilibrio, lo único que funciona es la capacidad de auto-105 control.» Según los estudios al respecto *desarrollados* por la Universidad de California, el conductor con mayor tendencia a sufrir accidentes es aquel que «manifiesta dificultades para relacio-110 narse y para controlar su propia ansiedad y *la expresión* de su cólera».

«*Por el contrario,* el conductor con poca tendencia a sufrir accidentes es un sujeto «conformista», con una idea 115 clara de sus objetivos y con una vida *cotidiana* que le produce un nivel de satisfacción suficiente».

Es el neurótico *guirigay* de los recíprocos intrusos, es el follón de los 120 atascos en el que lo que se produce es una «crisis de amontonamiento» que, en tipos de carácter obsesivo, puede provocar desórdenes viscerales de menor o mayor persistencia. Esos desór- 25 denes, a su vez, desencadenan un sentimiento de impotencia, de incapacidad para salir de la situación.

De ahí que *el atasco* se convierta en un petrificado bosque de gritos y boci-130 nazos que se prolonga hasta que las colas del atasco comienzan a *disgregarse* –por *hastío* o por los buenos oficios del agente–, como los miembros de una incómoda reunión familiar, *har-*135 *tos* y aburridos de sí mismos.

Los expertos consideran que *hay* cuatro tipos de conductor capaces de *hacer del* tráfico una aventura más
140 que peligrosa. Esta tipología *oscila* desde *el pusilánime,* que vive sobre la punta de un alfiler, sufriendo en carne propia la agresividad de los demás, hasta el desenvuelto *gallito,* prodigio
145 de irresponsabilidad hacia su propia vida y la ajena.

El conductor *patoso* suele conducir con el mentón sobre el volante y la frente pegada al parabrisas. *Ignora* el
150 ritmo del cambio de marchas, y el motor *se le cala* con frecuencia. *Carece de* seguridad en sí mismo.

*A su lado,* el conductor *distraído resalta* por la absoluta seguridad en su
155 *pericia* y soltura con el volante. Conduce con una mano sobre el respaldo, habla con los de *atrás* y toquetea un poco a su acompañante. Es un veterano que puede convertir la calle en un verdadero infierno.
160
El emocional *las pasa canutas* en cuanto *hace acto de presencia* el menor imprevisto. Entonces se le olvida todo lo que sabe, *confunde* el acelerador *con* el freno, y sólo ve el velo rojo que los
165 nervios *despliegan* ante sus ojos. Un verdadero *desastre.*

Al menos, estos tres tipos *reseñados* son inconscientes del peligro que representan. Pero el cuarto y último
170 no es un inconsciente. Es lo que los expertos *denominan* «un verdadero gángster del volante». Es el automovilista *avasallador* que conduce como si fuera el rey de la calle y su único
175 usuario. Es, *en realidad,* un experto y un especialista en *pifias.* Su habilidad le evita tantos accidentes como los que provoca en los demás.

«Cambio 16», 7 de enero de 1979. (Por motivos de extensión, el artículo no se reproduce íntegramente.)

## EJERCICIOS

1. **Conteste brevemente a las siguientes preguntas con sus propias palabras:**

¿Qué diferencias de reacción se observan de un conductor a otro?
¿A qué es debida la agresividad de ciertos conductores?
¿Qué vínculos existen entre el conductor y su coche?
¿Qué motivos psicológicos pueden provocar un accidente?
¿Cómo pueden clasificarse los conductores?

## 2. Ampliemos el tema:

- yo, conductor
- psicología y conducción
- el mal y el buen conductor
- hombres y mujeres al volante
- jóvenes y ancianos al volante
- el conductor del campo y de la ciudad
- el aparcamiento
- el coche, ¿medio insustituible?
- el coche como etiqueta
- el segundo coche
- coches grandes y coches pequeños
- los accesorios
- consumismo del automóvil
- motoristas y ciclistas
- las carreras: espectáculo e investigación tecnológica
- patrocinadores y «merchandising»
- automovilistas y peatones
- el automovilista a pie
- exámenes de conducción
- conductores y guardias urbanos
- legislación, sentido común, educación y conducción

## 3. Sustituya las palabras, frases o partículas en cursiva por otras equivalentes que usted conozca y que puedan reemplazarlas en el texto.

## 4. Explique el significado de las siguientes palabras tal como están usadas en el texto:

- *suspenso* (1); *frustración* (36); *fetichista* (63); *acuciar* (76); *guirigay* (119); *follón* (120); *atasco* (121); *patoso* (147); *calarse* (151); *soltura* (155); *pasarlas canutas* (161); *avasallador* (174); *pifia* (177).

## 5. Complete las frases de los grupos siguientes con una de las voces indicadas en cada uno de ellos:

a) *accidente* (9) / *incidente*
Se enemistó con sus compañeros de trabajo por algún que otro ......
En ...... de la autopista perecieron muchas personas.

–¿Qué tal el viaje? –No me hables de él fue lleno de ...... sin importancia, pero muy fastidioso.

Salvo ...... , llegaremos puntuales a la cita.

La Previsión Social asegura contra ...... de trabajo.

A pesar de numerosos ...... de toda índole, el proyecto se llevó a cabo.

Ríos y montañas son ...... geográficos.

b) *disgusto* (40) / *asco*

Las cucarachas me dan ......

Como le eliminaron de la competición, tuvo un gran ......

La corrupción política nos da ......

Su hijo no le da más que ......

Vámonos porque aquí me siento muy a ......

Es ...... tener que coger el autobús cuando está lleno de gente.

Si quieres participaré en ese negocio, pero lo hago con ......

Con tantas pintadas y papeletas por el suelo, la ciudad está hecha ......

c) *veta* (45) / *ribete*

He comprado un mantel blanco con ...... verde.

Esta madera tiene ...... en forma de aguas.

Están muy de moda los jerseys con ...... de piel.

Cuando perforaron el pozo, se encontraron con ...... de mineral muy duro.

Hay que poner ...... a esa toalla porque se deshila toda.

d) *término* (53) / *fin*

Hay que entregar los ejemplares en ...... de tres meses.

...... de la asociación es la protección de la Naturaleza.

Todos los pasajeros tienen que bajar del tranvía cuando se llega a ...... de la carrera.

Algunos temen ...... del mundo para el año dos mil.

Nos veremos para ...... de semana.

A ...... de la conferencia, entregaron unas fotocopias.

Esto es un disparate, desde el principio hasta ......

La apertura del túnel se llevará a ...... el año próximo.

e) *marcha* (90) / *paso* / *ida*

Los coches tienen que pararse en ...... de peatones.

Nos pusimos en ...... a las seis de la madrugada.

...... ha sido mucho más agradable que la vuelta.

Si queremos llegar puntuales, tenemos que acelerar......

No nos gusta ...... que ha tomado este partido.

Dice aquí: «Se prohíbe ...... a vehículos que superan el tonelaje indicado»: tenemos que hacer ...... atrás.

El sarampión de la nena sigue su ......
Sacaron un billete sólo de ......
Con tu ...... de tortuga no llegarás nunca.
Después de la desgracia, el júbilo dejó ...... a la tristeza.
A este ...... , el metro estará listo dentro de 20 años.
Se abrió ...... entre la multitud a codazos.
Los soldados iban a ...... de ......
No des nunca ...... atrás cuando te hayas comprometido con alguien.

f) *mezclar-se* (92) / *mecer-se*
Los chavales ...... en el columpio.
...... (tú) bien la harina con los huevos.
La abuela ...... al niño en la cuna.
No ...... (vosotros) en asuntos que no os importan.
Es una situación muy complicada porque ...... muchos intereses.
La hierba ...... con el airecillo.
En el Colegio Mayor ...... (ellos) a alumnos y profesores.

g) *relación* (97) / *vínculo*
Existen ...... de parentesco entre nosotros.
El estatuto establece ...... entre los socios.
Por nada del mundo rompería ...... de amistad.
No vemos ...... entre lo que piensa y lo que hace.
Existen ...... de intercambio cultural entre las dos universidades.

h) *sufrir* (109) / *soportar*
El pilar ...... todo el peso del edificio.
...... (tú) frecuentes jaquecas.
Aquel tío es tan pesado que no lo puedo ......
...... (ella) todos los insultos que le dijeron sin pestañear.
Usted mañana ...... las consecuencias de lo que está haciendo ahora.

i) *a su vez* (126) / *a la vez* / *de una vez* / *alguna que otra vez*
Se pusieron a cantar todos ......
Cuando está fuera de casa, le llama ......
Dime lo que te pasa: ¡desahógate ...... !
Hubo truenos y relámpagos, todo ......
Yo cumplo con mi deber y él, ...... , cumple con el suyo.
Tiene que estudiar y trabajar ......
–¿Has visto alguna vez una ardilla? –Sí, ......
Hice la traducción ......

*j)* *cola* (132) / *hilera* / *fila*

¡Niños, poneos en ...... de dos en dos!

Para coger el autobús, pónganse ustedes en ......

Han plantado varias ...... de chopos.

...... del cine daba la vuelta a toda la manzana.

¡Soldados, rompan ...... !

Tenemos un abono para los conciertos matinales en la quinta ......

En aquel self-service, a la hora de punta hay que hacer ......

Caminaban por el sendero de montaña en ...... india.

*k)* *alfiler* (142) / *aguja*

Le cuesta mucho enhebrar ......

De momento te pongo ...... en el dobladillo y luego te lo hilvanaré.

Si quieres hacerte un chal, mejor usar ...... especiales.

Jaime ha perdido ...... del reloj.

Hoy día venden ...... y jeringa desechables tras el uso.

Para cerrar un poco el escote de este vestido, te iría bien ...... en forma de flor.

*l)* *atrás* (157) / *(de) detrás* / *detrás de*

Cuelga el salto de cama ...... la puerta del cuarto de baño.

Pon la escoba aquí ...... para que no se vea.

¡Señores, ...... , no toquen el cadáver!

En las butacas ...... se sentaron unas señoras que no nos dejaron oír nada.

¿Dónde me siento, aquí o ...... ?

Para sacar el coche del garaje tengo que hacer marcha ......

Nuestra amistad se remonta a mucho tiempo ......

Hablan mal de él por ...... y delante son todo sonrisas.

**6. Complete las siguientes frases con el sustantivo relacionado con el verbo entre paréntesis, y controle luego usted mismo con el texto:**

Este año todavía no me han dado ningún ...... (suspender, 1).

Mi padre es ...... (conducir, 15) muy prudente.

...... (combatir, 39) fue muy reñido.

Traten de dar ...... (definir, 43) lo más exacta posible de esta palabra.

Las alhajas que lleva sólo son ...... (ostentar, 56) de riqueza.

Se advierte a ...... (usar, 61) del servicio de gas y electricidad que hoy habrá un control de contadores.

Hay que hacerle ...... (prolongar, 65) a ese hilo porque no llega hasta el enchufe.

Cuando hay niebla, ...... (adelantar, 77) es muy peligroso.

Un pulso normal tiene ochenta ...... (pulsar, 82) por minuto.

...... (incrementar, 83) de la temperatura nos ha obligado a sacar los trajes de invierno antes de lo previsto.

He dejado el coche en ...... (aparcar, 86) subterráneo.

Este hombre no me inspira ninguna ...... (confiar, 99).

Sus ojos tienen ...... (expresar, 112) muy dulce.

Este trabajo me ha dado muchas ...... (satisfacer, 117).

...... (amontonar, 122) de la basura urbana se debe a la protesta de los basureros.

Te juro que mis ...... (sentir, 127) son sinceros.

Cuando hay un atasco, se oyen ...... (tocar la bocina, 130) por todos lados.

Fuimos a visitar un museo y nuestro ...... (acompañar, 158) nos explicó cosas curiosas.

## 7. Observe:

a)  • Un suspenso del hijo, la permanente [...] *son* cosas bastante normales (1).
    • La simbiosis del hombre con la máquina ya *está* en marcha, (90).

Complete las siguientes frases con *ser* o *estar:*

Hoy no ...... (yo) para recibir a nadie.

Antes de casarse, ...... (ellos) novios dos años.

En la reunión ...... (nosotras) casi todas chicas.

La mayoría de los ciudadanos no ...... de acuerdo con las iniciativas del Ayuntamiento.

Veo que ...... (tú) negro de trabajo.

...... (él) un chico muy listo.

...... (nosotros) enamorados hace unos años, pero ahora ...... sólo buenos amigos.

La reunión ...... en la sala B.

−¿Todavía vive? −No, ...... muerto.

¿ ...... cierto que te multaron?

...... terminantemente prohibido guardar divisa en el propio domicilio.

b)  • un individuo de tensión nerviosa sumamente delicada y *cuya* agresividad [...] (16).
    • es una máquina seductora *que* influye ... (49).
    • ¿*Cuáles* son, entonces, los oscuros vínculos entre el usuario y su vehículo? (60)

Complete las siguientes frases con el pronombre relativo adecuado:

...... mucho abarca poco aprieta.

¿ ...... es lo ...... más te interesa?

Es un señor ...... simpatía le brota por los ojos.

Esta es la casa por ...... escaleras se cayeron.

¿ ...... quiere venir a la pizarra?

Este libro trata de un asunto de ...... nunca he oído hablar.

¿ ...... es la traducción ...... tienes que hacer para mañana?

¿En ...... diablos estás pensando?

...... no fuman que se sienten en los asientos delanteros.

¿Con ...... jabón está fregando los platos?

¿ ...... de estos discos desean escuchar?

c) ● «Hay que tener en cuenta» –señala *alguien*– (52).

   ● Pero *nadie* va por la vida haciendo ostentación de la llave de su casa (57).

   ● *Algunos* coinciden en afirmar ... (67).

Complete las siguientes frases con *alguien, nadie, alguno-a-os-as* o *ninguno-a-os-as:*

¿No hay ...... que quiera mirar por el telescopio?

...... de los presentes tiene idea de cuánto va a durar la sesión.

...... ha dicho con razón que los estúpidos difícilmente son buenos.

...... meteorólogos aseguraron que el tiempo sufriría cambios notables.

Nos parece que esto no tiene ...... importancia.

Señores, no puedo atenderles a todos: ...... de ustedes vuelvan mañana.

Aquí ...... quiere pasar por tonto.

Este cantante desafina ...... notas.

...... vehículos tienen motor Diesel.

Es cierto: ...... es inmortal.

Frente a ...... dificultades, no sabe cómo actuar.

¿ ...... puede darme fuego?

...... de los problemas que dices son realmente irresolvibles.

Aquella chica no tiene gracia ......

¿Qué vacaciones hemos hecho este año? ¡ ......!

d) ● y el motor *se le* cala con frecuencia (150).

Complete las siguientes frases sustituyendo el complemento con el respectivo pronombre:

Cuando supo lo ocurrido, ...... (a ella, escaparse) las lágrimas.

Con ese chaparrón ...... (a mí, mojarse) los zapatos.

Al ver al ratón, ...... (a él, ponerse) los pelos de punta.

Este niño ...... (a ustedes, ponerse) precioso.

Cuando reclamamos por el sueldo, el jefe ...... (a nosotros, ponerse) furioso.

...... (a vosotros, meterse) en la cabeza que queremos fastidiaros.

¿Qué te pasa? ¿ ...... (a ti, pincharse) una rueda?

Mientras tendía, ...... (a usted, caerse) una prenda en el piso de abajo.

¿ ...... (a ustedes, acabarse) la carga del bolígrafo?

No sé cómo ...... (a mí, pasarse) el dolor de cabeza.

*e)* ● *Conduce* con una mano sobre el respaldo, (155).

Conjugue el verbo entre paréntesis de las siguientes frases en el tiempo y modo adecuados:

...... (Usted, introducir) la moneda en la ranura y apriete el botón del café solo.

No creo que este árbol ...... (crecer) más.

Te ...... (yo, agradecer) el favor que me hiciste.

Nos ...... (complacer) en ofrecerle un producto excepcional.

No creemos que con lo mucho que ...... (nosotros, envejecer) nos ...... (él, reconocer).

...... (acaecer) lo que ...... (acaecer), no cambiarán su conducta.

Dudo que la vid ...... (producir) tanto como el año pasado.

Antes de que ...... (amanecer), apagan el alumbrado público.

Ese detalle ...... (carecer) de importancia.

Deseamos que ...... (vosotros, conocer) a nuestros novios.

Anteayer ...... (fallecer) el señor del piso de arriba.

¡No ...... (vosotros, conducir) a tanta velocidad!

8. **Ponga las debidas preposiciones en el siguiente fragmento, y controle luego usted mismo con el texto:**

...... controlar ese desequilibrio, lo único que funciona es la capacidad ...... autocontrol». ...... los estudios ...... el respeto desarrollados ...... la Universidad ...... California, el conductor ...... mayor tendencia ...... sufrir accidentes es aquél que «manifiesta dificultades ...... relacionarse y ...... controlar su propia ansiedad y la expresión ...... su cólera».

...... el contrario, el conductor ...... poca tendencia ...... sufrir accidentes es un sujeto «conformista», ...... una idea clara ...... sus objetivos y ...... una vida cotidiana que le produce un nivel ...... satisfacción suficiente.

Es el neurótico guirigay ...... los recíprocos intrusos, es el follón ...... los atascos ...... el que lo que se produce es una «crisis ...... amontonamiento», que, ...... tipos ...... carácter obsesivo, puede provocar desórdenes viscerales ...... menor o mayor persistencia. Esos desórdenes, ...... su vez, desencadenan un sentimiento ...... impotencia, ...... «incapacidad ...... salir ...... la situación» (103-128).

9. **Ponga las debidas preposiciones en las siguientes frases, y controle luego usted mismo VERBO y PREPOSICIÓN con el texto:**

Los gastos de alquiler inciden mucho ...... el sueldo (14)

El pescado carece ...... grasa (30).

Se encuentran ...... una situación difícil (35).

Tienes que atenderte rigurosamente ...... la dieta que ha establecido tu médico (43).

El tiempo influye mucho ...... su estado de ánimo (49).

Después de comer gusta ...... darse un paseíto (54).

Toda la crítica coincide ...... reconocer esta obra como la autobiografía del autor (67).

Han revestido las butacas ...... terciopelo rojo (73).

Comienzo ...... pensar que es un idiota (132).

No confundas la sal ...... el azúcar (164).


## 10. Observe:

- *De ahí que* el atasco *se convierta* en un petrificado bosque de gritos (129).

= por eso se convierte

Según ello, transforme las siguientes frases:

Le mordió un perro; por eso tiene tanto miedo a los perros.

No digiero la leche; por eso prefiero no beberla.

Los precios aumentan sin cesar; por eso todo el mundo se queja.

No quiso ponerse bálsamo en el tobillo torcido; por eso ahora no puede andar.

No limpian nunca la casa; por esto está todo mugriento.


## 11. Observe:

- cualquier cosa que *obstruya* la buena marcha de esa personalidad mezclada perturbará la serenidad del conductor (90).
- De ahí que el atasco se convierta en un petrificado bosque de gritos y bocinazos que se prolonga *hasta que* las colas del atasco *comienzan* a disgregarse (129).

Conjugue el verbo entre paréntesis de las siguientes frases en indicativo o subjuntivo, según convenga:

Hasta que yo ...... (estar) vivo, se hará lo que yo digo.

...... (él, decir) lo que ...... (él, decir), yo no le haré caso.

Para no engordar, aunque ...... (ella, tener) hambre no come.

Suele leer hasta que ...... (él, dormirse).

Mientras las ventanas ...... (estar) abiertas, vete a la otra habitación.

Te lo diré con tal de que no se lo ...... (tú, revelar) a nadie.

Mientras ...... (haber) comida en casa, servíos sin reparo.

A pesar de que ...... (yo, tener) dinero, no te lo prestaré.

Cuando ...... (tú, ir) al zapatero, recoge también mis zapatos.

Hasta que no ...... (ellos, terminar) de construir el chalet, no podremos trasladarnos.

En cuanto le ...... (yo, ver), le daré tu recado.

Iremos a un hotel, excepto que nos ...... (ellos, hospedar) en su casa.

Está nevando, de modo que ...... (yo, poner) las cadenas en las ruedas.

## 12. Puntúe debidamente los siguientes fragmentos, y controle luego usted mismo con el texto:

*a)* ● Hay que tener en cuenta señala alguien que el automovilista privado es un ser que siempre en términos generales gusta de tener en la mano las llaves de su coche como signo de ostentación o de poderío o de lo que sea pero nadie va por la vida haciendo ostentación de la llave de su casa por ejemplo (51-59).

*b)* ● Con esa potencia multiplicada el automovilista deja de ser peatón abandona el común de los mortales y se reviste de su caparazón de superioridad entonces decide resolver la angustia producida por los problemas que le acucian saltándose discos haciendo adelantamientos peligrosos y dejando de respetar prioridades (70-78).

*c)* ● Es el neurótico guirigay de los recíprocos intrusos es el follón de los atascos en el que lo que se produce es una crisis de amontonamiento que en tipos de carácter obsesivo puede provocar desórdenes viscerales de menor o mayor persistencia esos desórdenes a su vez desencadenan un sentimiento de impotencia de incapacidad para salir de la situación (119-128).

## 13. Escriba una redacción sobre uno de los siguientes temas:

Causas y consecuencias de la neurosis del coche.

Educación y comportamiento del automovilista.

Los accidentes automovilísticos.

Descríbase a usted mismo o a un amigo suyo como conductor.

# POR UNA CULTURA POSITIVA DE LA DROGA

**por Emilio Lamo de Espinosa**

ES frecuente *enfocar* el problema del tráfico y consumo de drogas tóxicas y estupefacientes preguntándose si deben o no ser despenalizadas, *es decir,* si debiéramos considerar penalmente *irrelevante* el tráfico y/ o el consumo de estas sustancias.

Entre los argumentos que *se alegan* a favor de la despenalización *está,* sin duda, el de la libertad de los ciudadanos. Stuart Mill lo *formuló* lapidariamente en «On liberty» hace ya más de un siglo: los ciudadanos adultos de un país libre tienen derecho a hacer consigo mismos lo que quieran, *siempre que* ello no *produzca* daño a *terceros* inocentes, y *así,* no corresponde al derecho penal tratar de imponer una moral por la vía de la fuerza. Habría que reconocer *entonces* un derecho a suicidarse, a cometer violencias contra uno mismo y, *por supuesto,* un derecho a ser inmoral, alcohólico, toxicómano, perverso o cualquier otra zarandaja *similar,* derecho que merece protección colectiva, siempre, *por supuesto,* que no se *dañe* a terceros. En definitiva, esto diferenciaría la conducta moral de la inmoral: que es libre. Pues sólo los sujetos libres pueden ser responsables y sólo los responsables pueden ser virtuosos. Una moral impuesta *coactivamente* es una contradicción.

Lo que *con frecuencia* se olvida es que, *al margen de* si el derecho penal «debe» o no tratar de imponer una moral, está *la cuestión* de si «puede» hacerlo. *Pues,* obviamente, la coacción penal es útil y eficaz para conseguir algunas cosas, pero no todas, y la historia de Occidente está *plagada* de fracasos *en cuanto a* la utilización represiva del derecho penal. ¿Es eficaz para controlar el tráfico y consumo de productos tóxicos y estupefacientes?

La respuesta es muy *tajante:* no lo es *en absoluto.* Es más, no sólo no es eficaz, sino que es contraproducente; no sólo no elimina un tipo de delincuencia, sino que genera nuevos tipos, es pues «criminógeno». *Veamos* por qué.

La eficacia de una norma penal se

mide de dos modos: en términos de prevención general y de prevención especial. La primera *alude a* la capacidad de la amenaza de castigo para evitar la transgresión de la norma. Ni aquí ni en Estados Unidos ni en ningún otro país libre del que se tenga información ha servido la amenaza penal como disuasor eficaz.

Otro tanto *cabe decir* en cuanto a la prevención especial, es decir, a la capacidad de rehabilitar a los ya drogadictos para una vida normal. *En primer lugar,* porque de nada hay que rehabilitar al usuario de marihuana o hachís, que no es toxicómano y adicto y al que nada le *ocurre.*

De otra parte, porque *en relación con* los verdaderos toxicómanos *ocurre* todo lo siguiente:

1. Nadie sabe bien cómo «curarlos» realmente.
2. Porque resulta difícil, si no imposible, curar a quien no *quiere* curarse.
3. Porque, si ya es difícil curar a quien quiere, es casi imposible hacerlo con quien está preso.

Pero *lo más grave* no es que la legislación penal en este *terreno* sea ineficaz, sino que es claramente contraproducente, por varias razones, ejemplificadas todas ellas en el *tremendo* fracaso del Volstead Act, la conocida ley seca norteamericana, dictada en 1919 y derogada años más tarde, después de haber alimentado a la «mafia» generando una *pavorosa* corrupción de la policía y la administración de justicia e incluso *un incremento* del consumo de licor entre la juventud.

La primera de dichas razones es la progresiva asimilación entre usuarios de drogas y delincuentes, que se produce como *consecuencia* del trato igual o similar a que unos y otros se ven sometidos. Nunca he comprendido la genial idea de rehabilitar delincuentes poniéndolos todos juntos y separándolos de los no delincuentes; por supuesto, lo que ocurre es que unos y otros *refuerzan* sus conductas y así, en este caso, *acabamos encontrando* al drogadicto armado y al delincuente *metido* en el tráfico y consumo de droga.

En segundo lugar, la prohibición *genera* un mercado negro ilegal basado en la brutal diferencia de los precios de la mercancía al por mayor y al por menor, antes y después de pasar la frontera. Como en el caso de la ley seca, este contrabando genera delincuencia que, por la propia dinámica económica, tiende a organizarse y constituirse en oligopolio de oferta de la mercancía. El oligopolio *facilita* no sólo la contención de la oferta, sino, *sobre todo,* el mantenimiento de unos precios *exorbitantes* para la droga fuerte, pues la demanda es cautiva y está garantizada.

Además, *dado que* los acuerdos o contratos entre tales «mafias», *caso de ser* incumplidos, no pueden alegarse ante los tribunales, éstas se ven obligadas a recurrir a la violencia para imponerlos. De este modo, la prohibición genera no sólo delicuencia, sino delincuencia organizada y violenta.

Tercero, *además de* la delincuencia que se genera por la vía de la oferta, *otro tanto* ocurre por la vía de la demanda. El «yonqui» que sufre síndrome de abstinencia se ve *forzado* a pagar por la heroína cantidades exorbitantes que le obligan a *recurrir* al robo de farmacias, primero, y al de objetos o a la prostitución, después. El toxicómano no es delincuente porque toma droga; es delincuente porque no la toma.

Cuarto, la baja visibilidad de estas transgresiones –el tráfico *se efectúa* entre adultos que *consienten,* el consumo es privado– *hace que* la aplicación de tales normas penales sea muy selectiva y discriminatoria, en función de la visibilidad diferencial de los diversos grupos sociales. En general, los ricos son menos visibles que los pobres y los adultos menos que los jóvenes. De este modo, tales normas penales se aplican sobre todo a los jóvenes de clase modesta o pobre, pero no a otros muchos usuarios.

Por último, hay que *mencionar* que una repetida experiencia en éste y otros campos *similares* enseña que el peligro de corrupción de la policía y la administración de justicia es grande. *Enfrentados a* un trabajo con bajo apoyo social, con un enemigo de extraordinaria capacidad económica, teniendo necesidad de negociar con chivatos o soplones para *detectar* la comisión de delitos o de recurrir a *una vigilancia* extrema que interfiere con el derecho a la intimidad y sometidos constantemente a la tentación de integrarse en el tráfico o acudir al chantaje, *la desmoralización* es fácil y frecuente.

Por todo ello, porque no es legítimo *dictar* a ciudadanos adultos cómo deben vivir ni lo que deben hacer consigo mismos, porque esta legislación es *ineficaz* y todo castigo ineficaz es injusto, porque no sólo es ineficaz sino contraproducente, pues, *pretendiendo* controlar la delincuencia, la *causa* pretendiendo que disminuya el tráfico, crea las condiciones para que éste florezca, y pretendiendo defender la justicia, *contribuye a* su desprestigio.

«El País», 22 de agosto de 1982. (Por motivos de extensión, el artículo no se reproduce íntegramente.)

## EJERCICIOS

**1. Conteste brevemente a las siguientes preguntas con sus propias palabras:**

¿Qué argumentos alegan los partidarios de la despenalización de la droga?
¿Qué se entiende por libertad del individuo?

¿Por qué la coacción penal en el ámbito concreto de la droga no sólo es ineficaz sino también contraproducente?

¿Por qué el prohibicionismo no es una solución?

¿Qué ejemplos aduce el autor?

¿Por qué paradójicamente la justicia produce efectos contrarios a los que se propone?

2. **Ampliemos el tema:**

- necesidad biológica y psicológica de la droga
- drogas permitidas
- drogas duras y blandas
- la droga entre los jóvenes
- la familia y la droga
- el trabajo y la droga
- la sociedad frente a la droga y al drogado
- paternalismo y droga
- la medicina ante el drogado
- la recuperación del drogado
- farmacología e incremento de la droga: del calmante al somnífero
- el gran negocio de la droga
- las técnicas del consumismo al servicio de la droga
- ¿la droga crea la delincuencia, o la delincuencia la droga?
- prohibicionismo y represión, coartadas de la sociedad
- penalización y despenalización de la droga
- la religión y la droga
- el poder y la droga
- la droga como experiencia

3. **Reduzca el texto en un 50 por 100 tratando de usar sus propias palabras.**

4. **Sustituya las palabras, frases o partículas en cursiva por otras equivalentes que usted conozca y que puedan reemplazarlas en el texto.**

5. **Explique el significado de las siguientes palabras tal como están usadas en el texto:**

- *zarandaja* (24); *plagada* (42); *criminógeno* (52); *mafia* (91); *mercado negro* (112); *contrabando* (117); *oligopolio* (120); *'yonqui'* (138); *chivatos* (169); *soplones* (170); *chantaje* (175).

**6. Complete las frases de los grupos siguientes con una de las voces indicadas en cada uno de ellos:**

a) *enfocar* (1) / *encender* / *incendiar-se*
...... (él) mal el tema.
...... los almacenes a causa de un cortocircuito.
¡...... (tú) la luz porque no se ve nada!
...... (ellos) intencionalmente el bosque.
Lástima que usted ...... mal los árboles, porque la foto hubiera sido interesante.

b) *argumento* (8) / *asunto* / *tema*
No te cuento ...... de la película porque si no, no tiene gracia.
No le gusta meterse en ...... privados.
Ha tratado de poner en entredicho la teoría freudiana pero sin ...... válidos.
...... de la redacción era de actualidad.
Es ...... musical muy pegadizo.
Tenemos que resolver este ...... de la multa cuanto antes.
Cambiemos de ...... porque no interesa a nadie.

c) *el margen* (36) / *la margen* / *orilla* / *borde* / *filo*
El agua llegó hasta ...... de la bañera.
Las olas besaban dulcemente ...... del mar.
Soplaba un viento cortante como ...... de un cuchillo.
Los que viven a ...... de la sociedad se denominan marginados.
Cuando pase a máquina la carta, deje ...... a la derecha y a la izquierda.
...... de las mangas está muy estropeado.
Puso el plato en ...... del fregadero y se cayó.
Los chopos crecen en ...... de los ríos.
Te doy un cierto ...... de tiempo para tomar una decisión definitiva.
La depresión le llevó a ...... del suicidio.
El prohibicionismo es un arma de dos ......

d) *ocurrir* (71) / *ocurrirse* / *ser necesario*
...... (a nosotros) una idea descabellada.
A veces ...... cosas raras en el mundo.
...... salvar las apariencias como sea.
–¿...... (a usted) alguna solución? –No, en este momento no ...... nada.
No ...... ir tan lejos para ver un ejemplo de eso: vean lo que ...... en mi casa.
Lo que ...... es que era muy testarudo.

e) *curar* (75) / *cuidar-se*
Hay que ...... bien los dientes porque si no luego los hay que ......
Tiene una enfermedad que no se puede......

El jefe de personal ...... de seleccionar a los aspirantes a empleados.

...... (usted) que no le pase nada al niño.

En esta ciudad ...... (ellos) muchos los jardines.

Se ...... a base de productos homeopáticos.

...... (yo) de que durante su ausencia le remitan regularmente la correspondencia.

f) *contraproducente* (85) / *improductivo*

Es ...... dormir en lugares demasiado calientes.

Es una actividad del todo......

Humillar a los niños es ......

Es inútil plantar nada porque el suelo es del todo......

g) *alegar* (129) / *adjuntar* / *añadir*

Para justificar su ausencia, ...... (él) la enfermedad de su esposa.

...... (yo) a la presente el recibo de pago.

Hecho el sofrito, ...... (usted) el pollo cortado a trozos.

No ...... (tú) nada, que ya lo he entendido todo.

Dijo que no podía estar presente, ...... que tenía que ausentarse del país.

h) *enfrentar-se* (166) / *afrontar*

Hay que ...... la situación con mucho pulso.

...... (él) con el enemigo a primeras horas de la mañana.

A menudo me he visto ...... con situaciones peores que ésta.

...... (ellos) el peligro temerariamente.

i) *tentación* (174) / *intento*

Hasta ahora todos ...... para abonar este terreno han sido inútiles.

No puedo beber alcohólicos, pero para mí el vino es realmente ......

La pena fue muy ligera porque sólo hubo ...... de homicidio.

No pude reprimir ...... de darle un cachete.


7. **Complete las siguientes frases con el sustantivo relacionado con las palabras entre paréntesis, y controle luego usted mismo con el texto:**

...... (consumir, 2) constante de la droga les llevará a la muerte.

No le trates con demasiada ...... (violento, 21).

Han creado una nueva sociedad para ...... (proteger, 26) de animales y plantas.

El acusado entró en ...... (contradecirse, 34) consigo mismo.

El chantaje es una forma de ...... (coaccionar, 39).

En vez de acudir a la represión, sería mejor pensar en ...... (prevenir, 56).

Sus ...... (amenazar, 58) no han surtido efecto alguno.

Los precios bajan porque ...... (ofrecer, 120) es mucha.

...... (robar, 141) a la joyería se efectuó durante la noche.

...... (corromper, 164) es condenable.

Un tal escándalo contribuye a ...... (no prestigio, 189) de la casa.

## 8. Complete las siguientes frases con el adjetivo que signifique lo que se indica entre paréntesis, y controle luego usted mismo con el texto:

La operación le dejó una cicatriz en el pecho ...... (sin importancia, 6).

Las bebidas ...... (con alcohol, 23) están sujetas a impuestos.

...... (que se intoxica habitualmente con drogas, 23) entró en el hospital para curarse.

Se han tomado medidas ...... (que reprimen, 43) que han suscitado la indignación del pueblo.

Haga usted una lista de los participantes en orden ...... (que progresa, 97) de edad.

La fábrica vende ...... (en grandes cantidades, 114) lo que el comerciante vende ...... (en pequeñas cantidades, 114).

Estas ruinas son signos ...... (que se ven, 155) de los estragos de la guerra.

## 9. Complete las siguientes frases con el verbo que signifique lo que se indica entre paréntesis, y controle luego usted mismo con el texto:

Han convocado un referéndum para ...... (librar de penalidad, 4) el aborto.

Yo ...... (descuidar inadvertidamente, 35) siempre el bolígrafo en alguna parte.

Haciéndole hacer gimnasia, le han conseguido ...... (hacer de nuevo hábil, 66) la parte paralizada.

Hoy día ...... (ellos, dar alimento, 91) a los niños con leche en polvo.

El ministro se ha desplazado a la capital para ...... (tratar por vía diplomática, 169) la paz.

La temperatura ...... (hacerse menor, 186) a medida que la altitud aumenta.

## 10. Diga la forma contraria de las palabras en cursiva de las frases siguientes, y controle luego usted mismo con el texto:

En esta región las nevadas son muy *raras* (1).

La Corte Suprema le reconoció *culpable* (17).

Es un hombre *muy bueno* (24).

Tu comportamiento es absolutamente *moral* (29).

Esta pomada es muy *eficaz* para las torceduras (84).
Este guante es de *distinto* color (100).
Los invitados llegaron todos *separados* (103).
Lo que está haciendo no me parece *legal* (112).
Está rodeado de *amigos* (167).


## 11. Observe:

*a)* • Es frecuente enfocar el problema del tráfico y consumo de drogas [...] preguntándose si deben o no *ser* despenalizadas (3)
   • la historia de Occidente *está* plagada de fracasos (41).

Complete las siguientes frases con *ser* o *estar:*

El cuadrilátero de boxeo ...... rodeado por unas cuerdas.

La acera ...... regada todas las mañanas por los mangueros.

Veo que este jersey ...... muy suave, ¿...... lavado en seco o con agua?

Al coger la ropa de invierno, me di cuenta de que ...... agujereada por la polilla.

El ciclista ...... entrenado por el entrenador.

Los bancos ...... protegidos por la policía.

...... terminantemente prohibido tirar botellas por la ventanilla del tren.

La corrección del sorteo ...... asegurada por la presencia del notario.

El despertador ...... estropeado.

Los árboles ...... deshojados por el viento.

...... (yo) enterado de los últimos resultados de la quiniela.

Las montañas ...... cubiertas de nieve.

La electricidad ...... quitada de dos a tres de la tarde.

Los usuarios ...... advertidos tempestivamente por la Compañía.

Haga usted todo lo que quiera, pero de momento ...... usted avisado.

*b)* • Entre los argumentos que se alegan a favor de la despenalización está, sin duda, *el de* la libertad de los ciudadanos (8)
   • *Lo que* con frecuencia se olvida es que [...] (35)

Complete las siguientes frases con *el, lo-a-os-as de* o *que:*

El tren llegó mucho más tarde de ...... creían ...... estaban en la estación.

...... oyes todas las noches es una lechuza.

La razón por ...... trabaja tanto es que tiene muchos hijos.

Éstos son los apuntes con ...... hemos estudiado.

...... ayer, no se lo cuentes a nadie.

No creo una palabra de ...... dijo.

...... quieran intervenir en el debate, que intervengan.

–¿A qué señor llevo la carta? –A ...... la corbata azul.

–¿En qué apartamento vive? –En ...... encima de ...... el portero.

–¿Qué queso prefieres? –...... compramos en la montaña.

–¿Con qué blusa voy? –Con ...... las mangas cortas.

Todos los participantes recibieron un premio de consolación, con ...... todos quedaron satisfechos.

*c)* • Stuart Mill lo formuló [...] hace ya *más* de un siglo (12)

   • los ricos son *menos* visibles *que* los pobres (155)

Complete las siguientes frases con *más/ menos de* o *que:*

Este trabajo resulta mucho ...... largo ...... lo previsto.

No quiero fumar más: esta mañana ya he fumado ...... un paquete de cigarrillos.

Si no ha podido votar, seguro que tiene ...... dieciocho años.

Este año la inflación ha sido ...... alta ...... el año pasado.

Se ha quedado con ...... la mitad del patrimonio familiar.

No me han dejado sacar del banco ...... un millón de pesetas.

Hoy el cielo está mucho ...... cubierto ...... ayer.

El potro corrió mucho ...... lo que suponían los que apostaron por él.

*d)* • siempre que ello no *produzca* daño a terceros inocentes (16)

   • La eficacia de una norma penal se *mide* de dos modos (54-55)

   • lo que ocurre es que unos y otros *refuerzan* sus conductas (106)

Conjugue el verbo entre paréntesis de las siguientes frases en el tiempo y modo adecuados:

No creo que ...... (merecer) la pena que ...... (tú, demostrar) lo evidente.

...... (yo, confesar) que no sé para qué ...... (servir) esta máquina.

Por lo que ayer me ...... (ellos, contar), ...... (yo, deducir) que se ...... (producir) un accidente de vuelo.

No creemos que nos ...... (él, agradecer) cuanto hemos hecho por él.

Antes de que ...... (amanecer), sería oportuno que ...... (vosotros, encender) la calefacción y (calentar) el agua para el baño.

Los socios ...... (pedir) por unanimidad que se ...... (elegir) a otro presidente.

Si se ...... (sentir) solo, ...... (usted, servirse) llamar a este número de teléfono y alguien le ...... (atender).

La gente ...... (pensar) que es mejor que le ...... (ellos, colgar) en la horca.

Sólo te ...... (yo, pedir) que por una vez ...... (tú, obedecer).

Cuando los pájaros ...... (crecer), ...... (ellos, volar) al cielo.

Sus palabras ...... (producir) en todo el auditorio mucha conmoción.

**12. Ponga las debidas preposiciones en el siguiente fragmento, y controle luego usted mismo con el texto:**

Veamos ...... qué.

La eficacia ...... una norma penal se mide ...... dos modos: ...... términos ...... prevención general y ...... prevención especial. La primera alude ...... la capacidad ...... la amenaza ...... castigo ...... evitar la transgresión ...... la norma. Ni aquí ni ...... Estados Unidos ni ...... ningún otro país libre ...... el que se tenga información ha servido la amenaza penal como disuasor eficaz.

Otro tanto cabe decir ...... cuanto ...... la prevención especial, es decir, ...... la capacidad ...... rehabilitar ...... los ya drogadictos ...... una vida normal. ...... primer lugar, porque ...... nada hay que rehabilitar .....el usuario ...... marihuana o hachís, que no es toxicómano y adicto y ...... el que nada le ocurre.

...... otra parte, porque ...... relación ...... los verdaderos toxicómanos ocurre todo lo siguiente [...] (52-74).

## 13. Observe:

*a)* • los ciudadanos adultos de un país libre tienen derecho a hacer consigo mismos lo que quieran *siempre que ello no produzca* daños a terceros inocentes (15)

> = si ello no produce

Según ello, transforme las siguientes frases:

Estoy dispuesto a darle la razón, si la tiene.

Encargaré los libros, si no están ya en la biblioteca.

Se celebrará el espectáculo al aire libre, si no hace mal tiempo.

Se prevé que el piloto ganará la carrera, si no participa su terrible contrincante.

*b)* • *no sólo* no es eficaz, *sino que* es contraproducente (48)

> = es eficaz y también contraproducente

• El oligopolio facilita *no sólo* la contención de la oferta, *sino,* sobre todo, el mantenimiento de unos precios exorbitantes (121)

> = facilita la contención y también el mantenimiento

Según ello, transforme las siguientes frases:

Duerme como un lirón y también ronca.

Dejó en herencia la propiedad y también todos sus bienes muebles.

Trabaja en la oficina y también se lleva el trabajo a casa.

Es estúpido y también sinvergüenza.

Han disminuido los salarios y han aumentado los precios.

Trabajo por la mañana, y también trabajo por la tarde.

*c)* ● Veamos *por qué* (52).

= ¿por qué?: veamos.

● Nadie sabe bien *cómo* «curarlos» realmente (75)

= ¿cómo curarlos?: nadie lo sabe

Según ello, complete libremente las siguientes frases:

¿Dónde es la cita? ......

¿A quién me dirijo? ......

¡Cuánto se aplica! ......

¿Adónde vamos? ......

¿Cómo funciona este aparato electrónico? ......

¿Qué hora es? ......

**14. Escriba una redacción sobre uno de los siguientes temas:**

Droga y delincuencia.

«Mafia», «cosa nostra», droga.

Los jóvenes y la droga.

La despenalización de la droga.

La mayor droga del mundo actual.

«Los que gobiernan en el régimen humano razonablemente tolerarán algunos males para que no sean impedidos otros bienes o para evitar peores males» (Santo Tomás de Aquino).

El mayor negocio del mundo.

# LOCOS POR EL «POP»

CUANDO Carmen y Cristina llegaron al Parque de Atracciones, *poco antes de* las diez de la mañana, ya había una larga fila de adolescentes como ellas esperando en la cola. Lo primero que un observador *destacaba* era la casi total ausencia de jóvenes del sexo masculino. *La inmensa mayoría* eran chicas.

Algunas llevaban pegatinas, camisetas con el rostro de sus ídolos, de su cantante preferido.

Cristina, *jadeando,* entre gritos y suspiros, decía a un reportero que quiso saber qué le movía a aguantar *tamaña* espera, y a destrozarse vestido y zapatos: «Quiero estar *cuanto más cerca mejor* de Miguel Bosé. *Me dan ganas* cuando lo veo de tirarme a él, de comérmelo.»

¿Explicación más profunda que ésa? No existe.

Cristina y Carmen eran *parcas* en sus piropos. «Fans» como ellas, siete días antes y en el mismo *lugar,* habían llegado a radicalizarse y expresar sus deseos sexuales de forma más concreta.

En el escenario estaba, *en lugar de* Bosé, Leif Garrett, un jovencito de dieciséis años, que pasa por ser el «sex symbol» más importante de las adolescentes de todo el mundo. Una enorme pancarta sostenida por niñas que apenas si hace tres o cuatro años han hecho la primera comunión decía en expresivo inglés: «We want to fuck with you» («Queremos jo... contigo»).

¿Qué está *pasando*? ¿Cómo se explican los padres de estas dos *crías* y de otras tantas miles que en España hay, que sus hijas se desmelenen, *se desgañiten* por cantantes *imberbes*? A su edad, recuerdan algunas madres con nostalgia, aprendían a hacer puntilla, a jugar al corro, o a cantar inocentes canciones infantiles.

\* \* \*

Pero la televisión, la radio y las revistas especializadas en el mercado infantil *han subvertido* los valores y si a una niña de esa edad se le propone hoy jugar al corro, *lo más fácil* es que le manden *a hacer gárgaras.*

El fenómeno, a *escala* mundial, no es nuevo. Progresivamente, en todos los países del mundo occidental se ha observado en los últimos cinco años *un descenso* en la edad de los «fans», de los admiradores de los cantantes de moda. *Al tiempo,* los propios cantantes son *cada vez más* jóvenes y las compañías discográficas que mueven centenares de millones de dólares al año *se ocupan de* que la cantera no se seque.

Los *espabilados* hombres de negocios del *«show bussines»* salieron a la caza y captura de jovencitos imberbes, con aire asexualizado y *aniñado,* capaz de hacer enloquecer a las *doceañeras.*

Uno de los cerebros del Gran Musical se explica el fenómeno del progresivo descenso de edad de las «fans» de la siguiente forma: «En la década de los 70, pasado el furor de los Beatles y cuando las 'fans' de los cuatro ingleses ya estaban *muchas de ellas* casadas, *surgió* lo que se *llamó* la música *'underground'* incapaz de sintonizar con la mentalidad de las niñas. *Al nivel español,* tampoco había un Raphael que las *enloqueciera* y el espíritu 'fan' quedó dormido.»

Es con la aparición de Camilo Sesto cuando ese espíritu renace de nuevo y llega a su *punto culminante* en el momento actual, con una larga proliferación de Camilos *por doquier.*

Este crecimiento, aprovechado por las empresas discográficas, ha producido un estímulo sin precedentes en el ansia consumista de las adolescentes y se ha montado para ellas un enorme *tinglado* tras el que *se mueven* cientos de millones de pesetas.

Al tiempo, esa apoteosis del «pop» coincidía con un progresivo agotamiento de la canción política.

El asturiano Víctor Manuel, uno de los *cracks* musicales del momento, es un buen ejemplo de cantante político *venido a menos* y resucitado *por obra y gracia* de unas hermosas canciones de amor que hacen *trepidar* los corazones de las «fans» doceañeras. Para el asturiano, hubo un momento en que *«se necesitaba* escuchar una serie de temas muy determinados», temas que tenían alguna relación directa con la vida política y social del país, pero «hoy la realidad ha superado aquellos planteamientos y los cantantes necesitamos encontrar nuevas *vías* de comunicación».

Sobre el hecho de que las «fans» sean cada día más jóvenes, Víctor Manuel *opina* que «los chicos escuchan más música ahora porque no pueden jugar en la calle, están condenados a permanecer *horas y horas* en sus casas, y escuchar los discos de moda *se ha convertido en* una forma de vida».

Por ello, los veteranos líderes del «pop» español, las *«carrozas»* como dirían las doceañeras, no han tenido *más remedio que* reorientar sus carreras musicales.

Olvidado por sus «fans», que ya han pasado la edad de hacer cola para verle cantar, Serrat prepara nuevas canciones en la línea romántica y amorosa que tan bien expresó *antaño.*

135 Hoy, la política no vende y eso lo saben todos.

Pero, ¿quiénes son estos nuevos ídolos de las jovencitas?, ¿de dónde han salido?, ¿qué piensan y qué dicen 140 sus mensajes escritos en forma de canción?

Dos nombres se llevan la palma: Miguel Bosé y los Pecos.

¿Cómo se explican estos ídolos su 145 éxito? Bosé, *despacio,* con una suave cadencia, responde al periodista: «Todos estos movimientos son típicos de un momento y de una edad muy determinada. Estas chicas necesitan un 150 ídolo para identificarse con él. *De todas formas,* me impresiona muchísimo ver a las niñas histéricas delante de mí. Cuando una chica me dice que me comería siento algo que me estimula, 155 es una recompensa. Lo que ellas sienten es un amor platónico, y, claro, me llega profundamente porque son muy espontáneas.»

El griterío es ensordecedor, *sobre* 160 *todo* cuando cantan los Pecos. Las crías, *puestas en pie,* sudorosas, *a grito pelado,* cantan con ellos. Las canciones se las saben de memoria.

«Pensamos –dice Pedro, el moreno 165 de los Pecos– que nuestro éxito se basa en que la letra y la música están hechos por jóvenes, para jóvenes. Cantamos en música los mismos sentimientos y problemas que ellas tie- 170 nen».

Pero ¿por qué sólo niñas? ¿Por qué no se ven niños?

La explicación también es *sencilla,* dicen los expertos. Las niñas tienen que desarrollar su instinto maternal y 175 lo *vuelcan* en los ídolos musicales. Los críos de doce años están dándole *patadas* al *balón.* Cuando esos niños se aficionen a la música, darán un salto de gigante y pasarán directamente al 180 «rock».

A ello se debe también que sean pocas las figuras femeninas de la canción, por no decir ninguna, que gozan de tamaña popularidad entre las do- 185 ceañeras.

\* \* \*

Ajenas aún al mundo de *la hierba,* Carmen y Cristina, satisfecho su deseo de ver y piropear a su ídolo Bosé y 190 a los hermanos Pecos, danzaban al sonido de las guitarras eléctricas siguiendo el permanente movimiento del cantante, que *provoca* así, minuto a minuto, la excitación de su *audien-* 195 *cia.*

Sudorosas y mojadas de medio cuerpo *hacia* abajo, con los zapatos inservibles por el agua, Carmen y Cristina volvieron a sus casas en «Metro». 200 Quizá su madre les pegó *unos azotes* por haber estropeado zapatos y vestido.

¡Qué más da!, dirían. Ellas habían *cumplido* su sueño: decirle a Miguel 205 Bosé que querían comérselo.

«Cambio 16», 20 de mayo de 1979. (Por motivos de extensión, el artículo no se reproduce íntegramente.)

**1. Conteste brevemente a las siguientes preguntas con sus propias palabras:**

¿Cómo es el público que se dispone a asistir al espectáculo musical, y qué hace?

¿Qué hay detrás de los nuevos cantantes y de las jóvenes «fans»?

¿Cómo y por qué ha surgido la música «pop»?

¿Qué opinan algunos cantantes sobre el éxito de sus canciones?

¿Cuáles son las canciones que interesan hoy en sustitución de la canción «comprometida»?

¿Por qué son más las chicas que los chicos «fans»?

¿Cuál es el sueño de las dos muchachas descritas?

**2. Ampliemos el tema:**

- tipos de música
- la música clásica
- la ópera-el concierto sinfónico-el concierto de cámara-el recital
- la música sacra
- música contemporánea
- la opereta y la zarzuela
- la música popular
- la música ligera
- música y ritmo
- el «jazz»
- músicas exóticas
- música «pop»-«country»-«underground»-«rock»
- coros y bandas
- música comprometida y música de evasión
- la electrónica y la música
- la música como fenómeno de moda: ídolos y «fans»
- el divismo
- tipos de aficionados
- los jóvenes y la música
- música y fiesta
- música clásica, ¿etiqueta cultural?

- ¿por qué me gusta –o no me gusta– la música?
- música, instrumentos y compositores preferidos.
- estado de ánimo y música
- la música al servicio de la política y del militarismo
- la música y la religión
- la música al servicio de la publicidad
- cine y música; banda sonora
- música de fondo
- música y consumismo
- música y «merchandising»
- disco, cinta magnetofónica, casetes
- la industria del disco
- la música como terapia

3. **Reduzca el texto en un 50 por 100 tratando de usar sus propias palabras.**

4. **Sustituya las palabras, frases o partículas en cursiva por otras equivalentes que usted conozca y que puedan reemplazarlas en el texto.**

5. **Explique el significado de las siguientes palabras tal como están usadas en el texto:**

- *pegatinas* (10); *piropos* (24); *desmelenarse* (42); *desgañitarse* (42); *hacer puntilla* (45); *corro* (46); *cantera* (64); *tinglado* (95); *líderes* (125); *«carrozas»* (126); *llevarse la palma* (142).

6. **Complete las frases de los grupos siguientes con una de las voces indicadas en cada uno de ellos:**

a) *ausencia* (7) / *falta*
   En esta redacción hay muchas ...... de sintaxis.
   En ...... de su padre, le acompañó al altar el hermano mayor.
   Desde que se marchó el jefe de la oficina, se nota mucho su ......
   El niño ha hecho muchas ...... en el colegio porque ha tenido la gripe.
   En esta casa la limpieza brilla por su ......
   ...... de salud le ha impedido el acceso a muchas actividades.

b) *camiseta* (10) / *camisa* / *camisón*
   Esta ...... de canalé de lana es sin mangas.
   Lo más difícil de planchar es el cuello de......

Un tiempo, incluso los hombres se acostaban con ......
Lleva ...... con la imagen del pato Donald.
No dejan entrar en el casino a los hombres sin ...... y corbata.
Ponte ...... y falda, que vamos a jugar al tenis.
Se ha comprado un conjunto de ...... y salto de cama de encaje.

c) *pancarta* (34) / *cartel* / *valla*

En la parte superior de los edificios de la plaza, hay varias ...... publicitarias.
Las feministas llevaban ...... que decía: «Aborto libre».
La obra permaneció en ...... toda la temporada.
A lo largo de la carretera, había muchas ...... que anunciaban los hoteles más próximos.
En la puerta han puesto ...... que dice: «Se alquilan despachos».
En la bocacalle, había ...... que anunciaba: «Interrupción por obras».
Los manifestantes llevaban ...... contra la empresa.

d) *largo* (88) / *ancho* / *amplio*

Últimamente, ha adelgazado mucho y este traje le va muy ......
Me gustaría tener el pelo ......
Estas aulas tienen mucha cabida: son muy ......
Ayer transmitieron ...... debate sobre los sindicatos.
Desde el mirador se veía ...... valle.
Este cuarto es más ...... que ......
Han destinado ...... zona de la ciudad a jardines.
Esta tela tiene un metro y veinte de ......
Me ha dado ...... facultades de decisión.
Este pasillo tiene tres metros de ......

e) *letra* (166) / *carta* / *papel*

...... de mi habitación es de flores.
He recibido ...... certificada.
Tiene ...... indescifrable.
Las playas están llenas de ...... y cascos de botellas.
La grafología es el estudio de ......
Los titulares de los periódicos son en ...... de imprenta.
...... de esta canción es preciosa.

f) *volcar-se* (176) / *vaciar*

A consecuencia del choque, el camión ......
...... (usted) esa botella porque me sirve para otro líquido.
...... (él) el vaso de agua de un codazo.
Los camiones de la basura ...... los desechos de la ciudad en los vertederos.
El niño ...... la hucha para ...... (ella).

g) *aún* (187) *aun*

...... es de día.

...... teniendo posibilidades, no se va nunca de vacaciones.

No hemos recibido ...... los impresos de propaganda.

...... cuando está enfermo, no se mete en la cama.

Le hemos contentado en todo y ...... se queja.

7. **Complete las siguientes frases con el sustantivo relacionado con las palabras entre paréntesis, y controle luego usted mismo con el texto:**

La llegada del mercado ambulante resulta ...... (atraer, 2) para el pueblo.

Algunos ...... (observar, 6) consideran que se trata de un hecho histórico.

La tregua representa un compás de ...... (esperar, 16) en la encarnizada lucha.

El brusco ...... (descender, 58) de la temperatura ocasionó nevadas prematuras.

Aseguraba que a la medianoche en punto hacía ...... (aparecer, 85) un fantasma.

...... (plantear, 113) del problema no es correcto.

Durante ...... (correr, 128) de obstáculos, el campeón se rompió el menisco.

Se ofrece ...... (recompensar, 155) a quien encuentre el perro.

Es ...... (explicar, 173) que no explica nada.

...... (popular, 185) de aquel cantante ha pasado los confines del país.

Sudaba mucho a causa de ...... (excitarse, 195).

...... (azotar, 201) de la epidemia causó millones de muertos.

8. **Complete las siguientes frases con el adjetivo que signifique lo que se indica entre paréntesis, y controle luego usted mismo con el texto:**

Es una persona muy ...... (sobrio y moderado, 23) en sus palabras.

Tiene una cara muy ...... (que expresa, 37).

La artrosis es una enfermedad ...... (que progresa, 73).

Nuestra civilización es esencialmente ...... (basada en el consumismo, 93).

Ha resultado ser un embarazo ...... (de histeria, 152).

El taladro hace un ruido ...... (que pone sordo, 159).

Algunas monjas tienen un espíritu ...... (de madre, 175) muy acentuado.

Tire esos guantes de goma porque son ...... (que no pueden servir, 198).

9. **Complete las siguientes frases con el verbo que signifique lo que se indica entre paréntesis, y controle luego usted mismo con el texto:**

...... (él, sufrir, tolerar, 15) bien el dolor.

...... (él, romper, reducir a trozos, 16) los zapatos en poco más de un mes.

No ...... (yo, traer a la memoria, 44) nada de mi primera comunión.

Algunos extremistas sólo desean ...... (alterar lo establecido, 50) el orden establecido.

Mi padre ...... (tiene como ocupación, 64) de importación y exportación.

Cuando supo que le había nacido un hijo varón, ...... (ponerse loco, 70) de alegría ...... (nosotros, convenir una cosa con otra, 98) en casi todo.

Hay que ...... (orientar de nuevo, 128) las antenas de la televisión porque no se ve nada.

Las aceitunas ...... (obrar como estímulo, 154) el apetito.

...... (ella, cobrar afición, 178) tanto a la chacha que la quería como a una madre.


## 10. Observe:

*a)* • Lo primero que un observador destacaba *era* la casi total ausencia de jóvenes del sexo masculino (6)

• «quiero *estar* cuanto más cerca mejor de Miguel Bosé» (17)

Complete las siguientes frases con *ser* o *estar:*

La dificultad ...... en tocar sin partitura.

Lo curioso ...... que a pesar del choque, el coche no sufrió ningún daño.

No ...... bien reírse de los demás.

...... (yo) perfectamente consciente de lo que hago.

La representación ...... a beneficio de los huérfanos.

...... bueno para el catarro tomar manzanilla con miel.

Esa tela ...... pintada al óleo.

Todos los inquilinos ...... en perfecto acuerdo.

Aquí el único perjudicado ...... yo.

...... un hombre muy leído: lo sabe todo.

¿Has llorado? Tus ojos ...... muy hinchados.

Los testigos ...... los que ...... al lado de los novios.

Quien ...... enfermo no ...... yo, sino mi hermano.

No ...... normal que uno vaya por la ciudad en bikini aunque ...... (él) de vacaciones.

...... prudente pensar dos veces lo que hay que decir.

Hoy ...... viernes y ...... a 15 de abril.

El agua de este arroyo ...... muy fresca.

Hay que dividir el curso porque en esta aula ...... ya ciento cincuenta.

Esta poesía ...... de García Lorca.

*b)* • Cristina [...] *decía* a un reportero que *quiso saber* qué le movía a aguantar tamaña espera (14-16).

Conjugue el verbo de irregularidad propia de las siguientes frases en el tiempo y modo adecuados:

Si ...... (haber) un incendio, ...... (haber) que desalojar ante todo esta ala del edificio.

No creí que ...... (ser) tan divertido hacer «surfing».

¡Cuidado, no te ...... (caer)!

¡No ...... (vosotros, decir) que aquí ...... (caber) todos!

–¿...... (usted, poder) hacerme este favor? –Si yo ...... (saber) cómo hacerlo, se lo ...... (hacer) con mucho gusto.

–¿Qué te ...... (ellos, proponer) anoche? –Que ...... (yo, salir) con ellos.

No creo que la vida que conduce le ...... (satisfacer) mucho.

Si ...... (nosotros, tener) más espacio, ...... (nosotros, poner) aquí otra cama.

Te ...... (yo, decir) que ...... (tú, venir) a mi casa para que ...... (nosotros, oír) juntos la nueva cinta magnetofónica.

...... (yo, salir) contigo si ...... (yo, tener) tiempo y no ...... (yo, estar) tan atareado.

Si ...... (caber) la consola de la abuela, la ...... (nosotros, traer) aquí.

Te ...... (valer) mucho su ayuda.

Mañana ...... (nosotros, saber) si ...... (ellos, poder) arreglar las ventanas.

Si ...... (yo, saber) dónde ...... (ellos, poner) la escuela, cogería este piso.

c) ● ¿Explicación *más* profunda *que* ésa? No existe (21).

   ● pasa por ser *el* «sex symbol» *más* importante *de* las adolescentes de todo el mundo (31).

Complete las siguientes frases con *más/menos que* o *de*, o *el, lo-a-os-as, más/menos que* o *de:*

Él es ...... joven ...... la pandilla.

Eso es ...... aburrido ...... he visto en mi vida.

Me he enfadado ...... lo que pensaba.

Hoy he dormido mucho ...... ayer.

Él está ...... crispado ...... nunca.

Este libro es ...... costoso ...... los que compré.

Estos pañuelos de papel son ...... resistentes ...... existen en el mercado.

Este cuarto es ...... ruidoso ...... el cuarto de estar.

Estas chicas son ...... simpáticas ...... todas.

Estos gemelos son ...... modernos ...... los que tiene mi padre.

Este mechero es ...... funcional ...... los que conozco.

d) ● surgió *lo que* se llamó la música «underground» (79)

   ● se ha montado para ellas un enorme tinglado tras *el que* se mueven cientos de millones de pesetas (94)

Complete las siguientes frases con *el, lo-a-os-as que* o *de:*

No acepté ...... me propusieron.

Cierre el radiador de la cocina y ...... el baño.

...... bebimos ayer era vino de la casa.

¿Qué aceitunas prefiere? – ...... Grecia.

Pinté sólo la habitación de los niños y ...... los huéspedes.

...... se susurra es falso.

Límpienos los cristales del living y ...... el despacho.

Gastó todo el dinero que había ganado en el juego de la ruleta y ...... tenía ahorrado.

–¿Qué te pasa? –Nada de particular, ...... siempre.

...... quieran ir a esa excursión, que se apunten.


**11. Ponga las debidas preposiciones en las siguientes frases, y controle luego
usted mismo VERBO y PREPOSICIÓN con el texto:**

¿A qué hora llegas ...... la oficina (1)?

Algunos niños aprenden ...... escribir ya en el parvulario (45).

Juega ...... el ajedrez con un aparato electrónico (46).

No consigue sintonizar ...... los jóvenes de su edad (80).

Tu opinión no coincide ...... la de los otros (98).

Le han condenado ...... veinte años de reclusión (120).

El examen se ha convertido ...... una pesadilla para toda la familia (123).

Los jóvenes a menudo se identifican ...... sus ídolos (150).

La película se basa ...... un hecho realmente acaecido (166).

Con los discos, se ha aficionado mucho ...... la música clásica (178).

Goza ...... una perfecta salud mental (184).


**12. Observe:**

*a)* • Me dan ganas *cuando lo veo* de tirarme a él (18)

• *Cuando* esos niños *se aficionen* a la música, darán un salto de gigante (178)

Conjugue el verbo entre paréntesis de las siguientes frases en indicativo o subjuntivo, según convenga:

¡Ojalá no ...... (tú, pasar) pena por mí!

Mientras ...... (él, ir) en autobús, lee el periódico.

Cuando nos ...... (ellos, traer) el yot, podremos hacer el viaje.

A lo mejor el año próximo ...... (yo, tener) que ir a la «mili».

Hasta que ...... (haber) sol, no encenderemos la luz.

Dime cuándo ...... (tú, estar) en casa.

Mientras no ...... (tú, estar) tranquilo, no te tomaremos la presión.

En cuanto ...... (ellos, llamar), abra la puerta.

No toquen al herido hasta que ...... (llegar) la ambulancia.

Cuando ...... (él, ser) mayor, quiere ser cantautor.
Te dejo fumar con tal de que ...... (tú, abrir) la ventana.
Ha tenido una parálisis, de ahí que no ...... (él, poder) andar.
Lo dijo de un modo como si nos ...... (él, querer) echar en cara algo.
Si te ...... (entrar) hambre, sírvete tú mismo de la nevera.
Mientras no ...... (ellos, hacer) ruido, por mí que hagan lo que quieran.

b) ● Jovencitos imberbes, con aire asexualizado y aniñado, capaz de *hacer enloque-cer* a las doceañeras (70)

Complete las siguientes frases con *hacer, dejar* o *mandar + infinitivo:*
Se ...... arrastrar por la corriente.
...... (él) construir un castillo fortificado.
Se ...... hacer un corte de pelo a lo desmelenado.
¡No te ...... (yo) comprar esas chucherías!
Se ...... llevar por la primera opinión que oye.
Ese humor macabro no nos ...... reír nada.
¡Os ...... (yo) salir inmediatamente de aquí!
Nos ...... (él) hacer un papel ridículo espantoso.
Me ...... (ella) entrar la duda de que quizás yo estaba equivocado.
El comandante ...... desplazar un batallón.
Nos ...... (él) saber que se casaba con Dolores.
Como estaba en pana, se ...... (él) arrastrar por otro coche.

## 13. Observe:

a) ● Una enorme pancarta sostenida por niñas que *apenas si* hace tres o cuatro años han hecho la primera comunión (33)

= hace escasamente tres o cuatro años

Según ello, transforme las siguientes frases:
En España escasamente quedan vestigios de la prehistoria.
Con tanta caza indiscriminada, escasamente sobreviven animales.
Con todo el trajín de la casa, escasamente me da tiempo de abrir un libro.
En la bombona escasamente hay gas.

b) ● los veteranos líderes del «pop» [...] *no* han tenido *más remedio que* reorientar sus carreras (125)

= el único remedio que han tenido es

Según ello, transforme las siguientes frases:
La única solución fue la de expulsarle de la escuela.

La única ocasión que he tenido de ir al extranjero es cuando me dieron la beca.
La única solución fue cortar el agua de la casa.
La única desventaja que tiene esa blusa es que no se puede poner en lejía.
El único inconveniente de esta mina es que se rompe cada dos por tres.

**14. Escriba una redacción sobre uno de los siguientes temas:**

«La música es el menos desagradable de los ruidos» (Napoleón Bonaparte).
La música como fenómeno de masa.
La música, expresión de un pueblo.
Ídolos y «fans».
El cantautor.
Mi compositor preferido.

# ÍNDICE

Introducción............................................ 5
*Mi casa*, C. J. Cela..................................... 9
*La Costa Brava*, J. Pla................................. 17
*Luis Buñuel*, J. Pla.................................... 27
*Don Miguel Mihura*, F. Umbral.......................... 35
*Mi infancia*, C. J. Cela............................... 43
*La mujer en el mundo del trabajo*, C. de la Gándara ... 53
*La tiranía de la comunicación de masas*, R. Gubern..... 61
*El viajero*, F. Díaz-Plaja............................. 69
*El futuro de los sin futuro*, J. Comellas.............. 79
*Defensa de la crítica impura*, M. Vargas Llosa ........ 89
*La perdiz democrática pica de nuevo*................... 97
*La religión de Jesús ha muerto*, A. Fierro............ 107
*La propaganda política*, C. J. Cela .................. 117
*Pasaporte para una muerte dulce*, I. de la Fuente..... 125
*La Naturaleza, chivo expiatorio*, M. Delibes.......... 139
*Reflexiones sobre una moribunda*, M. Vargas Llosa .... 149
*Una prohibición hipócrita*, M. Oranich............... 159
*La prisión abierta como alternativa*, C. García Valdés. 169
*Un cambio en la manera de vivir*, C. Romero Herrera... 179
*Las subculturas juveniles*, J. L. Aranguren.......... 189
*El átomo se defiende*................................. 199
*Van como locos*...................................... 209
*Por una cultura positiva de la droga*, E. Lamo de Espinosa 221
*Locos por el «pop»*.................................. 233